©Editorial Rhemata
Colección "Rhemata Textos Griegos"
Volumen 8
1ª Edición: Noviembre 2024
Diseño del libro y maquetación: Editorial Rhemata

El presente volumen ha seguido un riguroso proceso de evaluación por pares ciegos (*peer review*). Más información sobre los evaluadores de esta colección en nuestra web (www.rhemata.es).

PLUTARCO

MORALIA

Sobre la educación de los hijos
Cómo debe el joven escuchar poesía
Sobre cómo se debe escuchar

Editorial Rhemata
Avda. Onze de Setembre 8B, 8º-1ª
43203 Reus (Tarragona)
www.rhemata.es

ISBN: 978-84-128350-3-8
Depósito Legal: T-902-2024
Impreso en España

PLUTARCO

MORALIA

Sobre la educación de los hijos
Cómo debe el joven escuchar poesía
Sobre cómo se debe escuchar

Luisa Lesage Gárriga

· Rhemata Textos Griegos ·

ÍNDICE

Introducción 9

  1. Plutarco. Vida y Obra 9

  2. Obra. Primeros testimonios 12

  3. Transmisión Textual de *Moralia* 13

  4. Tratados ético-pedagógicos 14

  5. La educación en los tratados ético-pedagógicos 16

  6. Ideas clave sobre la educación 17
    6.1 El camino hacia la virtud 17
    6.2. El valor del silencio 19
    6.3. Primacía de la filosofía 20

  7. Bagaje literario de Plutarco 22

Sobre la educación de los hijos 27
Cómo debe el joven escuchar poesía 95
Sobre cómo se debe escuchar 227

Bibliografía 283

Index nominum 295

INTRODUCCIÓN

1. Plutarco. Vida y Obra

Plutarco fue un autor griego de época imperial (c. 45-120 d. C.), que destaca por dos logros considerables: haber sido una figura de renombre en vida y haber gozado de éxito literario siglos y siglos después de su muerte.[1] Su espíritu curioso e indagador y su extensa producción literaria lo convierten en una de nuestras principales fuentes –en ocasiones, la única– para conocer personajes y eventos del pasado, así como la vida intelectual en una época en la que Grecia ya forma parte del Imperio Romano. Su posición privilegiada entre dos mundos y su carácter e ideas moderadas, a lo que podemos sumar el hecho de que su obra haya llegado a nosotros –hecho nada desdeñable–, lo convierten en un autor fascinante para muchas generaciones. Su obra ha influido desde la Antigüedad a autores tanto paganos como cristianos, y ha sido recibida, leída, comentada, traducida y editada desde entonces con gran interés.

La mayor parte de los datos que se conocen de su vida personal se encuentra en su propia obra. Sabemos que formaba parte de una familia pudiente de Queronea, en Beocia. Su familia interviene a menudo en tratados de diversa índole: contamos con una carta de consolación a su esposa (*Consolatio ad uxorem*), tras perder ambos a su hija pequeña, y en sus *Charlas de sobremesa* (*Quaestiones convivales*) relata escenas festivas donde su padre, abuelo y hermanos intervienen. También aparecen, en esta y en otras obras, amigos y conocidos, entre los que destacan Teón o Filino. Algunos, incluso, son receptores de las mismas, como

---

[1] Uno de los estudios más actuales sobre la vida de Plutarco, con ejemplos de las obras en las que encontramos los detalles biográficos, es el de Roskam (2021: 1-17); entre los más completos destacan Pérez Jiménez (2023: 7-180) y Irigoin (1987: VII-CCCXXIV). Sobre la influencia de Plutarco, se puede apreciar su alcance en el ámbito de la literatura hispánica en los estudios de Morales Ortiz (2000) y Bergua Calero (1995).

Socio Senecio, a quien Plutarco le dedica su proyecto de *Vidas Paralelas*.[2] El propio autor, de hecho, aparece representado como orador principal en algunos tratados (por ejemplo, *Amatorius* o *De E apud Delphos*).

En Queronea desarrolló un papel importante y se involucró en asuntos socio-políticos a lo largo de su vida. Fue magistrado en varias ocasiones, como afirma en *Praecepta gerendae reipublicae*, y fundó su propia escuela filosófica, a la que acudían amigos y familiares, incluidos sus hijos mayores, a quienes dedica su interpretación del *Timeo* de Platón (*De animae procreatione in Timaeo*). Al parecer, se mantuvo activo en todas estas actividades hasta una edad avanzada, lo que encaja con sus reflexiones sobre si un anciano debería intervenir en política (*An seni respublica gerenda sit*).

Aunque Plutarco estaba muy ligado a su ciudad natal, también viajó a diversos centros culturales de su época, como Atenas, Roma o Alejandría, así como a numerosas ciudades de Grecia. En Atenas completó su formación académica y conoció al que sería su maestro, Amonio. Quizá fue este quien influyó en la curiosidad que desarrollaría Plutarco por la religión y la mitología egipcias, por las que más tarde viajaría a Egipto (intereses que producirían su *De Iside et Osiride*). A Roma acudió en varias ocasiones, como embajador de su patria, en asuntos oficiales, pero también para dar conferencias, según indica en *De curiositate*. Su estrecha relación con las altas esferas culturales y políticas romanas le valió la obtención de la ciudadanía romana –de ahí el nombre Lucius Mestrius Plutarchus, obtenido gracias al amigo y cónsul Lucius Mestrius Florus–.

En Atenas, además de formarse como filósofo platónico, tuvo ocasión de entrar en contacto con las principales escuelas filosóficas, con las que tuvo diversas relaciones. Se puede decir que prácticamente nada compartía con el epicureísmo y tuvo una

---

[2]   Véanse, por ejemplo, los apartados «dedicatoria» en las Introducciones de *De aud. poet.* y *De aud.*

actitud a menudo conflictiva con el estoicismo –si bien incorpora algunos principios de esta escuela en consonancia con el platonismo–. De nuevo, ello queda reflejado en su composición literaria, donde encontramos diversas obras centradas en polemizar con las ideas defendidas por estas escuelas (sirvan de ejemplo *Non posse suaviter vivi secundum Epicurum* y *De Stoicorum repugnantiis*). Con respecto al aristotelismo, adopta abiertamente preceptos de noética que complementan su visión del alma y del ser humano.

Su filosofía personal, siempre en consonancia con las principales líneas del pensamiento platónico, desarrolla sobre todo la ética y la relación entre el ser humano y la divinidad –incluyendo aspectos de teodicea, escatología y soteriología–. Por ello, puede resultar un error anacrónico querer distinguir en una figura como la de Plutarco –así como ocurre con otros autores de su época– entre filosofía y religión, como si se tratase de dos disciplinas inconexas. De hecho, Plutarco nos cuenta que estaba iniciado, junto a su mujer, en los misterios de Dioniso (*Consolatio ad uxorem*) y que ocupó el cargo de sacerdote de Apolo en Delfos durante varias décadas (*An seni respublica gerenda sit*). Estuvo muy ligado al oráculo y se interesó por la calidad de los oráculos emitidos por la Pitia y sobre el significado oscuro de ciertas ofrendas y ritos (todo ello viene en los conocidos como *Diálogos Píticos*). Además, en su concepción de la divinidad como benevolente y concernida por el bien del ser humano, Apolo –y el sol, como representación visible de la misma– ocupa un lugar privilegiado.

De todo lo expuesto líneas arriba, la figura de Plutarco parece tomar forma en torno a tres ejes fundamentales: su compromiso cívico, su profundo sentido religioso y su pasión por buscar la verdad filosófica que explique el mundo que nos rodea.

2. Obra. Primeros testimonios

El testimonio más antiguo conservado que refiere la producción literaria de Plutarco es el llamado Catálogo de Lamprias.[3] Recibe este nombre por haber sido creado, supuestamente, por el propio hijo de Plutarco, Lamprias; no obstante, parece ser un documento del s. IV d. C. Contiene 227 títulos, incluyendo tanto *Vidas* como tratados, pero falta una veintena de obras conservadas y alude a otras que hoy son consideradas pseudo-epigráficas.[4] En cualquier caso, se puede establecer que, si la mayoría de las obras incluidas en la lista son de Plutarco, eso significa que se ha perdido cerca de la mitad de su producción literaria.

Hoy en día se conservan unas 125 obras: 24 pares de *Vidas Paralelas*, 4 *Vidas* sueltas, y 78 tratados de *Moralia*. Esta división entre *Vidas* y *Moralia* (si bien poco acertada) la debemos a los manuscritos medievales y, dado que las ediciones del texto se basan en ellos, se mantiene por tradición.

Nos centraremos aquí en *Moralia*. Bajo esta etiqueta se agrupó, de manera general, toda obra plutarquea que no fuera una biografía. Por ello, conocemos como *Moralia* numerosos tratados que poco tienen que ver entre ellos. El nombre, Ἠθικά en griego, designa una serie de tratados, los primeros en los manuscritos medievales, que tienen un marcado enfoque ético o moral. No obstante, la gran variedad de temas que interesaron a Plutarco lo convierten en un autor prolífico cuya obra difícilmente podría clasificarse, y junto a esos tratados éticos (*De virtute et vitio, De cohibenda ira, De tranquillitate animi*) se colocan tratados de corte político (*Ad principem ineruditum, An seni respublica gerenda sit, Praecepta gerendae reipublicae*), de

---

[3]   Se puede consultar el catálogo completo, por ejemplo, en Irigoin (1987: CCCXI-CCCXVIII).

[4]   De los tratados que conforman este volumen, *De liberis educandis* no viene mencionado en el Catálogo; *De audiendis* poetis aparece en posición 102 (Περὶ τοῦ ἀκούειν τῶν φιλοσόφων) y le sigue *De audiendo* (Πῶς δεῖ ποιημάτων ἀκούειν).

física natural (*Quaestiones naturales, De primo frigido, Aquane an ignis sit utilior*), de relaciones familiares (*De fraterno amore, De amore prolis, Consolatio ad uxorem*), de crítica literaria o histórica (*Comparationis Aristophanis et Menandri compendium, De malignitate Herodoti*).

3. *Transmisión Textual de* Moralia

El primer corpus de estos textos, conocido como *Corpus Planudeum*, es resultado de un proyecto de búsqueda de textos, edición y copia, iniciado por el monje bizantino Planudes, en los ss. XIII-XIV. Este proyecto se inicia con la copia de un manuscrito –hoy conocido como *Ambrosianus* C 126 inf. (**α**) (antiguo *gr.* 859, [diktyon: 42458])–, en el que participan diez copistas, incluido el propio Planudes. Tras haber sido revisado y corregido, se crea una copia: un manuscrito con los tratados 1-69, hoy albergado en la Biblioteca Nacional de Francia, *Parisinus Graecus* 1671 (**A**) [diktyon: 51295].[5] Según parece, esto es lo que pudo reunir Planudes en vida,[6] pero tras su muerte sus discípulos continuaron con el proyecto, encontrando nuevos tratados: en *Vaticanus gr.* 139 (**γ**) [diktyon: 66770] se incluyen los mismos tratados que en A, y se incorporan las *Quaestiones convivales*; en *Parisinus Graecus* 1672 (**E**) [diktyon: 51296] se incluye todo lo anterior y otros ocho tratados. Este manuscrito, del s. XIV, es el único que contiene todo lo que se ha conservado hasta hoy de Plutarco.

La primera edición impresa de *Moralia*, *Plutarchi Opuscula LXXXXII, index Moralium omnium & eorum quae in ipsis tractantur*, fue editada por el griego Demetrios Ducas en los

---

[5] En este manuscrito, los tratados que nos ocupan aparecen en primeras posiciones, pero no juntos: n°2 *De liberis educandis* (Περὶ παίδων ἀγωγῆς); n°6 *De ratione poetarum utiliter legendorum* (Πῶς δεῖ τὸν νέον ποιημάτων ἀκούειν); n°15 *Quomodo audiendi sunt qui recta praecipiunt* (Περὶ τοῦ ἀκούειν).

[6] Así se infiere de la nota manuscrita en griego, «todo esto encontré», junto a la lista de *Vidas* y 69 tratados de *Moralia* –a saber, exactamente el contenido de A–.

talleres de Aldo Manuzio en Venecia y publicada en marzo de 1509. A ella le sigue una segunda edición, basada en el texto de la Aldina, tradicionalmente conocida como *Basiliensis*, publicada por Frobenius y Episcopius en 1542 en Basilea.

En 1572, Henri Estienne (Stephanus) publica en Ginebra una nueva edición de *Moralia*, donde integra numerosas propuestas personales y de colegas eruditos para corregir el texto establecido en las primeras ediciones. Además, presenta un nuevo orden de agrupación de los tratados, que se convertirá en canónico.[7]

Aunque aparece alguna edición más en el s. XVI, la más relevante será la de Frankfurt en 1599 (reimpresa en Frankfurt, 1620 y en París, 1624). Presenta en una columna el texto griego de Stephanus y en una columna paralela la traducción latina que elaboró en 1570 Xylander; destaca por haber sido la elegida un siglo después por D. Wyttenbach como base para su propia edición, quedando así asentada la forma de citar las obras de Plutarco con la paginación y los párrafos de aquella.[8]

4. Tratados ético-pedagógicos

Los tratados recogidos en este primer volumen de *Moralia* esbozan a rasgos generales las ideas sobre la educación de Plutarco, que aparecen de manera dispersa en otras obras (por ejemplo, *Praecepta coniugalia* o *De amore prolis*). Si bien el primer tratado, *De liberis educandis*, es a día de hoy considerado espurio,[9] no hay duda de la autoría plutarquea para las otros dos, *De audiendis poetis* y *De audiendo*.

Ziegler (1951: col. 636-962) estableció la categoría de «pedagógicos» para cinco tratados, de los cuales uno no ha sido conservado (*De nobilitate*, listado en el Catálogo de Lamprias)

---

[7]   En este volumen encontramos 1 *De liberis educandis*; 2 *Quomodo adolescens poetas audire debeat*; 3 *De recta ratione audiendi*.

[8]   En el caso de los tratados de este volumen: *De liberis educandis* 1A-14C, *De audiendis poetis* 14D-37B; *De audiendo* 37B-48D.

[9]   Sobre ello, véase la Introducción del tratado en cuestión.

14

y *De musica*, considerado hoy también espurio, que que ocupa la última posición en *Moralia*. El presente volumen recoge los restantes tratados incluidos en esta categoría.

Mientras que el primer tratado no ofrece contexto alguno –comienza directamente con el verbo en 1ª persona del plural «examinemos»–, en los otros dos Plutarco expresa su voluntad de poner por escrito una conferencia, sobre el uso de la poesía y sobre el uso de las conferencias de filósofos,[10] para que pueda serle útil a un conocido cercano (Cleandro, hijo de su amigo Marco Sedacio, y Nicandro).[11]

Los tres tratados, como ya indican Morales Otal y García López (1985: 9), ofrecen una viva representación del tema de la educación repleta de abundantes citas de poetas, tragediógrafos, filósofos; anécdotas varias, ejemplos, etc. Y, pese a los diferentes enfoques que ofrecen sobre un tema tan amplio, los tres tratados refieren ideas recurrentes, como veremos a continuación. En cualquier caso, dada la relevancia de Plutarco como fuente inestimable de la vida intelectual tanto griega como romana de los primeros siglos de nuestra era, se justifica sobradamente un interés por su perspectiva sobre la educación.

Y, si bien *De liberis educandis* parece no ser de su autoría, las ideas y prácticas contenidas en esta obra nos permiten conocer mejor la *paideia* en su época, pudiendo así compararlas con las ideas y prácticas recogidas en los otros dos tratados. A su vez, mientras que tanto *De liberis educandis* como *De audiendis poet*is han recibido bastante atención académica, no parece ser el caso de *De audiendo*, que no solo no cuenta con numerosos

---

[10] Recordemos que la educación, tanto de época Helenística como Imperial, era principalmente oral (Kidd, 1992: 22). El comienzo de *De aud. poet.* y *De aud.* ejemplifica que, incluso en el caso de estos escritos, ambos comenzaron como una ponencia oral para un público presente. Otros ejemplos de ello en la obra del Queronense son: 86C, 1086D, 1107E.

[11] Más información sobre los personajes históricos incluidos en estas obras en las Introducciones de cada una.

estudios, sino que incluso las introducciones a las ediciones y traducciones manejadas son mínimas.

5. La educación en los tratados ético-pedagógicos

Los tratados incluidos en el presente volumen quedan lejos de ser los únicos que versan sobre la educación en el mundo antiguo, sino que se insertan en una tradición pedagógica que busca ofrecer una «formación integral del hombre», como afirman Morales Otal y García López (1985: 11). Este subgénero literario culmina con las doctrinas de Platón (especialmente, en *República*), pero recibe gran atención en época Helenística e Imperial, como indican las obras de Plinio (*Epíst.* 6.17), Quintiliano (primer libro de la *Institutio Oratoria*); e incluso el tratado perdido de Plutarco *Sobre la nodriza* (n° 114 en el Catálogo de Lamprias).

Se aprecian, no obstante, evidentes diferencias entre las obras posteriores y aquellas de época Clásica. En primer lugar, el cargado componente político que estructura la *República* desaparece por completo en las obras plutarqueas,[12] centradas ellas en el individuo.

En segundo lugar, y como consecuencia, el Estado tiene una carga menor que antaño en la educación de los jóvenes, recayendo esta más bien en la familia y en el entorno directo.[13] Esto, por ejemplo, influye en una concepción más interiorizada de la educación, dirigida a la (auto)mejora a través del estudio, el esfuerzo y la práctica personal. Esta concepción aparece claramente dibujada en los tres tratados del presente volumen: *De liberis educandis* se concentra en el rol familiar, mientras *De audiendis poetis* y *De audiendo* en el trabajo individual del joven.

---

[12] Sobre la relación entre política y educación, y cómo la primera queda relegada en Plutarco, véase Zadorojnyi (2002: 297-314); Kraus (2005: 333-341); Jazdzewska (2013: 245-250); y Uden (2018: 385-401).

[13] Sobre este aspecto, véase Morales Otal y García López (1985: 12); Pinheiro (2007: 352); Gastaldi (2021: 71-86).

En tercer lugar, el puesto privilegiado que ocuparan la oratoria y la retórica, instrucción ineludible para la participación en la *polis* clásica, ve su campo de acción reducido. No solo se desaconseja al joven participar en discursos públicos en la idea de que pueden ser conducentes a una vida disoluta (6A, 14A), sino que se prefiere el silencio a ellos (10E); y se alerta sobre dejarse engañar por la apariencia del orador, por el estilo atrayente del discurso, o por el entorno entusiasta (41A). Como se puede observar, ello privilegia, en cambio, el arte y la práctica de escuchar.

Finalmente, podemos apreciar –como ya indicara Uden (2018: 385)– en los tratados concernidos con la infancia y juventud en época tardía que la educación tiene sus miras puestas en el pasado; se trata de una educación idealizada que busca una continuidad con la gloria y el estatus pasado, desaparecidos en el mundo diverso y multifacético del Imperio.

6. Ideas clave sobre la educación

Algunas ideas reaparecen, bajo distintas formas, en estas obras ético-pedagógicas. Dado que ofrecen una visión cohesiva de las aspiraciones fundamentales de Plutarco en lo concerniente al modelo educativo, merece la pena detenernos en ellas.

6.1. El camino hacia la virtud

El proceso educativo, tal como aparece representado en estas obras, va encaminado hacia un fin muy concreto: que el joven conozca y alcance la virtud. Educación y virtud van de la mano, y para lograr la segunda el joven debe aprender a encauzar su alma: respetando el silencio cuando corresponde, controlando las pasiones, escalando desde las disciplinas más básicas hasta las más elevadas –a saber, la filosofía–.

Como indica acertadamente Zadorojnyi (2002: 302), para alcanzar el conocimiento, el alma debe haber sido entrenada en

17

disfrutar únicamente con aquello que es bello en ética –en contraposición con los placeres corporales y materiales–. Entrenar el alma en el bien, la justicia y, por ende, en la virtud, es central en los tratados ético-pedagógicos.

Cuando el autor de *De liberis educandis* habla de los tres elementos de la educación (naturaleza, razón y costumbre), los aplica, de hecho, a la virtud, pues «si uno de ellos falla, la virtud será, por fuerza, coja» (2B). Un poco más adelante (5C), destaca que su argumento principal es que una buena educación y una instrucción apropiada «es lo que guía y ayuda a la virtud y la felicidad».

No sorprende, por tanto, que en *De audiendis poetis* se enfaticen las virtudes que el joven puede desarrollar y reforzar gracias a un correcto uso de la poesía. Cuando se sabe leer entre líneas e interpretar la voluntad de los poetas, uno puede «aferrarse a aquellos que le llevan a la virtud y a los que pueden modelar el carácter» (28E), y, así, encontrar en narraciones fantasiosas y míticas elogios sobre la valentía, la prudencia, el control de las emociones y las pasiones, y la moderación (28F-30C).

También en *De audiendo* se refuerza la idea de que oír filosofía permite al joven llegar a la virtud, pues «para la virtud la única oportunidad [de acceder y apoderarse del alma] es a través de los oídos de los jóvenes» (38AB). Es más, cuando este «se ve alejado de toda audición y no prueba de ningún discurso, no sólo permanece completamente improductivo y sin desarrollar en cuanto a virtud, sino que además podría degenerar hacia el vicio» (38C).

Y cuando argumenta que, pese a la dificultad que conlleva el estudio de la filosofía, uno de los mayores beneficios que aporta es precisamente deseos de virtud (47C), no hace sino recalcar que educación, filosofía y virtud están intrínsecamente ligadas y llevan a la formación última del buen ciudadano.

6.2. El valor del silencio

El motivo del silencio viene referenciado reiteradamente en los tres tratados. En *De liberis educandis* (6AB), el consejo de callar va ligado a un alejamiento de los niños de discursos públicos con vistas a satisfacer a la muchedumbre; estos deberían evitar hablar al azar y la improvisación, y para ello se requiere silencio y reflexión.

Más adelante (10EF), se retoma la cuestión al describir las ventajas de «contener la lengua». El autor afirma vehementemente que «un oportuno silencio es sabio y mejor que cualquier discurso» e inserta una alusión a los cultos mistéricos, famosos en la antigüedad por su secretismo y por los ritos en los que el silencio, permitiendo una comunión directa con la divinidad, jugaba un papel fundamental. Plutarco, iniciado en los ritos dionisíacos como vimos arriba, era buen conocedor de estas prácticas religiosas y alude a ellas en numerosas ocasiones (*Amatorius* 765A, *De facie quae in orbe lunae apparet* 942C), enfatizando la conexión con el estudio.

En *De audiendo* (39BC), la referencia al silencio conlleva una doble ganancia: al aprender a callar, se mejora notablemente el arte de escuchar y se permite un tiempo de reflexión interna antes de reaccionar.

Uden, remitiendo a Connolly (2018: 389), señala que oradores clásicos como Sócrates, Demóstenes o Pericles son elogiados precisamente por haber elegido el silencio a la palabra en un momento clave. Efectivamente, si en *De liberis educandis* (11AB) se refieren diversas anécdotas sobre el final desagradable de aquellos que no supieron contener su lengua (Sótades, Teócrito), tanto en esta obra como en *De audiendis poetis* y *De audiendo* destacan algunos personajes, históricos y míticos, por saber guardar silencio cuando corresponde: Pericles, llamado por el pueblo para oír su consejo dijo no estar preparado, y Demóstenes siguió su mismo ejemplo (6D); Diomedes, tras haber sido reprendido por Agamenón, luchó en combate sin quejar-

se (29BC); Epaminondas es elogiado por Espíntaro por ser un hombre tan sabio, como poco hablador (39B).

Se puede observar que en todas estas ocasiones el silencio no es un fin en sí mismo, sino un instrumento que permite al intelecto organizarse y proceder con mesura y disciplina; permite al ser humano actuar tras haber decidido la mejor manera de actuar, de cara a evitar, en la medida de lo posible, errores. Como afirma el autor en *De liberis educandis* (10F), «nadie se ha arrepentido nunca de haber callado, pero innumerables veces de haber hablado: lo que se calla se puede decir fácilmente, lo que se ha dicho, sin embargo, es imposible recuperarlo». Esto está en perfecta consonancia con la formación integral y filosófica que defiende Plutarco, lo que nos lleva, como era de esperar, a la primacía de la filosofía como culminación de los estudios.

6.3. Primacía de la filosofía

Plutarco, en líneas generales, sigue la división de las disciplinas teóricas propuesta por Platón (*R.* 521C-536E) y Aristóteles (*Metaph.* 1026A). Según esta, la aritmética, la geometría y la astronomía sirven de introducción para una preparación que conduzca al conocimiento del hombre y del universo; a ellas les siguen la filosofía y la teología, como disciplinas superiores, para lograr un mero destello sobre la verdad y la realidad (Lesage Gárriga, 2023: 32-33). Él mismo indica el poder de las segundas al comparar el propósito de la filosofía con el de los ritos místéricos en *Quaestiones convivales* 718D: «la naturaleza inteligible e imperecedera, cuya contemplación es el fin de la filosofía, como la contemplación de los misterios lo es de la iniciación».

Esta idea reaparece en los tratados ético-pedagógicos. *De liberis educandis* incide en la importancia suprema de la filosofía en más de una ocasión. Primero (7C), refleja que esta disciplina debe ser tenida por superior a las demás disciplinas teóricas

(llamadas en conjunto ἐγκύκλια παιδεία[14]): «que el niño nacido libre no deje de oír ni de ver algo de cada una de las disciplinas de la llamada educación general, sino aprenderlas de pasada, como para probarlas (pues es imposible conseguir la perfección en todo), pero otorgar un honor especial a la filosofía». Reincide en la cuestión un poco después, donde describe que «es necesario hacer de la filosofía, por así decir, el coronamiento de toda la educación» (7D) y explica que tan solo la filosofía se ocupa de las afecciones del alma y permite distinguir el bien y lo justo del mal, siendo, por tanto, la disciplina a la que más atención debemos prestar. Las secciones siguientes (7E-8A), de hecho, son una auténtica oda a una vida feliz gracias a la filosofía, que, si bien en sintonía con las ideas personales de Plutarco, se desvía ligeramente del tema tratado en ese momento: la educación infantil.

En *De audiendis poetis*, como no podía ser de otro modo, Plutarco justifica el uso de la poesía siempre y cuando esté al servicio de la filosofía, porque «la poesía, cuando toma sus propósitos de la filosofía, mezclándolos con lo mítico, ofrece una enseñanza ligera y apreciada para los jóvenes» (15F). Se trata de una inmersión agradable que facilita la dificultosa tarea que supone el estudio de la filosofía para los jóvenes adultos. Por ello, Plutarco continúa asegurando que «deben dar comienzo a la filosofía con la poesía, acostumbrándose a buscar y amar lo provechoso en lo placentero» (15F).

Pero no se debe en ningún momento olvidar el objetivo final, y por eso ofrece como recurso el apoyo de las máximas filosóficas para los contenidos poéticos (36D-37A), de cara a extraer aquello que puede ser relevante y dejar de lado lo que no lo es. De este modo finaliza su tratado reiterando la importancia de la filosofía, que será el siguiente paso en la educación del joven y al que podrá acceder «yendo ya preparado, con un ánimo predispuesto, benevolente y familiar» (37AB).

---

[14]   Sobre este concepto, véase Pinheiro (2007: 357 n. 21).

Y así llegamos a *De audiendo*, que precisamente se centra en cómo sacar provecho de las conferencias filosóficas. Este tratado, por cierto, abre con palabras que reflejan el final del anterior, pues Nicandro, el joven a quien Plutarco le dedica la obra y que se va a iniciar en el estudio de la filosofía, está «acostumbrado desde el principio a cualquier aprendizaje e instrucción infantil, combinados con un razonamiento filosófico, [...] bien dispuesto y familiarizado a la filosofía, única en otorgar a los jóvenes un orden viril y realmente completo que procede de la razón» (37F).

Plutarco incide de nuevo en la dificultad del estudio filosófico, y recomienda al joven que no desespere, que no se deje amedrentar por las críticas y reprimendas, y que muestre constancia. Porque «quien, por una palabra mordaz e hiriente, no permite cicatrizar y calmar su estupidez, se aleja de la filosofía con resquemor y dolor, pero sin ningún beneficio». De nuevo, encontramos una comparación entre filosofía y ritos mistéricos cuando aconseja al joven que «no se desanime ni quede devastado, sino que, como en un rito mistérico que lo inicia en la filosofía, ofreciéndose a las primeras purificaciones y conmociones, espere algo dulce y brillante de la angustia y la confusión presentes» (47A).

En este breve repaso ya aparecen trazadas las líneas fundamentales del pensamiento plutarqueo en lo que concierne a la disciplina filosófica y el lugar que ocupa dentro del sistema educativo que propone.

7. Bagaje literario de Plutarco

En las tres obras se hacen numerosas referencias a la literatura anterior. Homero, como no podía ser de otra manera, ocupa un lugar privilegiado. Su posición como «educador» de Grecia justifica que aparezca mencionado de una forma u otra hasta 80 veces en estos tratados pedagógicos.[15] Le sigue el infalible

---

[15] Los textos de Homero fueron usados, desde época temprana, para ejercicios

maestro filosófico de Plutarco, Platón, con casi una cuarentena de menciones y citas.

Si bien estos dos monumentos de la literatura griega tienen primacía, los autores citados abarcan los principales géneros y épocas, hasta la Helenística. No hay mención a autores contemporáneos de Plutarco. Ello podría deberse a que, como vimos arriba, estos tratados intentan ofrecer un modelo educativo idealizado y no necesariamente basado en la actualidad de la sociedad en el Imperio.

La cantidad y variedad de referencias literarias es asombrosa. Entre los poetas, se destacan Arquíloco 23A, 33A, 45A, Baquílides 36C; Bión 7C, 22A; Cinesias 22A; Hesíodo 9E, 23E, 24E, 34B; Homero 11B, 16E, 16F, 17C, 19A, 19E, 23C, 24F, 25A, 25C, 34E, 35A, 35C; Filóxeno 14D; Focílides 3F, 45B, 47E; Nicandro 16C; Píndaro 17C, 21A; Teócrito 11A, 11B, 11C; Teognis 16C, 22A; y Timoteo 22A, 32D.

Contamos con numerosos ejemplos de tragediógrafos, donde aparece la tríada por excelencia: Esquilo 17A, 29F, 32D, 36B; Eurípides 6A, 10A, 11E, 19E, 20F, 22E, 23B, 25A, 25C, 30D, 34B, 36C, 45B, 46A, 46F (uno de los pocos autores nombrados en los tres tratados, junto con Homero y Platón); y Sófocles 16A, 17C, 21A, 21B, 21E, 22E, 23B, 23E, 27F, 33D, 45B, 48A. También contamos con varios comediógrafos (Alexis 21D, Aristófanes 10C, 30D; Filemón 35D; y Menandro 19A, 21C, 25A, 34C).

También se hacen referencias a diversos oradores: Demóstenes 6D; Esquines 11E, 39C; Gorgias 6A, 15D; y Lisias 40E, 42D, 45A.

Entre los filósofos, aparecen representadas casi todas las principales escuelas: Presocráticos como Arquitas 8B, 10D; Bías 35F, 38B; Demócrito 9F; Empédocles 16C, 17D; Heráclito

---

de escritura y lectura en el sistema educativo griego. Su influencia es tal que Homero es el único a quien la mera mención de «el poeta» podía hacer referencia. Sobre esta cuestión, véase Verdenius (1970).

41A, 43D; Jenócrates 38B, 47E; Jenófanes 17E; y Parménides 16C, 45A; Pitagóricos, entre los que aparecen el propio Pitágoras 2B, 12D, 35F, 44B; y una mención a Alcmeón, 35D; Platónicos, empezando con Platón 2B, 3F, 8B, 8C, 10D, 11E, 15E, 17E, 26B, 29D, 35F, 36A 36C, 40D, 40E, 44F, 45A, 45F; y también tiene una marcada presencia su maestro Sócrates, 2B ,4D, 6A, 10C, 11E, 16B, 17E, 21D. Las dos únicas menciones a Aristóteles (26B, 32F) parecen indicar que no representa una figura relevante a efectos educativos, para Plutarco. Las escuelas estoica, epicúrea y cínica, como era de esperar, tienen una cabida menor, con representantes como Cleantes 31D, 33C, 47E y Zenón 33D; Epicuro 36B, 45F; y Diógenes 2A, 5B, 21E, 21F, 41D.

Se puede observar que quienes cuentan con más de una referencia, con frecuencia estas se suelen repartir entre los varios tratados. Además, muchos de los autores incluidos en los párrafos anteriores eran usados en las escuelas, y las citas venían incluidas en antologías (Zadorojnyi, 2002: 298). La elección de la mayoría de las referencias literarias incluidas en estos tratados ético-pedagógicos, por tanto, no es casual.

SOBRE LA EDUCACIÓN DE LOS HIJOS

SOBRE LA EDUCACIÓN DE LOS HIJOS

1. Título

Esta obra recibe en griego el título Περὶ παίδων ἀγωγῆς, que fue traducido al latín por *De liberis educandis*.

Como hace notar Bloomer (2006: 75), es interesante que no se haga recurso al tradicional concepto de educación, παιδεία, y en su lugar aparezca ἀγωγή («crianza»). Se podría proponer como hipótesis que esta guía sobre la educación se interesa, como se verá más adelante, por la crianza de los niños, tanto en el entorno familiar como escolar. No se circunscribe, por tanto, a las etapas educativas o al currículo de estudio.

2. Estructura y Contenido

El tema principal del tratado, en pocas palabras, es cómo educar a un niño desde su nacimiento para que pueda convertirse en un ciudadano de bien. Esto incluye diferentes etapas: nacimiento, infancia, juventud, matrimonio; así como distintos agentes involucrados en su desarrollo: familia, amistades, nodrizas, pedagogos, gramáticos, entrenadores. De todo ello habla este tratado, aunque se encuentra en un estadio si no inicial, inacabado. Pese a la sensación general de desarreglo, se puede

observar, tras un análisis detenido, un intento de estructuración y clasificación de las ideas.

El autor incide particularmente en la diferencia entre naturaleza y crianza. Si bien no es una idea original –podemos remontarla a Aristóteles (*Ética a Nicómaco* 1103A17)–, se distingue de otros autores al enfatizar una primacía de lo aprendido sobre lo innato –la *paideia* sobre la *eugeneia*. A estos dos primeros elementos añade un tercero, ineludible en la educación clásica: el ejercicio. Con ello se puede observar que, para el autor, la educación tiene un carácter fundamentalmente práctico, que busca la utilidad en la sociedad y se aleja de meditaciones filosóficas abstractas.

El contenido de esta guía pedagógica se puede dividir en dos bloques: el primero de ellos ocupa los capítulos 1 a 11 y hace un recorrido por las distintas etapas vitales del estudiante. El segundo ocupa los capítulos 12 a 20 y se centra en los padres y en cómo favorecer un entorno de aprendizaje adecuado.

El concepto de educación para nuestro autor comienza por una buena concepción (1-3); esto implica la elección de una mujer adecuada y encontrarse en buenas condiciones físicas y mentales, «pues suelen ser amantes del vino y borrachos aquellos cuyos padres se encontraban de borrachera en el momento de concebirlos» (1D).

Sigue con factores que influyen en una correcta educación. Primero, deben darse tres elementos: naturaleza, razón y costumbre (4); esto es, «los comienzos provienen de la naturaleza, el progreso, del aprendizaje [razón], la práctica, del ejercicio repetido [costumbre], y la perfección, de todas combinadas» (2AB). El autor indica que unos pocos elegidos (Pitágoras, Sócrates, Platón) poseen los tres elementos, pero que la mayoría suele carecer de al menos uno; pese a ello, se puede suplir con esfuerzo y trabajo en los otros dos –como «las gotas de agua horadan las piedras» (2D)–. También destaca el papel que desempeña la lactancia en el desarrollo del infante (5), incidiendo en que esta debería ser desempeñada directamente por la ma-

dre, para crear un vínculo de cariño con los niños. Asimismo, es fundamental la elección de esclavos, tanto los que estarán al servicio del pequeño como más tarde los pedagogos (6-7): los niños imitan lo que ven en su entorno, por lo que hay que elegir a esclavos de vida intachable; aunque parece que la tendencia de la época era elegir a cualquiera –bien por desconocimiento, bien por incompetencia–.

En el capítulo 8 recalca el valor de la razón por encima de otros atributos (belleza, linaje, riqueza), por estar al servicio del intelecto y ser el elemento que permite educar a un hombre de bien. Y es que, en palabras del autor, «únicamente la educación, de entre todas las cosas en nosotros, es inmortal y divina» (5E).

En esta línea, examina la manera de educar el intelecto con propiedad (9-10). Por un lado, es fundamental saber escuchar, permanecer en silencio y no hablar al azar, porque «los que practican el hablar a las masas de manera agradable y atrayente también su vida, muy a menudo, la acaban corruptos y proclives a los placeres» (6B). Esto conduce a una educación filosófica: aunque se debe pasar primero por la educación general, el joven «debe otorgar un honor especial a la filosofía» y «hacer de la filosofía, por así decirlo, el coronamiento de toda la educación» (7CD).

La crianza ha de ir acompañada de ejercicio físico también (11), pero llevado a cabo con moderación, «para que no queden drenados y que no renuncien al cuidado de la educación, por estar cansados» (8C). En este capítulo se introduce un breve excurso en el que el autor se justifica por hablar únicamente de la educación de los ricos, aunque «quisiera ante todo que la educación fuera útil para todos en común» (8E), y recomienda que se sigan sus consejos hasta donde cada uno pueda.

A partir del capítulo 12 pasamos a ocuparnos de los progenitores y su papel en una educación efectiva. En primer lugar (12-14), recomienda alternar entre elogios y críticas, para que los niños no se crezcan demasiado ni se desmoralicen por completo. También el exceso de amor puede ser problemático y contra-

producente, puesto que se carga al niño con demasiado trabajo en las prisas por que triunfe; el autor lo ilustra con una imagen perfecta: «como las plantas crecen con un riego moderado, pero se ahogan con uno excesivo, de la misma forma el alma aumentará con tareas apropiadas, pero se hundirá con las excesivas» (9B). También exige de los padres que se mantengan informados e involucrados en el avance de sus hijos, ya que algunos, tras encomendarlos a los pedagogos, se desentienden. Y aconseja fomentar la práctica de la memoria, no solo como ejercicio educativo, sino porque «el recuerdo de las acciones pasadas sirve como ejemplo de discreción para las futuras» (9F). Llegados a este punto, el autor examina la cuestión de los castigos físicos, que descarta por ser contraproducentes. Es mejor controlar la ira y tratar el problema una vez calmados; una conducta que ejemplifica de manera divertida con una frase de Platón: «Pégale tú, que yo estoy demasiado enfadado» (10D, Diog. Laerc. 3, 1, 26).

En el capítulo 15 se introduce un excurso sobre la pederastia, donde el autor vacila si aportar su opinión favorable al respecto. Su postura se inclina a permitir esta práctica cuando piensa en «Sócrates, Platón, Jenofonte, Esquines, Cebes, y en todo el coro de aquellos hombres que avalaron los amores varoniles y guiaron a la juventud hacia la educación, el liderazgo del pueblo y a la excelencia de las costumbres» (11E).

No obstante, y retomando su línea de argumentación anterior, se preocupa por ejercer un control sobre los jóvenes adolescentes, cuyo carácter indómito puede echar a perder una correcta educación en la infancia (16-17). Por un lado, es vital alejarlos de la compañía de hombres innobles, malvados y problemáticos –sobre todo los aduladores–, cosa que ilustra con enigmáticas (y confusas) máximas pitagóricas.

Los tres últimos capítulos reinciden en la labor de los padres para terminar de encauzar una buena educación (18-20). Evitar el exceso de severidad y permitir que los jóvenes cometan errores es una de las medidas indicadas, porque hay que «recordarse

a sí mismos que también fueron jóvenes» (13C). También se hace una breve mención al matrimonio de los hijos, y, finalmente, se concluye la obra resaltando el valor de que los padres actúen como modelo de conducta para sus hijos, pues como bien se ejemplifica, «allí donde los ancianos son indecentes, necesariamente también los jóvenes serán muy sinvergüenzas» (14B). El autor cierra su escrito admitiendo que resulta difícil integrar todos sus consejos, pero, con esfuerzo, se puede conseguir.

3. Autenticidad

Este breve tratado sobre cómo educar a los niños y jóvenes ha gozado de gran éxito a lo largo de los siglos, como se aprecia en la cantidad de manuscritos que lo transmiten y traducciones y ediciones impresas. No obstante, ya desde principios del Renacimiento se duda de que fuera escrito por Plutarco. El tratado contiene numerosos elementos, tanto internos como externos, que lo distancian de otras obras de Plutarco: lengua, estilo, composición, contenido, etc. –elementos estudiados en su momento por Wyttenbach (1820: 1-106); y más recientemente por Volpe Cacciatore (2022)–.

El primero en poner en duda la autoría de Plutarco fue Mureto (*Var. Lect.* 14.1.1559), y la mayoría de los eruditos que han trabajado el texto desde entonces están de acuerdo (véase, por ejemplo, Pinheiro, 2007: 349 n. 2). No en vano, este tratado no aparece citado en el Catálogo de Lamprias.[1]

Por supuesto, existen asimismo otros tantos elementos que representan el estilo de Plutarco. Ello ha llevado a Sirinelli (1987: 27-29) a postular, con cautela, la hipótesis de que quizá Plutarco comenzó a reunir materiales y a darles forma –lo que explica los pasajes bien trabajados y en su línea– pero no llegó a concluir su proyecto.

---

[1] Sobre este documento, véase la Introducción General.

Tras su muerte, quizá un discípulo o alguien relacionado con el ámbito de la educación lo retomaría y publicaría. En este sentido, encontramos ideas en forma de borrador, compiladas sin criterio o mal integradas en la narración. Pese a que el contenido, según hemos visto arriba, coincide con la visión general de Plutarco, el estilo y la forma distan de su genialidad. Parafraseando a Sirinelli (1987: 29), «no estamos lejos de Plutarco, pero estamos algo por debajo».

ΠΕΡΙ ΠΑΙΔΩΝ ΑΓΩΓΗΣ

1

[1A] Τί τις ἂν ἔχοι εἰπεῖν περὶ τῆς τῶν ἐλευθέρων παίδων ἀγωγῆς καὶ τίνι χρώμενοι σπουδαῖοι τοὺς τρόπους ἂν ἀποβαῖεν, φέρε σκεψώμεθα.

2

Βέλτιον δ᾽ ἴσως ἀπὸ τῆς γενέσεως ἄρξασθαι πρῶτον. τοῖς τοίνυν ἐπιθυμοῦσιν ἐνδόξων τέκνων γενέσθαι πατράσιν ὑποθείμην ἂν ἔγωγε μὴ ταῖς τυχούσαις γυναιξὶ συνοικεῖν, λέγω δ᾽ οἷον ἑταίραις ἢ παλλακαῖς· τοῖς γὰρ μητρόθεν ἢ πατρόθεν οὐκ εὖ γεγονόσιν ἀνεξάλειπτα παρακολουθεῖ [1B] τὰ τῆς δυσγενείας ὀνείδη παρὰ πάντα τὸν βίον καὶ πρόχειρα τοῖς ἐλέγχειν καὶ λοιδορεῖσθαι βουλομένοις. καὶ σοφὸς ἦν ἄρ᾽ ὁ ποιητὴς ὅς φησιν

> ὅταν δὲ κρηπὶς μὴ καταβληθῇ γένους
> ὀρθῶς, ἀνάγκη δυστυχεῖν τοὺς ἐκγόνους.[1]

---

[1] E. *HF* 1261.

SOBRE LA EDUCACIÓN DE LOS HIJOS

1

[1A] Examinemos qué se puede decir sobre la educación de los niños nacidos libres y de qué deben hacer uso para que resulten excelentes en su forma de ser.

2

Quizá sea mejor empezar primero por su nacimiento. A quienes desean ser padres de hijos de renombre yo, personalmente, les recomendaría no vivir con la primera mujer que se encuentren, me refiero a mujeres como las heteras o las concubinas;[1] pues a los que no tuvieron un buen nacimiento, ya sea por madre o por padre, [1B] les sigue durante toda su vida la culpa indeleble de su bajo origen, y está a mano de quienes deseen despreciarlos y ultrajarlos. Sabio, pues, era el poeta que dice:

> Cuando los cimientos del linaje no se han fundamentado
> correctamente, a la fuerza los descendientes serán
> [desafortunados.

---

[1] Martínez Otón (2021) ofrece una excelente panorámica de los tipos de prostitutas y sus características en la Antigua Grecia. Las dos mencionadas en el texto, heteras y concubinas, son las de más alto prestigio y las que mantenían una relación adúltera de larga duración, respectivamente.

Καλὸς οὖν παρρησίας θησαυρὸς εὐγένεια, ἧς δὴ πλεῖστον λόγον ποιητέον τοῖς νομίμου παιδοποιίας γλιχομένοις. καὶ μὲν δὴ τὰ φρονήματα τῶν ὑπόχαλκον καὶ κίβδηλον ἐχόντων τὸ γένος σφάλλεσθαι καὶ ταπεινοῦσθαι πέφυκε, [1C] καὶ μάλ᾽ ὀρθῶς λέγων ὁ ποιητής φησι

δουλοῖ γὰρ ἄνδρα, κἂν θρασύσπλαγχνός τις ᾖ,
ὅταν συνειδῇ μητρὸς ἢ πατρὸς κακά.[2]

ὥσπερ ἀμέλει μεγαλαυχίας ἐμπίπλανται καὶ φρυάγματος οἱ γονέων διασήμων. Κλεόφαντον γοῦν τὸν Θεμιστοκλέους πολλάκις λέγουσι φάναι καὶ πρὸς πολλοὺς ὡς ὅ τι ἂν αὐτὸς βούληται, τοῦτο καὶ τῷ δήμῳ συνδοκεῖ τῷ τῶν Ἀθηναίων· ἃ μὲν γὰρ αὐτὸς ἐθέλει, καὶ ἡ μήτηρ· ἃ δ᾽ ἂν ἡ μήτηρ, καὶ Θεμιστοκλῆς· ἃ δ᾽ ἂν Θεμιστοκλῆς, καὶ πάντες Ἀθηναῖοι. πάνυ δ᾽ ἄξιον ἐπαινεῖν καὶ Λακεδαιμονίους τῆς μεγαλοφροσύνης, [1D] οἵτινες Ἀρχίδαμον τὸν βασιλέα ἑαυτῶν ἐζημίωσαν χρήμασιν, ὅτι μικρὰν τὸ μέγεθος γυναῖκα γάμῳ λαβεῖν ὑπέμεινεν, ὑπειπόντες ὡς οὐ βασιλέας ἀλλὰ βασιλείδια παρασχεῖν αὐτοῖς διανοοῖτο.

---

[2] E. *Hipp.* 424. La versión que ofrecen los manuscritos es «padre o madre», mientras que el verso original lee «madre o padre». Por regla general, dado que no se cuenta con suficiente información para establecer si el cambio se debe a la voluntad del propio Plutarco o a un error de transmisión, se mantienen las citas en su forma original.

Por tanto, bello tesoro es un buen linaje para poder hablar libremente,[2] lo que debe aportarse como mayor argumento por quienes buscan tener hijos legítimos. Y es que los intelectos de quienes tienen un linaje impuro e ilegítimo están inclinados a fracasar y a ser humillados por naturaleza. [1C] Y muy acertadamente declara el poeta:

> Sin duda un hombre es esclavo, por muy intrépido que
> [sea,
> cuando conoce las culpas de su madre o padre.

Como, sin duda, los hijos de padres distinguidos están llenos de arrogancia e insolencia. Y, por eso, dicen que Diofanto,[3] hijo de Temístocles, a menudo afirmaba, y delante de muchos, que lo que él deseaba coincidía con lo que deseaba el pueblo de Atenas: pues aquello que él mismo quería, también lo quería su madre; y lo que su madre quería, también lo quería Temístocles; y lo que quería Temístocles, también lo querían todos los atenienses. Y a su vez, son muy dignos de ser elogiados los lacedemonios por su gran nobleza al sancionar [1D] a su rey Arquidamo, porque se había permitido tomar como esposa a una mujer de baja estatura, comentando que pensaba darles no reyes sino reyecillos.[4]

---

[2]   El concepto de *parresía* en la Antigua Grecia es complejo y multifacético: aunque se suele traducir por «libertad de expresión», no implica únicamente una libertad, sino también la obligación de decir la verdad por el bien común. Para más información al respecto, véase Konstan (2012).

[3]   En *Vida de Temístocles*, sin embargo, ninguno de los hijos se llama Diofanto. Algunos editores sugieren corregir el nombre a Cleofanto. Temístocles fue un político y estratega ateniense de los ss. VI-V a. C.

[4]   *Ages.* 2. Arquidamo fue un rey de Esparta de la dinastía Euripóntida, en el s. V a. C.

3

Ἐχόμενον δ' ἂν εἴη τούτων εἰπεῖν ὅπερ οὐδὲ τοῖς πρὸ ἡμῶν παρεωρᾶτο. τὸ ποῖον; ὅτι τοὺς ἕνεκα παιδοποιίας πλησιάζοντας ταῖς γυναιξὶν ἤτοι τὸ παράπαν ἀοίνους ἢ μετρίως γοῦν οἰνωμένους ποιεῖσθαι προσήκει τὸν συνουσιασμόν. φίλοινοι γὰρ καὶ μεθυστικοὶ γίγνεσθαι φιλοῦσιν ὧν ἂν τὴν ἀρχὴν τῆς σπορᾶς οἱ πατέρες ἐν μέθῃ ποιησάμενοι τύχωσιν. [2A] ἢ καὶ Διογένης μειράκιον ἐκστατικὸν ἰδὼν καὶ παραφρονοῦν "νεανίσκε" ἔφησεν, "ὁ πατήρ σε μεθύων ἔσπειρε." καὶ περὶ μὲν τῆς γενέσεως τοσαῦτ' εἰρήσθω μοι, περὶ δὲ τῆς ἀγωγῆς καὶ δὴ λεκτέον.

4

Καθόλου μὲν εἰπεῖν, ὃ κατὰ τῶν τεχνῶν καὶ τῶν ἐπιστημῶν λέγειν εἰώθαμεν, ταὐτὸ καὶ κατὰ τῆς ἀρετῆς φατέον ἐστίν, ὡς εἰς τὴν παντελῆ δικαιοπραγίαν τρία δεῖ συνδραμεῖν, φύσιν καὶ λόγον καὶ ἔθος. καλῶ δὲ λόγον μὲν τὴν μάθησιν, ἔθος δὲ τὴν ἄσκησιν. εἰσὶ δ' αἱ μὲν ἀρχαὶ τῆς φύσεως, [2B] αἱ δὲ προκοπαὶ τῆς μαθήσεως, αἱ δὲ χρήσεις τῆς μελέτης, αἱ δ' ἀκρότητες πάντων. καθ' ὃ δ' ἂν λειφθῇ τούτων, κατὰ τοῦτ' ἀνάγκη χωλὴν γίγνεσθαι τὴν ἀρετήν. ἡ μὲν γὰρ φύσις ἄνευ μαθήσεως τυφλόν, ἡ δὲ μάθησις δίχα φύσεως ἐλλιπές, ἡ δ' ἄσκησις χωρὶς ἀμφοῖν ἀτελές. ὥσπερ δ' ἐπὶ τῆς γεωργίας πρῶτον μὲν ἀγαθὴν ὑπάρξαι δεῖ τὴν γῆν, εἶτα δὲ τὸν φυτουργὸν ἐπιστήμονα, εἶτα τὰ σπέρματα σπουδαῖα, τὸν αὐτὸν τρόπον γῇ μὲν ἔοικεν ἡ φύσις, γεωργῷ δ' ὁ παιδεύων, σπέρματι δ' αἱ τῶν λόγων ὑποθῆκαι καὶ τὰ παραγγέλματα. ταῦτα πάντα διατεινάμενος ἂν εἴποιμ' ὅτι συνῆλθε καὶ συνέπνευσεν εἰς τὰς τῶν παρ' ἅπασιν ᾀδομένων ψυχάς, Πυθαγόρου καὶ Σωκράτους καὶ Πλάτωνος καὶ τῶν ὅσοι δόξης ἀειμνήστου τετυχήκασιν.

3

Al respecto, debería decirse sobre estos asuntos lo que tampoco pasó desapercibido a quienes nos precedieron. ¿De qué se trata? De que conviene que los que se acercan a sus mujeres para procrear, inicien esta unión o bien completamente abstemios o bien habiendo bebido con moderación. Pues suelen ser amantes del vino y borrachos aquellos cuyos padres se encontraban de borrachera en el momento de concebirlos. [2A] De ahí que también Diógenes, al ver a un joven en estado de éxtasis y delirando, le dijo: «Chaval, tu padre te concibió estando borracho».[5] Y sobre el nacimiento, es cuanto tengo que decir; ahora toca hablar de la educación.

4

Por regla general, lo que acostumbramos a decir de las artes y las ciencias, eso mismo debe decirse de la virtud: a saber, que es necesario que coincidan tres elementos para producir una acción perfectamente justa: naturaleza, razón y costumbre. Llamo razón al aprendizaje, y costumbre a la práctica. Los comienzos provienen de la naturaleza, [2B] el progreso, del aprendizaje, la práctica, del ejercicio repetido, y la perfección, de todas combinadas. Por lo cual, si uno de ellos falla, la virtud será, por fuerza, coja. Porque la naturaleza sin aprendizaje es ciega, la instrucción sin naturaleza es imperfecta, y la práctica sin las dos anteriores, incompleta. Tal como en agricultura lo primero que es necesario es comenzar con buena tierra, después, que el agricultor sea competente, y luego que las semillas sean de calidad, de igual manera la naturaleza se asemeja a la tierra, el maestro al agricultor y los consejos de la razón y preceptos, a la semilla. Quisiera insistir en que todos estos elementos se mezclan y unen a la perfección en las almas de aquellos celebrados por todos: las

---

[5] D.L. 7.8. El Diógenes mencionado en la anécdota es el filósofo cínico del s. V a. C.

[2C] Εὔδαιμον μὲν οὖν καὶ θεοφιλὲς εἴ τῳ ταῦτα πάντα θεῶν τις ἀπέδωκεν. εἰ δέ τις οἴεται τοὺς οὐκ εὖ πεφυκότας μαθήσεως καὶ μελέτης τυχόντας ὀρθῆς πρὸς ἀρετὴν οὐκ ἂν τὴν τῆς φύσεως ἐλάττωσιν εἰς τοὐνδεχόμενον ἀναδραμεῖν, ἴστω πολλοῦ, μᾶλλον δὲ τοῦ παντὸς διαμαρτάνων. φύσεως μὲν γὰρ ἀρετὴν διαφθείρει ῥᾳθυμία, φαυλότητα δ᾽ ἐπανορθοῖ διδαχή· καὶ τὰ μὲν ῥᾴδια τοὺς ἀμελοῦντας φεύγει, τὰ δὲ χαλεπὰ ταῖς ἐπιμελείαις ἁλίσκεται. καταμάθοις δ᾽ ἂν ὡς ἀνύσιμον πρᾶγμα καὶ τελεσιουργὸν ἐπιμέλεια καὶ πόνος ἐστίν, ἐπὶ πολλὰ τῶν γιγνομένων ἐπιβλέψας. [2D] σταγόνες μὲν γὰρ ὕδατος πέτρας κοιλαίνουσι, σίδηρος δὲ καὶ χαλκὸς ταῖς ἐπαφαῖς τῶν χειρῶν ἐκτρίβονται, οἱ δ᾽ ἁρμάτειοι τροχοὶ πόνῳ καμφθέντες οὐδ᾽ ἂν εἴ τι γένοιτο τὴν ἐξ ἀρχῆς δύναιντ᾽ ἀναλαβεῖν εὐθυωρίαν· τάς γε μὴν καμπύλας τῶν ὑποκριτῶν βακτηρίας ἀπευθύνειν ἀμήχανον, ἀλλὰ τὸ παρὰ φύσιν τῷ πόνῳ τοῦ κατὰ φύσιν ἐγένετο κρεῖττον. καὶ μόνα ἄρα ταῦτα τὴν τῆς ἐπιμελείας ἰσχὺν διαδείκνυσιν; οὔκ, ἀλλὰ καὶ μυρί᾽ ἐπὶ μυρίοις. ἀγαθὴ γῆ πέφυκεν· ἀλλ᾽ ἀμεληθεῖσα χερσεύεται, καὶ ὅσῳ τῇ φύσει βελτίων ἐστί, τοσούτῳ μᾶλλον ἐξαργηθεῖσα δι᾽ ἀμέλειαν ἐξαπόλλυται. [2E] ἀλλ᾽ ἔστι τις ἀπόκροτος καὶ τραχυτέρα τοῦ δέοντος· ἀλλὰ γεωργηθεῖσα παραυτίκα γενναίους καρποὺς ἐξήνεγκε. ποῖα δὲ δένδρα οὐκ ὀλιγωρηθέντα μὲν στρεβλὰ φύεται καὶ ἄκαρπα καθίσταται, τυχόντα δ᾽ ὀρθῆς παιδαγωγίας ἔγκαρπα γίγνεται καὶ τελεσφόρα; ποία δὲ σώματος ἰσχὺς οὐκ ἐξαμβλοῦται καὶ καταφθίνει δι᾽ ἀμέλειαν καὶ τρυφὴν καὶ καχεξίαν; τίς δ᾽ ἀσθενὴς φύσις οὐ τοῖς γυμνασαμένοις καὶ καταθλήσασι πλεῖστον εἰς ἰσχὺν ἐπέδωκε; τίνες δ᾽ ἵπποι καλῶς πωλοδαμνηθέντες οὐκ εὐπειθεῖς ἐγένοντο τοῖς ἀναβάταις; τίνες δ᾽ ἀδάμαστοι μείναντες οὐ σκληραύχενες καὶ θυμοειδεῖς ἀπέβησαν; [2F] καὶ τί δεῖ τἄλλα θαυμάζειν, ὅπου γε τῶν θηρίων τῶν ἀγριωτάτων ὁρῶμεν πολλὰ καὶ τιθασευόμενα καὶ χειροήθη γιγνόμενα τοῖς πόνοις; εὖ δὲ καὶ ὁ Θετταλὸς ἐρωτηθεὶς τίνες εἰσὶν οἱ ἡπιώτατοι Θετταλῶν, ἔφη "οἱ παυόμενοι πολεμεῖν." καὶ τί δεῖ τὰ πολλὰ λέγειν; καὶ γὰρ τὸ ἦθος ἔθος ἐστὶ πολυχρόνιον, καὶ τὰς ἠθικὰς ἀρετὰς ἐθικὰς ἄν

42

de Pitágoras, Sócrates, Platón,[6] y todos cuantos han alcanzado una gloria eterna.

[2C] Y es que es un hecho feliz y un regalo del amor divino si alguno de los dioses ha ofrecido todo ello a una única persona. Pero si alguien cree que quienes no poseen dotes naturales, aun encontrando una correcta instrucción y ejercicios para alcanzar la virtud, no podrán compensar, hasta donde les es posible, su defecto de naturaleza, que sepa que, en mucho, o, más bien por completo, se equivoca. Porque la indiferencia arruina una virtud natural, mientras que la enseñanza corrige una defectuosa. Las cosas fáciles escapan a los que son descuidados, pero las difíciles se conquistan con aplicado cuidado. Uno puede aprender que el cuidado y el esfuerzo son cosa en verdad eficaz y productiva al contemplar muchos de los hechos que ocurren: [2D] las gotas de agua horadan las piedras; el hierro y el bronce se desgastan con el contacto con las manos; las ruedas de los carros, tras ser dobladas por el esfuerzo, no podrían recuperar la rectitud del principio, suceda lo que suceda. Los bastones curvos de los actores son imposibles de enderezar, hasta tal punto que lo que es antinatural ha llegado a ser, con esfuerzo, más poderoso que lo natural. ¿Y son estos los únicos ejemplos que muestran la fuerza de la constancia? No, sino que hay otros miles y miles. Hay tierra buena por naturaleza, pero que descuidada se vuelve estéril, y cuanto mejor es por naturaleza, [2E] más se arruina si se deja sin cultivar por descuido. En cambio, otra que sea estéril y más abrupta de lo necesario, cuando se cultiva produce al momento frutos sublimes. ¿Y qué árboles no crecen torcidos y se mantienen infructuosos al ser abandonados, pero, si encuentran una correcta crianza, se vuelven fructíferos y fecundos? ¿Qué

---

[6]   Aparecen citados a la vez tres de los personajes más prominentes de la filosofía griega: Pitágoras de Samos (ss. VI-V a. C.), también matemático y fundador de la escuela pitagórica; Sócrates de Atenas (ss. V-IV a. C), maestro de Platón y Jenofonte; y Platón (ss. V-IV a. C.), fundador de la escuela platónica y maestro de Aristóteles.

τις λέγῃ, [3Α] οὐκ ἄν τι πλημμελεῖν δόξειεν. ἑνὶ δὲ περὶ τούτων ἔτι παραδείγματι χρησάμενος ἀπαλλάξομαι τοῦ ἔτι περὶ αὐτῶν μηκύνειν. Λυκοῦργος γὰρ ὁ τῶν Λακεδαιμονίων νομοθέτης δύο σκύλακας τῶν αὐτῶν γονέων λαβὼν οὐδὲν ὁμοίως ἀλλήλοις ἤγαγεν, ἀλλὰ τὸν μὲν λίχνον ἀπέφηνε καὶ σινάμωρον, τὸν δ' ἐξιχνεύειν καὶ θηρᾶν δυνατόν. εἶτά ποτε τῶν Λακεδαιμονίων εἰς ταὐτὸ συνειλεγμένων, "μεγάλη τοι ῥοπὴ πρὸς ἀρετῆς κύησίν ἐστιν, [3Β] ἄνδρες," ἔφησε, "Λακεδαιμόνιοι, καὶ ἔθη καὶ παιδεῖαι καὶ διδασκαλίαι καὶ βίων ἀγωγαί, καὶ ἐγὼ ταῦθ' ὑμῖν αὐτίκα δὴ μάλα ποιήσω φανερά." εἶτα προσαγαγὼν τοὺς δύο σκύλακας διαφῆκε, καταθεὶς εἰς μέσον λοπάδα καὶ λαγωὸν κατευθὺ τῶν σκυλάκων. καὶ ὁ μὲν ἐπὶ τὸν λαγωὸν ᾖξεν, ὁ δ' ἐπὶ τὴν λοπάδα ὥρμησε. τῶν δὲ Λακεδαιμονίων οὐδέπω συμβαλεῖν ἐχόντων τί ποτ' αὐτῷ τοῦτο δύναται καὶ τί βουλόμενος τοὺς σκύλακας ἐπεδείκνυεν, "οὗτοι γονέων," ἔφη, "τῶν αὐτῶν ἀμφότεροι, διαφόρου δὲ τυχόντες ἀγωγῆς ὁ μὲν λίχνος ὁ δὲ θηρευτὴς ἀποβέβηκε." καὶ περὶ μὲν ἐθῶν καὶ βίων ἀρκείτω ταῦτα.

energía corporal no se debilita y arruina por negligencia, pereza y malos hábitos? ¿Y qué débil naturaleza no muestra una gran mejora en fuerza con ejercicios y entrenamientos? ¿Qué caballos, si son bien domados de jóvenes, no son dóciles a sus jinetes? ¿Y cuáles, al quedar sin domar, no resultan incontrolables y violentos? [2F] ¿Y qué necesidad hay de admirarse de lo demás, cuando vemos entre los animales más salvajes muchos domados y acostumbrados a los trabajos? Y bien dijo aquel tesalio, al ser preguntado quiénes eran los más pacíficos de los tesalios: «Los que cesan de guerrear». ¿Pero por qué seguir hablando de ejemplos? Puesto que el carácter es una costumbre desarrollada a lo largo de mucho tiempo, [3A] si alguien llamara a las virtudes de carácter «virtudes de costumbres», no parecería estar equivocado.[7] Tras poner solo un ejemplo más acerca de esto, dejaré de alargarme en las mismas cosas. Licurgo,[8] el legislador de los lacedemonios, tomando dos cachorros de la misma camada, no crió a ambos de la misma forma, sino que a uno lo convirtió en un perro goloso y voraz, y al otro en uno capaz de rastrear y cazar. Más tarde, en una ocasión en que estaban los lacedemonios reunidos, dijo: «Lacedemonios, de verdad, en la concepción de la virtud tienen gran influencia las costumbres, la educación, la enseñanza y la conducta en la vida, y [3B] yo mismo haré esto evidente para vosotros ahora». Entonces, trajo a los cachorros y los soltó tras colocar en medio, justo enfrente de estos, un plato de comida y una liebre. Y uno se abalanzó sobre la liebre, mientras que el otro se lanzó a por el plato. Pero como los lacedemonios todavía no descifraban qué quería decir con ello y qué quería al mostrarles a los cachorros, les dijo: «Ambos son de la misma camada, pero como han recibido una educación distinta, uno se ha convertido en un goloso y otro en un cazador».[9] Pero baste esto en lo que concierne a costumbres y estilos de vida.

---

[7] *De virt. mor.* 443C y *De sera num.* 551C.
[8] Personaje semi legendario que vivió en el s. VII a. C. e impulsó una reforma social y política en Esparta.
[9] *Apophth. Lac.* 225F.

5

Περὶ δὲ τροφῆς ἐχόμενον ἂν εἴη λέγειν. δεῖ δέ, ὡς ἐγὼ ἂν φαίην, αὐτὰς τὰς μητέρας τὰ τέκνα τρέφειν καὶ τούτοις τοὺς μαστοὺς ὑπέχειν· [3C] συμπαθέστερόν τε γὰρ θρέψουσι καὶ διὰ πλείονος ἐπιμελείας, ὡς ἂν ἔνδοθεν καὶ τὸ δὴ λεγόμενον ἐξ ὀνύχων ἀγαπῶσαι τὰ τέκνα. αἱ τίτθαι δὲ καὶ αἱ τροφοὶ τὴν εὔνοιαν ὑποβολιμαίαν καὶ παρέγγραπτον ἔχουσιν, ἅτε μισθοῦ φιλοῦσαι. δηλοῖ δὲ καὶ ἡ φύσις ὅτι δεῖ τὰς μητέρας ἃ γεγεννήκασιν αὐτὰς τιτθεύειν καὶ τρέφειν· διὰ γὰρ τοῦτο παντὶ ζῴῳ τεκόντι τὴν ἐκ τοῦ γάλακτος τροφὴν ἐχορήγησε. σοφὸν δ᾽ ἄρα καὶ ἡ πρόνοια· διττοὺς ἐνέθηκε ταῖς γυναιξὶ τοὺς μαστούς, ἵνα, κἂν εἰ δίδυμα τέκοιεν, διττὰς ἔχοιεν τὰς τῆς τροφῆς πηγάς. [3D] χωρὶς δὲ τούτων εὐνούστεραι τοῖς τέκνοις γίγνοιντ᾽ ἂν καὶ φιλητικώτεραι. καὶ μὰ Δί᾽ οὐκ ἀπεικότως· ἡ συντροφία γὰρ ὥσπερ ἐπιτόνιόν ἐστι τῆς εὐνοίας. καὶ γὰρ τὰ θηρία τῶν συντρεφομένων ἀποσπώμενα ταῦτα ποθοῦντα φαίνεται. μάλιστα μὲν οὖν ὅπερ ἔφην αὐτὰς πειρατέον τὰ τέκνα τρέφειν τὰς μητέρας· εἰ δ᾽ ἄρ᾽ ἀδυνάτως ἔχοιεν ἢ διὰ σώματος ἀσθένειαν (γένοιτο γὰρ ἄν τι καὶ τοιοῦτον) ἢ πρὸς ἑτέρων τέκνων σπεύδουσαι γένεσιν, ἀλλὰ τάς γε τίτθας καὶ τροφοὺς οὐ τὰς τυχούσας ἀλλ᾽ ὡς ἔνι μάλιστα σπουδαίας δοκιμαστέον ἐστί. πρῶτον μὲν τοῖς ἤθεσιν Ἑλληνίδας. [3E] ὥσπερ γὰρ τὰ μέλη τοῦ σώματος εὐθὺς ἀπὸ γενέσεως πλάττειν τῶν τέκνων ἀναγκαῖόν ἐστιν, ἵνα ταῦτ᾽ ὀρθὰ καὶ ἀστραβῆ φύηται, τὸν αὐτὸν τρόπον ἐξ ἀρχῆς τὰ τῶν τέκνων ἤθη ῥυθμίζειν προσήκει. εὔπλαστον γὰρ καὶ ὑγρὸν ἡ νεότης, καὶ ταῖς τούτων ψυχαῖς ἁπαλαῖς ἔτι τὰ μαθήματα ἐντήκεται· πᾶν δὲ τὸ σκληρὸν χαλεπῶς μαλάττεται. καθάπερ γὰρ σφραγῖδες τοῖς ἁπαλοῖς ἐναπομάττονται κηροῖς, οὕτως αἱ μαθήσεις ταῖς τῶν ἔτι παιδίων ψυχαῖς ἐναποτυποῦνται.

5

A continuación, habría que hablar de la alimentación. Es conveniente, diría yo, que las madres alimenten ellas mismas a sus hijos [3C] y les den el pecho. Pues así los alimentarán con más afecto y mayor cuidado, como queriendo a sus hijos desde el interior y, tal como dice el proverbio, desde las uñas. Las nodrizas y las niñeras, en cambio, tienen un afecto falso e intruso, puesto que aman por un sueldo. Y la naturaleza deja claro que las propias madres deben criar y alimentar a aquellos a quienes han engendrado: por eso ha suministrado a todo animal que pare el alimento de la leche. También la providencia es sabia: dio dos pechos a las mujeres, para que si parían gemelos, tuvieran una doble fuente de alimentación. [3D] Pero, dejando a un lado estas consideraciones, las madres se volverían más benévolas y cariñosas con sus hijos, y no sin razón, por Zeus: pues la alimentación común es como un lazo de unión que favorece el cariño. Ya que también las fieras, al ser apartadas de los que se han criado con ellas, muestran pena. En efecto, como decía, hay que procurar ante todo que las madres alimenten ellas mismas a sus hijos; no obstante, si acaso esto no fuera posible, ya sea por una debilidad corporal (pues también tal caso podría ocurrir) o porque se apresuran en concebir otros hijos, que al menos las nodrizas y las niñeras no se elijan al azar, sino tan serias como sea posible. Y, en primer lugar, que sean griegas por sus costumbres. [3E] Y es que igual que es necesario dar forma a las partes del cuerpo de los hijos inmediatamente después del nacimiento, para que crezcan derechos y sin deformidades, de la misma forma conviene educar los caracteres de los niños desde el principio. Pues la juventud es maleable y flexible, y en las almas todavía tiernas de estos se implantan profundamente las lecciones; pero aquello que ya se ha endurecido, con dificultad puede ablandarse. Porque, igual que los sellos dejan su impresión en las ceras blandas, del mismo modo las lecciones dejan su impresión en las almas de los que son niños todavía.

[3F] καί μοι δοκεῖ Πλάτων ὁ δαιμόνιος ἐμμελῶν παραινεῖν ταῖς τίτθαις μηδὲ τοὺς τυχόντας μύθους τοῖς παιδίοις λέγειν, ἵνα μὴ τὰς τούτων ψυχὰς ἐξ ἀρχῆς ἀνοίας καὶ διαφθορᾶς ἀναπίμπλασθαι συμβαίνῃ. κινδυνεύει δὲ καὶ Φωκυλίδης ὁ ποιητὴς καλῶς παραινεῖν λέγων

χρὴ παῖδ᾽ ἔτ᾽ ἐόντα
καλὰ διδάσκειν ἔργα.[3]

6

Οὐ τοίνυν οὐδὲ τοῦτο παραλιπεῖν ἄξιόν ἐστιν, ὅτι καὶ τὰ παιδία τὰ μέλλοντα τοῖς τροφίμοις ὑπηρετεῖν καὶ τούτοις σύντροφα γίγνεσθαι ζητητέον [4Α] πρώτιστα μὲν σπουδαῖα τοὺς τρόπους, ἔτι μέντοι Ἑλληνικὰ καὶ περίτρανα λαλεῖν, ἵνα μὴ συναναχρωννύμενοι βαρβάροις καὶ τὸ ἦθος μοχθηροῖς ἀποφέρωνταί τι τῆς ἐκείνων φαυλότητος. καὶ οἱ παροιμιαζόμενοι δέ φασιν οὐκ ἀπὸ τρόπου λέγοντες, ὅτι "ἂν χωλῷ παροικήσῃς, ὑποσκάζειν μαθήσῃ."

7

Ἐπειδὰν τοίνυν ἡλικίαν λάβωσιν ὑπὸ παιδαγωγοῖς τετάχθαι, ἐνταῦθα δὴ πολλὴν ἐπιμέλειαν ἑκτέον ἐστὶ τῆς τούτων καταστάσεως, ὡς μὴ λάθωσιν ἀνδραπόδοις ἢ βαρβάροις ἢ παλιμβόλοις τὰ τέκνα παραδόντες. ἐπεὶ νῦν γε τὸ γιγνόμενον πολλοῖς ὑπερκαταγέλαστόν ἐστι. τῶν γὰρ δούλων [4Β] τῶν σπουδαίων τοὺς μὲν γεωργοὺς ἀποδεικνύουσι, τοὺς δὲ ναυκλήρους τοὺς δ᾽ ἐμπόρους τοὺς δ᾽ οἰκονόμους τοὺς δὲ δανειστάς· ὅ τι δ᾽ ἂν εὕρωσιν ἀνδράποδον οἰνόληπτον καὶ λίχνον, πρὸς πᾶσαν πραγματείαν ἄχρηστον, τούτῳ φέροντες ὑποβάλλουσι τοὺς υἱούς. δεῖ δὲ τὸν σπουδαῖον παιδαγωγὸν τοιοῦτον εἶναι τὴν φύσιν οἷόσπερ ἦν ὁ Φοῖνιξ ὁ τοῦ Ἀχιλλέως παιδαγωγός.

---

[3]   Bergk, *Poetae Lyrici Graeci* II 448.

[3F] Y me parece que Platón, hombre extraordinario, recomendaba a las nodrizas que no contaran mitos elegidos al azar a los niños, para que no ocurriera que sus almas se llenaran ya de antemano de disparates y corrupción.[10] También Focílides, el poeta,[11] parece dar buen consejo al decir:

> Conviene mientras aún es niño,
> enseñarle las nobles acciones.

6

Tampoco debe dejarse de lado este otro punto, que entre los niños que van a estar al servicio de los jóvenes señores y que van a crecer con ellos, hay que elegir, ante todo, los que sobresalen por sus costumbres y que, por cierto, [4A] hablen griego y con claridad, para que no se contaminen de los defectos de aquellos, al estar en contacto con bárbaros y gente de baja condición.[12] En este sentido, los creadores de proverbios hablan sin andarse por las ramas cuando dicen que «quien viva con un cojo, aprenderá a cojear».

7

Cuando luego alcanzan la edad de ser colocados bajo la tutela de pedagogos, aquí hay que prestar mucha atención en el nombramiento de estos, no sea que se entregue sin querer a los hijos a bárbaros o tramposos. Y es que ahora lo que sucede entre muchos es de lo más ridículo. [4B] De los esclavos serios, nombran a unos agricultores, a otros pilotos de sus naves, a otros co-

---

[10] *R.* 377E. Es notable la evolución que ha tenido el concepto desde Platón hasta nuestros días. Entre los autores griegos, μύθος podía designar tanto una palabra o una historia como narración ficticia que busca dar cuenta del mundo que nos rodea. Más sobre la cuestión en Collobert, Destrée & González (2012).

[11] Poeta originario de Mileto, s. VI a. C.

[12] La noción de bárbaro como opuesto a todo lo que representaba ser griego y, por su etimología, a todo el que no hablaba griego es antigua y está estrechamente ligada a la idea de la diferenciación de etnias, ya claramente percibida desde las Guerras Médicas en el s. V a. C. Véase al respecto Harrison (2002).

Τὸ δὲ πάντων μέγιστον καὶ κυριώτατον τῶν εἰρημένων ἔρχομαι φράσων. διδασκάλους γὰρ ζητητέον τοῖς τέκνοις, οἳ καὶ τοῖς βίοις εἰσὶν ἀδιάβλητοι καὶ τοῖς τρόποις ἀνεπίληπτοι καὶ ταῖς ἐμπειρίαις ἄριστοι· πηγὴ γὰρ καὶ ῥίζα καλοκαγαθίας τὸ νόμιμου τυχεῖν παιδείας. καὶ καθάπερ τὰς χάρακας οἱ γεωργοὶ τοῖς φυτοῖς παρατιθέασιν, [4C] οὕτως οἱ νόμιμοι τῶν διδασκάλων ἐμμελεῖς τὰς ὑποθήκας καὶ παραινέσεις παραπηγνύουσι τοῖς νέοις, ἵν᾽ ὀρθὰ τούτων βλαστάνῃ τὰ ἤθη. νῦν δέ τις κἂν καταπτύσειε τῶν πατέρων ἐνίων, οἵτινες πρὶν δοκιμάσαι τοὺς μέλλοντας διδάσκειν, δι᾽ ἄγνοιαν, ἔσθ᾽ ὅτε καὶ δι᾽ ἀπειρίαν, ἀνθρώποις ἀδοκίμοις καὶ παρασήμοις ἐγχειρίζουσι τοὺς αἶδας. καὶ οὔπω τοῦτ᾽ ἐστὶ καταγέλαστον εἰ δι᾽ ἀπειρίαν αὐτὸ πράττουσιν, ἐκεῖνο δ᾽ ἐσχάτως ἄτοπον. τὸ ποῖον; [4D] ἐνίοτε γὰρ εἰδότες, αἰσθόμενοι δὲ καὶ ἄλλων αὐτοῖς τοῦτο λεγόντων, τὴν ἐνίων τῶν παιδευτῶν ἀπειρίαν ἅμα καὶ μοχθηρίαν, ὅμως τούτοις ἐπιτρέπουσι τοὺς παῖδας, οἱ μὲν ταῖς τῶν ἀρεσκευομένων ἡττώμενοι κολακείαις, εἰσὶ δ᾽ οἳ καὶ δεομένοις χαριζόμενοι φίλοις, παρόμοιον ποιοῦντες ὥσπερ ἂν εἴ τις τῷ σώματι κάμνων τὸν σὺν ἐπιστήμῃ δυνηθέντ᾽ ἂν σῶσαι παραλιπών, φίλῳ χαριζόμενος τὸν δι᾽ ἀπειρίαν ἀπολέσαντ᾽ ἂν αὐτὸν προέλοιτο, ἢ ναύκληρον τὸν ἄριστον ἀφεὶς τὸν χείριστον δοκιμάσειε φίλου δεηθέντος. Ζεῦ καὶ θεοὶ πάντες, πατήρ τις καλούμενος πλείω λόγον τῆς τῶν δεομένων ποιεῖται χάριτος ἢ τῆς τῶν τέκνων παιδεύσεως; εἶτ᾽ οὐκ εἰκότα πολλάκις Σωκράτης ἐκεῖνος ὁ παλαιὸς ἔλεγεν,

50

merciantes, a otros mayordomos y a otros banqueros; pero a uno que encuentran aficionado al vino, goloso, e inútil para cualquier cosa, a ese le llevan a sus hijos y los ponen bajo su cargo. Pero el buen pedagogo debe poseer una naturaleza tal como era Fénix, el pedagogo de Aquiles.[13]

Y voy a hablar del punto más relevante e importante de todos los mencionados hasta el momento. Los maestros que conviene buscar para los hijos han de ser intachables en sus vidas, irreprochables en sus maneras y los mejores en experiencia; pues la fuente y raíz de una conducta noble coincide ser una buena educación. Tal como los labradores colocan estacas en las plantas, [4C] así los buenos maestros inculcan con cuidado reglas y consejos en los jóvenes, para que sus caracteres florezcan con rectitud. Pero hoy en día uno podría censurar a algunos padres, los cuales, antes de poner a prueba a los que van a ejercer la enseñanza, por ignorancia o a veces también por inexperiencia, ponen a sus hijos en manos de hombres innobles e indignos de confianza. Y esto no es tan ridículo si lo hacen por inexperiencia, pero lo otro es absurdo en extremo. [4D] ¿El qué? A menudo a sabiendas de la inexperiencia e incluso la perversión de algunos maestros (bien porque las ven o porque otros se las dicen), con todo entregan sus hijos a esos; unos cediendo a las adulaciones de los que quieren gustarles, y los hay que lo hacen por complacer a amigos que se lo piden.[14] Con ello actúan como si alguien que tiene una enfermedad física rechazara a quien posee el conocimiento para sanarle y escogiera por complacer al amigo que por su inexperiencia podría matarlo o, menospreciara al mejor piloto y eligiera al peor porque un amigo insistiese. ¡Por Zeus y todos los dioses!, ¿hay alguien que reciba el nombre de «padre» que dé más valor a quienes le piden un favor que a la educación de sus hijos? Y luego, no decía a menudo, como es natural, aquel viejo Sócrates que, si fuera posible,

---

[13]   La comparación aparece también en *Alex.* 5.8.
[14]   *De vit. pud.* 532A.

[4E] ὅτι εἴπερ ἄρα δυνατὸν ἦν, ἀναβάντα ἐπὶ τὸ μετεωρότατον τῆς πόλεως ἀνακραγεῖν μέρος "ὦ ἄνθρωποι, ποῖ φέρεσθε, οἵτινες χρημάτων μὲν κτήσεως πέρι πᾶσαν ποιεῖσθε σπουδήν, τῶν δ' υἱέων, οἷς ταῦτα καταλείψετε, μικρὰ φροντίζετε";[4] τούτοις δ' ἂν ἔγωγε προσθείην ὅτι οἱ τοιοῦτοι πατέρες παραπλήσιον ποιοῦσιν, οἷον εἴ τις τοῦ μὲν ὑποδήματος φροντίζοι, τοῦ δὲ ποδὸς ὀλιγώρως ἔχοι. πολλοὶ δ' εἰς τοσοῦτο τῶν πατέρων προβαίνουσι φιλαργυρίας ἅμα καὶ μισοτεκνίας, ὥσθ' ἵνα μὴ πλείονα μισθὸν τελέσειαν, ἀνθρώπους τοῦ μηδενὸς τιμίους αἱροῦνται τοῖς τέκνοις παιδευτάς, εὔωνον ἀμαθίαν διώκοντες. [4F] ᾗ καὶ Ἀρίστιππος οὐκ ἀκόμψως ἀλλὰ καὶ πάνυ ἀστείως ἐπέσκωψε τῷ λόγῳ πατέρα νοῦ καὶ φρενῶν κενόν. ἐρωτήσαντος γάρ τινος αὐτὸν πόσον αἰτοίη μισθὸν ὑπὲρ τῆς τοῦ τέκνου παιδεύσεως, "χιλίας" ἔφησε "δραχμάς." τοῦ δ' "Ἡράκλεις" εἰπόντος, "ὡς ὑπέρπολυ τὸ αἴτημα· [5A] δύναμαι γὰρ ἀνδράποδον χιλίων πρίασθαι," "τοιγαροῦν" εἶπε "δύο ἕξεις ἀνδράποδα, καὶ τὸν υἱὸν καὶ ὃν ἂν πρίῃ." τὸ δ' ὅλον πῶς οὐκ ἄτοπον τῇ μὲν δεξιᾷ συνεθίζειν τὰ παιδία δέχεσθαι τὰς τροφάς, κἂν εἰ προτείνειε τὴν ἀριστεράν, ἐπιτιμᾶν, μηδεμίαν δὲ ποιεῖσθαι πρόνοιαν τοῦ λόγων ἐπιδεξίων καὶ νομίμων ἀκούειν;

Τί οὖν συμβαίνει τοῖς θαυμαστοῖς πατράσιν, ἐπειδὰν κακῶς μὲν θρέψωσι κακῶς δὲ παιδεύσωσι τοὺς υἱεῖς, ἐγὼ φράσω. ὅταν γὰρ εἰς ἄνδρας ἐγγραφέντες τοῦ μὲν ὑγιαίνοντος καὶ τεταγμένου βίου καταμελήσωσιν, ἐπὶ δὲ τὰς ἀτάκτους καὶ ἀνδραποδώδεις ἡδονὰς ἑαυτοὺς κρημνίσωσι, [5B] τότε δὴ μεταμέλονται τὴν τῶν τέκνων προδεδωκότες παιδείαν, ὅτ' οὐδὲν ὄφελος, τοῖς ἐκείνων ἀδικήμασιν ἀδημονοῦντες. οἱ μὲν γὰρ αὐτῶν κόλακας καὶ παρασίτους ἀναλαμβάνουσιν, ἀνθρώπους ἀσήμους καὶ καταράτους καὶ τῆς νεότητος ἀνατροπέας καὶ λυμεῶνας, οἱ δέ τινες ἑταίρας καὶ χαμαιτύπας λυτροῦνται σοβαρὰς καὶ πολυτελεῖς, οἱ δὲ κατοψοφαγοῦσιν, οἱ δ' εἰς κύβους καὶ κώμους ἐξοκέλλουσιν, ἤδη δέ τινες καὶ τῶν νεανικωτέρων ἅπτονται κακῶν, μοιχεύοντες καὶ κιττοφοροῦντες καὶ μίαν

---

4 Pl. *Clit.* 407A.

52

[4E] habría que subir a la parte más alta de la ciudad a gritar: «Hombres, ¿a dónde os dejáis llevar, quienes ponéis toda vuestra atención en la adquisición de riquezas, pero de vuestros hijos, a quienes las dejaréis, poco os preocupáis?»[15] A ello yo, personalmente, añadiría que tales padres actúan de manera similar a alguien que se preocupara por el calzado, pero hiciera poco caso al pie. Pero muchos de los padres avanzan hasta tal punto en su codicia a la vez que en odio a sus hijos que, por no pagar un mayor sueldo, escogen de maestros para sus hijos a hombres sin ningún valor, buscando una ineptitud barata. [4F] Por ello también Aristipo,[16] no sin decoro, sino más bien con gracia, reprendió a un padre carente de sentido y razón. Pues, cuando alguien le preguntó qué sueldo pedía por la educación de su hijo, dijo: «Mil dracmas». Cuando el otro contestó: «¡Por Heracles, vaya una petición exagerada! [5A] Por mil dracmas puedo comprar un esclavo». Aristipo le dijo: «Pues así tendrás dos esclavos, tu hijo y el que compres». Y, en general, ¿cómo no va a ser absurdo acostumbrar a los niños a recibir la comida con la mano derecha y, cuando avanzan la izquierda, los reprendemos, y sin embargo no tomamos ninguna previsión en que escuchen enseñanzas correctas y pertinentes?[17]

Pues bien, ¿qué ocurre con los admirables padres, una vez que han malcriado y mal educado a sus hijos? Yo os lo voy a decir. En efecto, cuando se han inscrito entre los hombres adultos desprecian llevar una vida sana y ordenada y se desviven por placeres desordenados y serviles; [5B] sólo entonces lamentan la educación de sus hijos, cuando ya no tiene utilidad, atormentándose por los errores de aquellos. Ya que algunos de ellos se rodean de aduladores y parásitos, hombres sin distinción y abo-

---

[15] Plutarco cita este pasaje en varios lugares de su obra: *An virt. doc.* 439C, *De vit. pud.* 534E, *De Stoic. rep.* 1039D.

[16] Filósofo discípulo de Sócrates.

[17] *An virt. doc.* 439F, donde se subraya la importancia de los buenos modales a la mesa. Según la tradición se usaba la mano izquierda para el pan y la derecha para servirse la comida.

ἡδονὴν θανάτου τιμώμενοι. φιλοσοφίᾳ δ' ὁμιλήσαντες οὗτοι οὐ τοιούτοις ἴσως πράγμασιν ἑαυτοὺς ἂν καταπειθεῖς παρέσχοντο, καὶ τό γε παράγγελμα τοῦ Διογένους ἔμαθον ἄν, ὃς φορτικῶς μὲν τοῖς ῥήμασιν ἀληθῶς δὲ τοῖς πράγμασι παραινεῖ καί φησιν [5C] "εἴσελθε εἰς πορνεῖόν που, ἵνα μάθῃς ὅτι τῶν ἀναξίων τὰ τίμια οὐδὲν διαφέρει."

8

Συνελὼν τοίνυν ἐγώ φημι (καὶ χρησμολογεῖν μᾶλλον ἢ παραινεῖν δόξαιμ' ἂν εἰκότως) ὅτι ἓν πρῶ-τον καὶ μέσον καὶ τελευταῖον ἐν τούτοις κεφάλαιον ἀγωγὴ σπουδαία καὶ παιδεία νόμιμός ἐστι, καὶ ταῦτα φορὰ καὶ συνεργὰ πρὸς ἀρετὴν καὶ πρὸς εὐδαιμονίαν φημί. καὶ τὰ μὲν ἄλλα τῶν ἀγαθῶν ἀνθρώπινα καὶ μικρὰ καὶ οὐκ ἀξιοσπούδαστα καθέστηκεν. εὐγένεια καλὸν μέν, ἀλλὰ προγόνων ἀγαθόν. πλοῦτος δὲ τίμιον μέν, ἀλλὰ τύχης κτῆμα, [5D] ἐπειδὴ τῶν μὲν ἐχόντων πολλάκις ἀφείλετο, τοῖς δ' οὐκ ἐλπίσασι φέρουσα προσήνεγκε, καὶ ὁ πολὺς πλοῦτος σκοπὸς ἔκκειται τοῖς βουλομένοις βαλλάντια τοξεύειν, κακούργοις οἰκέταις καὶ συκοφάνταις, καὶ τὸ μέγιστον, ὅτι καὶ τοῖς πονηροτάτοις μέτεστι. δόξα γε μὴν σεμνὸν μέν, ἀλλ' ἀβέβαιον. κάλλος δὲ περιμάχητον μέν, ἀλλ' ὀλιγοχρόνιον. ὑγίεια δὲ τίμιον μέν, ἀλλ' εὐμετάστατον. ἰσχὺς δὲ ζηλωτὸν μέν, ἀλλὰ νόσῳ εὐάλωτον καὶ

rrecibles, corruptores y dañinos para la juventud; otros compran la libertad de heteras y prostitutas, altaneras y derrochadoras; y aún otros derrochan en banquetes; mientras otros se arruinan en juegos y fiestas; y, por último, algunos acometen maldades aún más temerarias, cometiendo adulterio y festejando coronados de hiedra, pagando con la muerte por un único placer. Si hubieran frecuentado la filosofía, no se habrían dejado dominar quizá con tales prácticas, y habrían aprendido el precepto de Diógenes, quien, tosco en sus palabras pero con la verdad en sus acciones, aconseja y dice: [5C] «Entra en cualquier prostíbulo para que aprendas que lo que cuesta algo en nada se diferencia de lo que no cuesta nada».[18]

8

Pues bien, resumiendo, digo (y podría parecer más bien que pronuncio oráculos en vez de dar consejos) que el único punto, primero, medio y último, en estos asuntos es una buena educación y una instrucción apropiada; y os digo que esto es lo que guía y ayuda a la virtud y la felicidad. El resto de los bienes son humanos, triviales e indignos de un interés serio. En efecto, un linaje bueno es una cosa bella, pero es un bien de nuestros progenitores; la riqueza tiene valor, pero es propiedad de la fortuna, [5D] puesto que la arrebata a quienes la poseen y, llevándosela, la entrega a quienes no se la esperan. Además, una gran riqueza es una diana para los que quieran alcanzar bolsas ajenas –sirvientes deshonestos y sicofantas–, y lo peor de todo, es que también los más viles la pueden poseer. La reputación, por su parte, es cosa respetable, pero inestable; la belleza es muy disputada, pero efímera; la salud es valiosa, pero cambiante; la fuerza es envidiada, [5E] pero fácil de ser conquistada por la enfermedad y la vejez. Y, en términos generales, si alguien presume por la fuerza de su cuerpo, que sepa que falla en su juicio. Pues, ¿qué es la fuerza humana comparada con la fortaleza de los otros anima-

---

[18] Athen. 4.48.

[5E] γήρᾳ. τὸ δ᾽ ὅλον εἴ τις ἐπὶ τῇ τοῦ σώματος ῥώμῃ φρονεῖ, μαθέτω γνώμης διαμαρτάνων. πόστον γάρ ἐστιν ἰσχὺς ἀνθρωπίνη τῆς τῶν ἄλλων ζῴων δυνάμεως; λέγω δ᾽ οἷον ἐλεφάντων καὶ ταύρων καὶ λεόντων. παιδεία δὲ τῶν ἐν ἡμῖν μόνον ἐστὶν ἀθάνατον καὶ θεῖον. καὶ δύο τὰ πάντων ἐστὶ κυριώτατα ἐν ἀνθρωπίνῃ φύσει, νοῦς καὶ λόγος. καὶ ὁ μὲν νοῦς ἀρχικός ἐστι τοῦ λόγου, ὁ δὲ λόγος ὑπηρετικὸς τοῦ νοῦ, τύχῃ μὲν ἀνάλωτος, συκοφαντίᾳ δ᾽ ἀναφαίρετος, νόσῳ δ᾽ ἀδιάφθορος, γήρᾳ δ᾽ ἀλύμαντος. μόνος γὰρ ὁ νοῦς παλαιούμενος ἀνηβᾷ, καὶ ὁ χρόνος τἆλλα πάντ᾽ ἀφαιρῶν τῷ γήρᾳ προστίθησι τὴν ἐπιστήμην. [5F] ὅ γε μὴν πόλεμος χειμάρρου δίκην πάντα σύρων καὶ πάντα παραφέρων μόνην οὐ δύναται παιδείαν παρελέσθαι. καί μοι δοκεῖ Στίλπων ὁ Μεγαρεὺς φιλόσοφος ἀξιομνημόνευτον ποιῆσαι ἀπόκρισιν, ὅτε Δημήτριος ἐξανδραποδισάμενος τὴν πόλιν εἰς ἔδαφος κατέβαλε καὶ τὸν Στίλπωνα ἤρετο μή τι ἀπολωλεκὼς εἴη. καὶ ὅς "οὐ δῆτα," εἶπε, "πόλεμος γὰρ οὐ λαφυραγωγεῖ ἀρετήν." [6A] σύμφωνος δὲ καὶ συνῳδὸς καὶ ἡ Σωκράτους ἀπόκρισις ταύτῃ φαίνεται. καὶ γὰρ οὗτος ἐρωτήσαντος αὐτόν μοι δοκεῖ Γοργίου ἣν ἔχει περὶ τοῦ μεγάλου βασιλέως ὑπόληψιν καὶ εἰ νομίζει τοῦτον εὐδαίμονα εἶναι, "οὐκ οἶδ᾽," ἔφησε, "πῶς ἀρετῆς καὶ παιδείας ἔχει,"[5] ὡς τῆς εὐδαιμονίας ἐν τούτοις, οὐκ ἐν τοῖς τυχηροῖς ἀγαθοῖς κειμένης.

9

Ὥσπερ δὲ παραινῶ τῆς παιδείας τῶν τέκνων μηδὲν ποιεῖσθαι προύργιαίτερον, οὕτως αὖ πάλιν φημὶ δεῖν τῆς ἀδιαφθόρου καὶ ὑγιαινούσης ἔχεσθαι, τῶν δὲ πανηγυρικῶν λήρων ὡς πορρωτάτω τοὺς υἱεῖς ἀπάγειν. τὸ γὰρ τοῖς πολλοῖς ἀρέσκειν τοῖς σοφοῖς ἐστιν ἀπαρέσκειν. [6B] μαρτυρεῖ δέ μου τῷ λόγῳ καὶ Εὐριπίδης λέγων

---

5   Pl. *Grg.* 470E.

les? Me refiero a animales como elefantes, toros y leones. Pero únicamente la educación, de entre todas las cosas en nosotros, es inmortal y divina. Y, de todos, dos son los bienes supremos en la naturaleza humana: el intelecto y la razón. El intelecto tiene dominio sobre la razón. Y la razón está al servicio del intelecto, que no puede ser sometido por la fortuna, es inexpugnable por la calumnia, indestructible por la enfermedad, y no se ve perjudicado por la vejez. Pues solo el intelecto rejuvenece al envejecer, y el tiempo, que todo lo demás destruye, le aporta conocimiento con la vejez. [5F] Y la guerra, por cierto, que como una corriente todo lo arrastra y todo se lo lleva, únicamente la educación no puede llevársela. Y me parece que Estilponte,[19] el filósofo de Mégara, dio una respuesta digna de recordar, cuando Demetrio, tras someter la ciudad, la arrasó hasta sus cimientos y preguntó a Estilponte si no había perdido nada. Y este dijo: «No, claro, porque la guerra no saquea la virtud». [6A] Y, en armonía y acuerdo con esta se revela la respuesta de Sócrates. Pues también este, cuando le preguntó –me parece que fue Gorgias[20]– qué impresión tenía del gran Rey y si pensaba que este era feliz, respondió: «No sé cómo está de virtud e instrucción», como que la felicidad reside en esas cosas, no en bienes fortuitos.

9

Y tal como recomiendo que a nada se le dé más prioridad que a la instrucción de los hijos, también a su vez digo que es necesario atenerse a una educación incorruptible y sana y alejar tanto como sea posible a los hijos de necios discursos públicos. Pues agradar a la muchedumbre es desagradar a los sabios. Y Eurípides[21] es testigo de mis palabras, [6B] cuando dice:

---

[19]   Filósofo discípulo de Diógenes de Sinope que vivió en el s. IV a. C.
[20]   Sofista de los ss. V-IV a. C., protagonista del diálogo platónico del mismo nombre.
[21]   Autor trágico ateniense del s. IV a. C.

ἐγὼ δ᾽ ἄκομψος εἰς ὄχλον δοῦναι λόγον,
εἰς ἥλικας δὲ κὠλίγους σοφώτερος.
ἔχει δὲ μοῖραν καὶ τόδ᾽· οἱ γὰρ ἐν σοφοῖς
φαῦλοι παρ᾽ ὄχλῳ μουσικώτεροι λέγειν.[6]

ὁρῶ δ᾽ ἔγωγε τοὺς τοῖς συρφετώδεσιν ὄχλοις ἀρεστῶς καὶ
κεχαρισμένως ἐπιτηδεύοντας λέγειν καὶ τὸν βίον ὡς τὰ πολλὰ
ἀσώτους καὶ φιληδόνους ἀποβαίνοντας. καὶ νὴ Δί᾽ εἰκότως.
εἰ γὰρ ἄλλοις ἡδονὰς παρασκευάζοντες ἀμελοῦσι τοῦ καλοῦ,
σχολῇ γ᾽ ἂν τῆς ἰδίας ἡδυπαθείας καὶ τρυφῆς ὑπεράνω τὸ ὀρθὸν
καὶ ὑγιὲς ποιήσαιντο ἢ τὸ σῶφρον ἀντὶ τοῦ τερπνοῦ διώξαιεν.
[6C] πρὸς δὲ τούτοις τί ἂν τοὺς παῖδας ***; καλὸν γάρ τοι μηδὲν
εἰκῇ μήτε λέγειν μήτε πράττειν, καὶ κατὰ τὴν παροιμίαν "χαλεπὰ
τὰ καλά." οἱ δ᾽ αὐτοσχέδιοι τῶν λόγων πολλῆς εὐχερείας καὶ
ῥᾳδιουργίας εἰσὶ πλήρεις, οὔθ᾽ ὅθεν ἀρκτέον οὔθ᾽ ὅποι παυστέον
ἐστὶν εἰδότων. χωρὶς δὲ τῶν ἄλλων πλημμελημάτων οἳ ἂν ἐκ
τοῦ παραχρῆμα λέγωσιν, εἰς ἀμετρίαν δεινὴν ἐκπίπτουσι καὶ
πολυλογίαν. σκέψις δ᾽ οὐκ ἐᾷ τῆς ἱκνουμένης συμμετρίας τὸν
λόγον ἐκπίπτειν. ὁ Περικλῆς, "ὡς ἡμῖν ἀκούειν παραδέδοται,"
[6D] καλούμενος ὑπὸ τοῦ δήμου πολλάκις οὐχ ὑπήκουσε, λέγων
ἀσύντακτος εἶναι. ὡσαύτως δὲ καὶ Δημοσθένης ζηλωτὴς τῆς
τούτου πολιτείας γενόμενος καλούντων αὐτὸν τῶν Ἀθηναίων
σύμβουλον ἀντέβαινεν "οὐ συντέταγμαι" λέγων. καὶ ταῦτα
μὲν ἴσως ἀδέσποτός ἐστι καὶ πεπλασμένη παράδοσις· ἐν δὲ τῷ
κατὰ Μειδίου τὴν τῆς σκέψεως ὠφέλειαν ἐναργῶς παρίστησι.
φησὶ γοῦν "ἐγὼ δ᾽ ἐσκέφθαι μὲν ὦ ἄνδρες Ἀθηναῖοι φημὶ
κοὐκ ἂν ἀρνηθείην καὶ μεμελετηκέναι γ᾽ ὡς ἐνῆν μάλιστ᾽ ἐμοί·

---

[6] E. *Hipp.* 986.

Yo soy inepto en el discurso ante la gente,
y más hábil ante los de mi edad y ante unos pocos.
Y los que son incapaces delante de los sabios
son los más aptos para hablar ante la gente.

Por mi parte, veo que los que practican el hablar a las masas de manera agradable y atrayente también su vida, muy a menudo, la acaban corruptos y proclives a los placeres. Y, por Zeus, es lo natural. Pues, si al proporcionar placeres para otros, descuidan lo que es honorable, difícilmente pondrían lo correcto y lo saludable por encima de su propia buena vida y sus excesos, persiguiendo lo prudente en lugar de lo agradable. [6C] Pero, más allá de esto, ¿qué a los niños…?[22] Pues es realmente una cosa bella el no hablar ni actuar al azar, y, según el dicho: «las cosas bellas son difíciles».[23] De los discursos, aquellos que se improvisan están llenos de mucha irreflexión y ligereza, y son propios de personas que no saben ni por dónde empezar ni por dónde terminar. Aparte de otros defectos, los que hablan impulsivamente caen en una horrible falta de mesura y en la charlatanería. La reflexión, en cambio, no permite que el discurso exceda la proporción conveniente. Pericles,[24] según ha llegado a nuestros oídos, [6D] aun llamado por el pueblo en repetidas ocasiones, no quiso escucharlos, diciendo que no estaba preparado.[25] De la misma manera también Demóstenes,[26] celoso seguidor de la política de aquel, cuando los atenienses lo llamaron por su consejo, se resistía diciendo: «No estoy preparado». Esta es, quizá, una tradición sin autoridad y ficticia; pero en su discurso contra Midias evoca con precisión la utilidad de la reflexión. En efecto, dice: «Atenienses, os digo que lo he pensado y no podría negar que

---

[22] Varios manuscritos presentan una laguna en este pasaje. Las diferentes lecturas fragmentadas que se han conservado lamentablemente no resuelven la cuestión.

[23] Pl. *Cra.* 257E.

[24] Gran político y estadista de Atenas, que gobernó durante la Guerra del Peloponeso, en el s. V a. C.

[25] Plu. *Per.* 7.

[26] Orador y político ateniense del s. IV a. C.

[6E] καὶ γὰρ ἂν ἄθλιος ἦν, εἰ τοιαῦτο παθὼν καὶ πάσχων ἠμέλουν ὧν περὶ τούτων ἐρεῖν ἔμελλον πρὸς ὑμᾶς." τὸ δὲ δεῖν παντάπασιν ἀποδοκιμάζειν τῶν λόγων τὴν ἑτοιμότητα ἢ πάλιν αὖ ταύτην οὐκ ἐπ' ἀξίοις ἀσκεῖν οὐ φαίην ἂν ἔγωγε, ἀλλ' ὡς ἐν φαρμάκου μοίρᾳ τοῦτο ποιητέον ἐστί. μέχρι δὴ τῆς τῶν ἀνδρῶν ἡλικίας οὐδὲν ἐκ τοῦ παρατυχόντος ἀξιῶ λέγειν, ἀλλ' ὅταν τις ῥιζώσῃ τὴν δύναμιν, τότε τοῦτον τῶν καιρῶν καλούντων ἐλευθεριάζειν τοῖς λόγοις προσήκει. ὥσπερ γὰρ οἱ πολὺν χρόνον δεθέντες κἂν εἰ λυθεῖεν ὕστερον, ὑπὸ τῆς πολυχρονίου τῶν δεσμῶν συνηθείας οὐ δυνάμενοι βαδίζειν ὑποσκελίζονται, τὸν αὐτὸν τρόπον οἱ πολλῷ χρόνῳ τὸν λόγον σφίγξαντες, [6F] κἂν εἴ ποτε ἐκ τοῦ παραχρῆμα δεήσειεν εἰπεῖν, οὐδὲν ἧττον τὸν αὐτὸν τῆς ἑρμηνείας χαρακτῆρα φυλάττουσι. τὸ δ' ἔτι παῖδας ὄντας ἐὰν ἐπὶ καιροῦ λέγειν ματαιολογίας τῆς ἐσχάτης αἴτιον καθίσταται. ζωγράφος φασὶν ἄθλιος Ἀπελλῇ δείξας εἰκόνα "ταύτην," ἔφη, "νῦν γέγραφα," [7A] ὁ δὲ "καὶ ἢν μὴ λέγῃς" εἶπεν "οἶδ' ὅτι ταχὺ γέγραπται· θαυμάζω δὲ πῶς οὐχὶ τοιαύτας πλείους γέγραφας."

Ὥσπερ τοίνυν (ἐπανάγω γὰρ πρὸς τὴν ἐξ ἀρχῆς τοῦ λόγου ὑπόθεσιν) τὴν θεατρικὴν καὶ παρατράγῳδον, οὕτως αὖ πάλιν καὶ τὴν σμικρολογίαν τῆς λέξεως καὶ ταπείνωσιν παραινῶ διευλαβεῖσθαι καὶ φεύγειν· ἡ μὲν γὰρ ὑπέρογκος ἀπολίτευτός ἐστιν, ἡ δ' ἰσχνὴ λίαν ἀνέκπληκτος. καθάπερ δὲ τὸ σῶμα οὐ μόνον ὑγιεινὸν ἀλλὰ καὶ εὐεκτικὸν εἶναι χρή, καὶ τὸν λόγον ὡσαύτως οὐκ ἄνοσον μόνον ἀλλὰ καὶ εὔρωστον εἶναι δεῖ. τὸ μὲν γὰρ ἀσφαλὲς ἐπαινεῖται μόνον, τὸ δ' ἐπικίνδυνον καὶ θαυμάζεται. [7B] τὴν αὐτὴν δὲ τυγχάνω γνώμην ἔχων καὶ περὶ τῆς ἐν τῇ ψυχῇ διαθέσεως. οὔτε γὰρ θρασὺν οὔτ' ἄτολμον καὶ καταπλῆγα προσῆκεν εἶναι· τὸ μὲν γὰρ εἰς ἀναισχυντίαν, τὸ δ' εἰς ἀνδραποδωδίαν περιίσταται· ἔντεχνον δὲ τὸ τὴν μέσην ἐν ἅπασι τέμνειν ἐμμελές τε.

lo he practicado como mejor he podido. [6E] Pues sería un miserable si, habiendo sufrido y sufriendo todo esto, descuidara lo que voy a deciros sobre ello». Aunque yo, la verdad, no diría que hay que rechazar por completo la predisposición al discurso o a su vez que no deba practicarse donde convenga, sino que, como con los medicamentos, debe usarse en proporción adecuada. Precisamente, considero que hasta la edad viril nada debe decirse sin preparación, pero cuando uno ha consolidado su poder, entonces, cuando la ocasión se presente, le corresponde hacer uso de cierta libertad en su discurso. Porque igual que los que han estado encadenados mucho tiempo, aun si son desatados después, por la prolongada costumbre a sus ataduras, tropiezan al avanzar, del mismo modo quienes han tenido atado su discurso mucho tiempo, aun si en algún momento necesitaran hablar improvisadamente, mantienen, sin el menor cambio, el mismo tipo de expresión. [6F] Pero permitir que quienes aún son niños hablen a la menor oportunidad es causa del peor cotorreo. Dicen que un pintor despreciable, tras mostrarle a Apeles[27] un cuadro, dijo: «Este lo he pintado en un instante». [7A] Y él le respondió: «Y aunque no lo dijeras, sé que lo has pintado apresuradamente; lo que me sorprende es que no hayas pintado muchos más como este».

Así, aconsejo (así vuelvo al tema del principio de mi discurso) abstenerse y huir de la teatralidad y el melodrama, como también, a su vez, de la mediocridad y la vulgaridad de estilo: pues el estilo desmesurado no es apropiado en política, y el llano queda desprovisto de efecto alguno. Igual que el cuerpo debe estar no solo sano sino también robusto, también el discurso debe no solo estar libre de defectos, sino además tener vigor. Pues lo cauto solo es aplaudido, pero lo arriesgado es además admirado. [7B] Sucede que tengo la misma opinión en lo que concierne a la disposición del alma: pues no le corresponde ser ni intrépida, ni temerosa e inquieta, ya que lo uno lleva a la insolencia y lo otro a la esclavitud. Lo artístico y de buen gusto es tender en todas las cosas al punto medio.

---

[27] Pintor de reconocido prestigio, natural de Colofón, que vivió en el s. IV a. C.

Βούλομαι δ', ἕως ἔτι μέμνημαι τῆς παιδείας ὡς ἔχω δόξης περὶ αὐτῆς, εἰπεῖν ὅτι τὸν μονόκωλον λόγον πρῶτον μὲν ἀμουσίας οὐ μικρὸν ποιοῦμαι τεκμήριον· ἔπειτα δὲ καὶ πρὸς τὴν ἄσκησιν ἀψίκορον καὶ πάντη ἀνεπίμονον εἶναι νομίζω. μονῳδία γὰρ ἐν ἅπασίν ἐστι πλήσμιον καὶ πρόσαντες, ἡ δὲ ποικιλία τερπνόν, καθάπερ κἂν τοῖς ἄλλοις ἅπασιν, οἷον ἀκούσμασιν ἢ θεάμασιν.

10

[7C] Δεῖ τοίνυν τὸν παῖδα τὸν ἐλεύθερον μηδενὸς μηδὲ τῶν ἄλλων τῶν καλουμένων ἐγκυκλίων παιδευμάτων μήτ' ἀνήκοον μήτ' ἀθέατον ἐᾶν εἶναι, ἀλλὰ ταῦτα μὲν ἐκ παραδρομῆς μαθεῖν ὡσπερεὶ γεύματος ἕνεκεν (ἐν ἅπασι γὰρ τὸ τέλειον ἀδύνατον), τὴν δὲ φιλοσοφίαν πρεσβεύειν. ἔχω δὲ δι' εἰκόνος παραστῆσαι τὴν ἐμαυτοῦ γνώμην· ὥσπερ γὰρ περιπλεῦσαι μὲν πολλὰς πόλεις καλόν, ἐνοικῆσαι δὲ τῇ κρατίστῃ χρήσιμον· ἀστείως δὲ καὶ Βίων ἔλεγεν ὁ φιλόσοφος ὅτι ὥσπερ οἱ μνηστῆρες τῇ Πηνελόπῃ πλησιάζειν μὴ δυνάμενοι ταῖς ταύτης ἐμίγνυντο θεραπαίναις, οὕτω καὶ οἱ φιλοσοφίας μὴ δυνάμενοι κατατυχεῖν ἐν τοῖς ἄλλοις παιδεύμασι τοῖς οὐδενὸς ἀξίοις ἑαυτοὺς κατασκελετεύουσι. [7D] διὸ δεῖ τῆς ἄλλης παιδείας ὥσπερ κεφάλαιον ποιεῖν τὴν φιλοσοφίαν. περὶ μὲν γὰρ τὴν τοῦ σώματος ἐπιμέλειαν διττὰς εὗρον ἐπιστήμας οἱ ἄνθρωποι, τὴν ἰατρικὴν καὶ τὴν γυμναστικήν, ὧν ἡ μὲν τὴν ὑγίειαν, ἡ δὲ τὴν εὐεξίαν ἐντίθησι. τῶν δὲ τῆς ψυχῆς ἀρρωστημάτων καὶ παθῶν ἡ φιλοσοφία μόνη φάρμακόν ἐστι. διὰ γὰρ ταύτην ἔστι καὶ μετὰ ταύτης γνῶναι τί τὸ καλὸν τί τὸ αἰσχρόν, τί τὸ δίκαιον τί τὸ ἄδικον, τί τὸ συλλήβδην αἱρετὸν ἢ φευκτόν·[7] πῶς θεοῖς πῶς γονεῦσι πῶς πρεσβυτέροις πῶς νόμοις πῶς ἀλλοτρίοις πῶς ἄρχουσι πῶς φίλοις πῶς γυναιξὶ πῶς τέκνοις πῶς οἰκέταις χρηστέον ἐστί· [7E] ὅτι δεῖ θεοὺς μὲν σέβεσθαι, γονέας δὲ τιμᾶν, πρεσβυτέρους αἰδεῖσθαι, νόμοις

---

[7] En este caso seguimos la lectura transmitida por algunos mss.: αἱρετὸν ἢ φευκτόν, en lugar de la conjetura de Herscher, aceptada en la edición de LOEB: αἱρετόν, τί τὸ φευκτόν.

Pero quiero, mientras traigo a la memoria tanto la instrucción como la opinión que tengo sobre ella, decir que un discurso de frases de solo un miembro, en primer lugar, lo considero una señal no pequeña de incultura; en segundo lugar, creo también que en la práctica es inconsistente y completamente inaguantable. Porque la monotonía en todo es algo fatigante y fastidioso, mientras que la variedad es agradable, como en todo lo demás, también en espectáculos auditivos y visuales.

10

[7C] Es conveniente, entonces, que el niño nacido libre no deje de oír ni de ver algo de cada una de las disciplinas de la llamada educación general, sino aprenderlas de pasada, como para probarlas (pues es imposible conseguir la perfección en todo), pero otorgando un honor especial a la filosofía. Puedo ilustrar mi opinión a través de una imagen: por ejemplo, es bello haber navegado a muchas ciudades, pero lo útil es haberse instalado en la más poderosa. También Bión,[28] el filósofo, decía con ingeniosidad que igual que los pretendientes, como no podían tener trato con Penélope, se unían a las sirvientas de esta, del mismo modo los que no triunfan en la filosofía se desgastan en las demás disciplinas, que no tienen ningún valor. [7D] Por eso es necesario hacer de la filosofía, por así decirlo, el coronamiento de toda la educación. Y es que en lo que concierne al cuidado del cuerpo los hombres han descubierto dos disciplinas: la medicina y la gimnasia, de las cuales una aporta salud y otra, vigor. Pero de las enfermedades y afecciones del alma solo la filosofía es remedio. Porque a través de ella y junto con ella es posible saber qué es lo bello y qué lo vil, qué lo justo y qué lo injusto, qué, en resumen, hay que elegir o evitar; cómo comportarse en relación con los dioses, a los padres, a los ancianos, a las leyes, a los extranjeros, a los gobernantes, a los amigos, a las mujeres, a los hijos y a los sirvientes; [7E] que se debe venerar a los dioses, honrar a los padres, respetar a los an-

---

[28] Filósofo cínico de los ss. IV-III a. C.

πειθαρχεῖν, ἄρχουσιν ὑπείκειν, φίλους ἀγαπᾶν, πρὸς γυναῖκας σωφρονεῖν, τέκνων στερκτικοὺς εἶναι, δούλους μὴ περιυβρίζειν· τὸ δὲ μέγιστον, μήτ᾽ ἐν ταῖς εὐπραγίαις περιχαρεῖς μήτ᾽ ἐν ταῖς συμφοραῖς περιλύπους ὑπάρχειν, μήτ᾽ ἐν ταῖς ἡδοναῖς ἐκλύτους εἶναι μήτ᾽ ἐν ταῖς ὀργαῖς ἐκπαθεῖς καὶ θηριώδεις. ἅπερ ἐγὼ πάντων τῶν ἐκ φιλοσοφίας περιγιγνομένων ἀγαθῶν πρεσβύτατα κρίνω. [7F] τὸ μὲν γὰρ εὐγενῶς εὐτυχεῖν ἀνδρός, τὸ δ᾽ ἀνεπιφθόνως εὐηνίου ἀνθρώπου, τὸ δὲ τοῖς λογισμοῖς περιεῖναι τῶν ἡδονῶν σοφοῦ, τὸ δ᾽ ὀργῆς κατακρατεῖν ἀνδρὸς οὐ τοῦ τυχόντος ἐστί. τελείους δ᾽ ἀνθρώπους ἡγοῦμαι [8A] τοὺς δυναμένους τὴν πολιτικὴν δύναμιν μεῖξαι καὶ κεράσαι τῇ φιλοσοφίᾳ, καὶ δυεῖν ὄντοιν μεγίστοιν ἀγαθοῖν ἐπηβόλους ὑπάρχειν ὑπολαμβάνω, τοῦ τε κοινωφελοῦς βίου πολιτευομένους, τοῦ τ᾽ ἀκύμονος καὶ γαληνοῦ διατρίβοντας περὶ φιλοσοφίαν. τριῶν γὰρ ὄντων βίων ὧν ὁ μέν ἐστι πρακτικὸς ὁ δὲ θεωρητικὸς ὁ δ᾽ ἀπολαυστικός, ὁ μέν, ἔκλυτος καὶ δοῦλος τῶν ἡδονῶν ὤν, ζῳώδης καὶ μικροπρεπής ἐστιν, ὁ δὲ θεωρητικός, τοῦ πρακτικοῦ διαμαρτάνων, ἀνωφελής, ὁ δὲ πρακτικός, ἀμοιρήσας φιλοσοφίας, ἄμουσος καὶ πλημμελής. πειρατέον οὖν εἰς δύναμιν καὶ τὰ κοινὰ πράττειν καὶ τῆς φιλοσοφίας ἀντιλαμβάνεσθαι κατὰ τὸ παρεῖκον τῶν καιρῶν. [8B] οὕτως ἐπολιτεύσατο Περικλῆς, οὕτως Ἀρχύτας ὁ Ταραντῖνος, οὕτω Δίων ὁ Συρακόσιος, οὕτως Ἐπαμεινώνδας ὁ Θηβαῖος, ὧν ἅτερος Πλάτωνος ἐγένετο συνουσιαστής.

Καὶ περὶ μὲν παιδείας οὐκ οἶδ᾽ ὅ τι δεῖ πλείονα λέγοντα διατρίβειν· πρὸς δὲ τοῖς εἰρημένοις χρήσιμον, μᾶλλον δὲ ἀναγκαῖόν ἐστι μηδὲ τῆς τῶν παλαιῶν συγγραμμάτων κτήσεως ὀλιγώρως ἔχειν, ἀλλὰ καὶ τούτων ποιεῖσθαι συλλογὴν κατὰ τὸ γεωργῶδες. τὸν γὰρ αὐτὸν τρόπον ὄργανον τῆς παιδείας ἡ χρῆσις τῶν βιβλίων ἐστί, καὶ ἀπὸ πηγῆς τὴν ἐπιστήμην τηρεῖν συμβέβηκεν.

cianos, obedecer las leyes, someterse a los gobernantes, querer a los amigos, ser prudente con las mujeres, afectuoso con los hijos, no excederse con los sirvientes; y lo más importante, no estar muy alegres en la buena fortuna ni excesivamente tristes en las desdichas; no ser disolutos en los placeres, ni impulsivos y feroces en la ira. Estos son, de cuantos bienes derivan de la filosofía, los que juzgo como preeminentes. [7F] El portarse con nobleza en la desgracia es varonil y llevar la prosperidad sin envidia es propio de hombres; el vencer los placeres con razonamientos es de sabios, pero controlar la ira no está al alcance de cualquiera. No obstante, estimo como perfectos a los hombres que pueden unir y combinar la carrera política con la filosofía, [8A] y que, asumo, son capaces de poseer los dos mayores bienes que hay: una vida útil a la comunidad gracias a su puesto público y tranquila y serena, dedicados a la filosofía. Porque son tres los tipos de vida, de los cuales una es la activa, otra la contemplativa y la tercera, la dedicada al disfrute. La última, disoluta y esclava de los placeres, es animal y cruel; la contemplativa, cuando no acierta con la actividad, es inútil, y la activa, si no tiene su parte de filosofía, es inculta e imperfecta. Así, hemos de procurar participar en los asuntos públicos según se pueda y dedicarnos a la filosofía tanto como lo permitan las circunstancias. [8B] Por ejemplo, participaron en política Pericles, Arquitas de Tarento, Dion de Siracusa y Epaminondas de Tebas,[29] de los cuales los dos últimos fueron compañeros de Platón.

Bien, sobre la educación no sé por qué habría que entretenerse en hablar más de ella; pero sobre lo que se ha dicho que es provechoso, o, más aún, necesario, añadiré el no desatender la adquisición de los escritos de los antiguos, e incluso crear una colección de estos, como una cosecha en agricultura. De la misma forma, el instrumento de la educación es el empleo de los libros y ocurre que gracias a ellos cuidamos la ciencia desde la fuente.

---

[29] Todas grandes figuras de la política griega (tanto continental como insultar) de los ss. V-IV a. C. Sobre el primero, véase la nota 24, arriba.

11

Οὐ τοίνυν ἄξιον οὐδὲ τὴν τῶν σωμάτων ἀγωνίαν παρορᾶν, ἀλλὰ πέμποντας ἐς παιδοτρίβου τοὺς παῖδας ἱκανῶς ταῦτα διαπονεῖν, ἅμα μὲν τῆς τῶν σωμάτων εὐρυθμίας ἕνεκεν, ἅμα δὲ καὶ πρὸς ῥώμην· [8C] καλοῦ γὰρ γήρως θεμέλιος ἐν παισὶν ἡ τῶν σωμάτων εὐεξία. καθάπερ οὖν ἐν εὐδίᾳ τὰ πρὸς τὸν χειμῶνα προσῆκε παρασκευάζειν, οὕτως ἐν νεότητι τὴν εὐταξίαν καὶ τὴν σωφροσύνην ἐφόδιον εἰς τὸ γῆρας ἀποτίθεσθαι. οὕτω δὲ δεῖ ταμιεύεσθαι τὸν τοῦ σώματος πόνον, ὡς μὴ καταξήρους γινομένους πρὸς τὴν τῆς παιδείας ἐπιμέλειαν ἀπαγορεύειν· κατὰ γὰρ Πλάτωνα ὕπνοι καὶ κόποι μαθήμασι πολέμιοι.[8] καὶ τί ταῦτα; ἀλλ’ ὅπερ πάντων ἐστὶ κυριώτατον τῶν εἰρημένων σπεύδω λέγειν. [8D] πρὸς γὰρ τοὺς στρατιωτικοὺς ἀγῶνας τοὺς παῖδας ἀσκητέον ἐν ἀκοντισμοῖς αὐτοὺς καταθλοῦντας καὶ τοξείαις καὶ θήραις. "τὰ" γὰρ "τῶν ἡττωμένων" ἐν ταῖς μάχαις "ἀγαθὰ τοῖς νικῶσιν ἆθλα πρόκειται".[9] πόλεμος δ’ ἐσκιατραφημένην σωμάτων ἕξιν οὐ δέχεται, ἰσχνὸς δὲ στρατιώτης πολεμικῶν ἀγώνων ἐθὰς ἀθλητῶν πιμελώδων φάλαγγας διωθεῖ.

Τί οὖν; ἄν τις εἴποι, σὺ δὲ δὴ περὶ τῆς ἐλευθέρων ἀγωγῆς ὑποσχόμενος παραγγέλματα δώσειν ἔπειτα φαίνῃ τῆς μὲν τῶν πενήτων καὶ δημοτικῶν παραμελῶν ἀγωγῆς, μόνοις δὲ τοῖς πλουσίοις ὁμολογεῖς τὰς ὑποθήκας διδόναι. [8E] πρὸς οὓς οὐ χαλεπὸν ἀπαντῆσαι. ἐγὼ γὰρ μάλιστ’ ἂν βουλοίμην πᾶσι κοινῇ χρήσιμον εἶναι τὴν ἀγωγήν· εἰ δέ τινες ἐνδεῶς τοῖς ἰδίοις πράττοντες ἀδυνατήσουσι τοῖς ἐμοῖς χρῆσθαι παραγγέλμασι, τὴν τύχην αἰτιάσθωσαν, οὐ τὸν ταῦτα συμβουλεύοντα. πειρατέον μὲν οὖν εἰς δύναμιν τὴν κρατίστην ἀγωγὴν ποιεῖσθαι τῶν παίδων καὶ τοῖς πένησιν· εἰ δὲ μή, τῇ γε δυνατῇ χρηστέον. καὶ ταῦτα μὲν δὴ τῷ λόγῳ παρεφορτισάμην, ἵν’ ἐφεξῆς καὶ τἆλλα τὰ φέροντα πρὸς τὴν ὀρθὴν τῶν νέων ἀγωγὴν συνάψω.

8   R. 537B.
9   X. Cyr. 2.3.2. 2, 3, 2.

11

Tampoco sería adecuado pasar por alto el ejercicio del cuerpo, sino que enviando los jóvenes al profesor de gimnasia, deben trabajar con empeño en ello, tanto por la elegancia de sus cuerpos como en vista a la fuerza, [8C] porque la base de una vejez saludable es armonía de los cuerpos en la niñez. Tal como cuando hace buen tiempo conviene prepararse para la tormenta, así durante la juventud uno debe aprovisionarse de disciplina y moderación como viático para la vejez. Pero es necesario limitar el trabajo del cuerpo para que no renuncien al cuidado de la educación, por estar cansados. Porque, según Platón, el sueño y el cansancio son enemigos del aprendizaje. ¿Y por qué todo esto? Solo porque tengo prisa por decir lo que es más importante de todo lo que se está hablando: [8D] hay que ejercitar a los jóvenes para los combates militares, practicando el lanzamiento de jabalina, el tiro con arco y la caza. Y es que «los bienes de los vencidos, en las batallas, son los premios de los vencedores». La guerra no tolera la complexión de cuerpos que crecen en la sombra, porque un soldado delgado, pero acostumbrado a los ejercicios de guerra, rechaza tropas de atletas rollizos.

«¿Qué significa esto?», podría preguntar alguien. «Tú, que precisamente has prometido consejos sobre la educación de los hijos libres, ahora muestras descuidar la educación de los pobres y las clases populares, y estás de acuerdo en que das tus consejos solo para los ricos». [8E] A estos no es difícil contestarles. Yo quisiera ante todo que la educación fuera útil para todos en común. Pero, si algunos por insuficiencia de recursos propios son incapaces de usar mis consejos, que acusen a la fortuna y no al que aconseja. Incluso los pobres deben aspirar, hasta donde puedan, a ofrecer la mejor educación para sus hijos. Y si no pueden, deben usar la que tengan a su disposición. He cargado mi discurso con estas explicaciones adicionales para acercarlo sin interrupción a lo demás, que conduce también a la correcta educación de los jóvenes.

12

Κἀκεῖνό φημι, δεῖν τοὺς παῖδας ἐπὶ τὰ καλὰ τῶν ἐπιτηδευμάτων ἄγειν παραινέσεσι καὶ λόγοις, [8F] μὴ μὰ Δία πληγαῖς μηδ' αἰκισμοῖς. δοκεῖ γάρ που ταῦτα τοῖς δούλοις μᾶλλον ἢ τοῖς ἐλευθέροις πρέπειν· ἀποναρκῶσι γὰρ καὶ φρίττουσι πρὸς τοὺς πόνους, τὰ μὲν διὰ τὰς ἀλγηδόνας τῶν πληγῶν, τὰ δὲ καὶ διὰ τὰς ὕβρεις. ἔπαινοι δὲ καὶ ψόγοι πάσης εἰσὶν αἰκίας ὠφελιμώτεροι τοῖς ἐλευθέροις, [9Α] οἱ μὲν ἐπὶ τὰ καλὰ παρορμῶντες οἱ δ' ἀπὸ τῶν αἰσχρῶν ἀνείργοντες. δεῖ δ' ἐναλλὰξ καὶ ποικίλως χρῆσθαι ταῖς ἐπιπλήξεσι καὶ τοῖς ἐπαίνοις, κἀπειδάν ποτε θρασύνωνται, ταῖς ἐπιπλήξεσιν ἐν αἰσχύνῃ ποιεῖσθαι, καὶ πάλιν ἀνακαλεῖσθαι τοῖς ἐπαίνοις καὶ μιμεῖσθαι τὰς τίτθας, αἵτινες ἐπειδὰν τὰ παιδία κλαυθμυρίσωσιν, εἰς παρηγορίαν πάλιν τὸν μαστὸν ὑπέχουσι. δεῖ δ' αὐτοὺς μηδὲ τοῖς ἐγκωμίοις ἐπαίρειν καὶ φυσᾶν· χαυνοῦνται γὰρ ταῖς ὑπερβολαῖς τῶν ἐπαίνων καὶ θρύπτονται.

13

Ἤδη δέ τινας ἐγὼ εἶδον πατέρας, οἷς τὸ λίαν φιλεῖν τοῦ μὴ φιλεῖν αἴτιον κατέστη. [9Β] τί οὖν ἐστιν ὃ βούλομαι λέγειν, ἵνα τῷ παραδείγματι φωτεινότερον ποιήσω τὸν λόγον; σπεύδοντες γὰρ τοὺς παῖδας ἐν πᾶσι τάχιον πρωτεῦσαι πόνους αὐτοῖς ὑπερμέτρους ἐπιβάλλουσιν, οἷς ἀπαυδῶντες ἐκπίπτουσι, καὶ ἄλλως βαρυνόμενοι ταῖς κακοπαθείαις οὐ δέχονται τὴν μάθησιν εὐηνίως. ὥσπερ γὰρ τὰ φυτὰ τοῖς μὲν μετρίοις ὕδασι τρέφεται, τοῖς δὲ πολλοῖς πνίγεται, τὸν αὐτὸν τρόπον ψυχὴ τοῖς μὲν συμμέτροις αὔξεται πόνοις, τοῖς δ' ὑπερβάλλουσι βαπτίζεται. δοτέον οὖν τοῖς παισὶν ἀναπνοὴν τῶν συνεχῶν πόνων, ἐνθυμουμένους ὅτι πᾶς ὁ βίος ἡμῶν εἰς ἄνεσιν καὶ σπουδὴν διῄρηται. καὶ διὰ τοῦτ' οὐ μόνον ἐγρήγορσις ἀλλὰ καὶ ὕπνος εὑρέθη, [9C] οὐδὲ πόλεμος ἀλλὰ καὶ εἰρήνη, οὐδὲ χειμὼν ἀλλὰ καὶ εὐδία, οὐδ' ἐνεργοὶ πράξεις ἀλλὰ καὶ ἑορταί. συνελόντι δ' εἰπεῖν ἡ ἀνάπαυσις τῶν πόνων ἐστὶν ἄρτυμα. καὶ οὐκ ἐπὶ τῶν ζῴων μόνων τοῦτ' ἂν ἴδοι τις γιγνόμενον, ἀλλὰ καὶ ἐπὶ τῶν ἀψύχων· καὶ γὰρ τὰ τόξα καὶ τὰς λύρας ἀνίεμεν, ἵν' ἐπιτεῖναι

12

Y afirmo también que hay que conducir a los niños hacia las buenas costumbres con recomendaciones y razonamientos, y desde luego, por Zeus, no con golpes y maltratos; [8F] parece esta, sin duda, una práctica más conveniente para esclavos que para hombres libres, porque se ofuscan y se estremecen ante sus tareas, en parte a causa de los dolores de los golpes y en parte por el orgullo herido. Los elogios y las críticas son más útiles para los hombres libres que cualquier agravio, [9A] porque los primeros los incitan hacia el bien y las segundas los apartan de lo que es deshonroso.

Pero es preciso hacer uso de los elogios y las críticas de manera alternativa y variada: cuando alguna vez se envalentonan, con reproches hacer que se abochornen, y, de nuevo, animarlos con elogios; e imitar a las nodrizas, quienes al hacer llorar a los niños como consuelo les dan el pecho de nuevo. Además, con los encomios, conviene no exaltarlos y engreírlos, porque por exageración de alabanzas se vuelven arrogantes y consentidos.

13

Ya he visto yo a algunos padres para quienes amar en exceso fue la causa de no amar. [9B] ¿Qué es lo que quiero decir, para que pueda hacer más claro mi argumento con un ejemplo? Esto: en la prisa por que sus hijos sean los primeros rápidamente en todo, les arrojan tareas desmesuradas, ante las que caen agotados y, encima, agobiados por el estrés, no integran con obediencia su instrucción. Tal como las plantas crecen con un riego moderado, pero se ahogan con uno excesivo, de la misma forma el alma aumentará con tareas apropiadas, pero se hundirá con las excesivas. En efecto, se debe dar a los niños un respiro de trabajos constantes, teniendo en mente que toda nuestra vida está dividida entre descanso y esfuerzo. Y por eso no solo fue creada la vigilia sino también el sueño; [9C] no solo la guerra, sino también la paz; no solo la tormenta, sino también el buen tiempo; no solo los días de actividad, sino también los festivos; en una pa-

δυνηθῶμεν. καθόλου δὲ σῴζεται σῶμα μὲν ἐνδείᾳ καὶ πληρώσει, ψυχὴ δ᾽ ἀνέσει καὶ πόνῳ.

Ἄξιον δ᾽ ἐπιτιμᾶν τῶν πατέρων ἐνίοις, οἵτινες παιδαγωγοῖς καὶ διδασκάλοις ἐπιτρέψαντες τοὺς υἱεῖς αὐτοὶ τῆς τούτων μαθήσεως οὔτ᾽ αὐτόπται γίγνονται τὸ παράπαν οὔτ᾽ αὐτήκοοι, [9D] πλεῖστον τοῦ δέοντος ἁμαρτάνοντες. αὐτοὺς γὰρ παρ᾽ ὀλίγας ἡμέρας δεῖ δοκιμασίαν λαμβάνειν τῶν παίδων, ἀλλὰ μὴ τὰς ἐλπίδας ἔχειν ἐν μισθωτοῦ διαθέσει· καὶ γὰρ ἐκεῖνοι πλείονα ποιήσονται τὴν ἐπιμέλειαν τῶν παίδων, μέλλοντες ἑκάστοτε διδόναι τὰς εὐθύνας. κἀνταῦθα δὴ τὸ ῥηθὲν ὑπὸ τοῦ ἱπποκόμου χάριεν, ὡς οὐδὲν οὕτω πιαίνει τὸν ἵππον ὡς βασιλέως ὀφθαλμός.

Πάντων δὲ μάλιστα τὴν μνήμην τῶν παίδων ἀσκεῖν καὶ συνεθίζειν· αὕτη γὰρ ὥσπερ τῆς παιδείας ἐστὶ ταμιεῖον, καὶ διὰ τοῦτο μητέρα τῶν Μουσῶν [9E] ἐμυθολόγησαν εἶναι τὴν Μνημοσύνην, αἰνιττόμενοι καὶ παραδηλοῦντες ὅτι οὕτως οὐδὲν γεννᾶν καὶ τρέφειν ὡς ἡ μνήμη πέφυκε. καὶ τοίνυν ταύτην κατ᾽ ἀμφότερ᾽ ἐστὶν ἀσκητέον, εἴτ᾽ ἐκ φύσεως μνήμονες εἶεν οἱ παῖδες, εἴτε καὶ τοὐναντίον ἐπιλήσμονες. τὴν γὰρ πλεονεξίαν τῆς φύσεως ἐπιρρώσομεν, τὴν δ᾽ ἔλλειψιν ἀναπληρώσομεν· καὶ οἱ μὲν τῶν ἄλλων ἔσονται βελτίους, οἱ δ᾽ ἑαυτῶν. τὸ γὰρ Ἡσιόδειον καλῶς εἴρηται

labra, digo que el descanso es el condimento del trabajo. Y esto se podría ver que ocurre no solo con los animales, sino también con las cosas inanimadas, pues también aflojamos las cuerdas de los arcos y de las liras, para tensarlas de nuevo después. En términos generales, el cuerpo se mantiene con la carencia de algo y su posterior satisfacción, y el alma con la relajación y el trabajo.

Es justo reprender a algunos padres que, tras encomendar sus hijos a pedagogos y maestros, ellos mismos no prestan ni ojos ni oídos bajo ningún concepto a las enseñanzas de aquellos, errando así más de lo necesario. [9D] Es necesario que ellos mismos, cada pocos días, pongan a prueba a sus hijos, y no que pongan todas sus esperanzas en la capacidad de un empleado. Sin duda, aquellos dedicarán más atención a los niños, si tienen que rendir cuentas cada poco tiempo. Y aquí viene muy a propósito el gracioso comentario del mozo de cuadra de que nada engorda tanto al caballo como la mirada del rey.[30]

Pero, sobre todo, hay que entrenar y habituar la memoria de los niños. Porque esta es como el almacén de la educación, y por eso decían los mitos que Mnemosine es la madre de las Musas, [9E] dando a entender enigmáticamente y con insinuaciones que no existe nada como la memoria para crear y criar.[31] Y esta memoria, por tanto, debe entrenarse para ambos casos: porque los niños sean memoriosos, o, por el contrario, sean olvidadizos. Pues, fortaleceremos la ventaja de la naturaleza o supliremos su carencia. Y mientras los primeros superarán a todos, los del segundo tipo se superarán a sí mismos. La frase de Hesíodo[32] lo dice de manera admirable:

---

[30] X. *Oec.* 12.20.
[31] Mnemosine es, según la tradición mítica, hija de Urano y Gea (Hes. *Th.*136) y madre de las nueves Musas (*Th.* 53). Su nombre significa «memoria,» de ahí el juego de palabras de corte etimológico que desarrolla Plutarco.
[32] Poeta épico, natural de Beocia, del s. VII a. C.

εἰ γάρ κεν καὶ σμικρὸν ἐπὶ σμικρῷ καταθεῖο
καὶ θαμὰ τοῦτ' ἔρδοις, τάχα κεν μέγα καὶ τὸ γένοιτο.[10]

Μὴ λανθανέτω τοίνυν μηδὲ τοῦτο τοὺς πατέρας, ὅτι τὸ μνημονικὸν τῆς μαθήσεως μέρος οὐ μόνον πρὸς τὴν παιδείαν ἀλλὰ καὶ πρὸς τὰς τοῦ βίου πράξεις οὐκ ἐλαχίστην συμβάλλεται μοῖραν. [9F] ἡ γὰρ τῶν γεγενημένων πράξεων μνήμη τῆς περὶ τῶν μελλόντων εὐβουλίας γίγνεται παράδειγμα.

14
Καὶ μέντοι καὶ τῆς αἰσχρολογίας ἀπακτέον τοὺς υἱεῖς· "λόγος γὰρ ἔργου σκιή" κατὰ Δημόκριτον.[11] εἶτά γε μὴν ἐντευκτικοὺς αὐτοὺς εἶναι παρασκευαστέον καὶ φιλοπροσηγόρους· [10A] οὐδὲν γὰρ ὡς τὰ ἀνέντευκτα τῶν ἠθῶν ἐστιν οὕτως ἀξιομίσητον. ἔτι τοίνυν οἱ παῖδες ἀμισεῖς γίγνοιντ' ἂν τοῖς συνοῦσι μὴ παντελῶς ἐν ταῖς ζητήσεσιν ἀπαραχώρητοι γιγνόμενοι· οὐ γὰρ τὸ νικᾶν μόνον ἀλλὰ καὶ τὸ ἡττᾶσθαι ἐπίστασθαι καλὸν ἐν οἷς τὸ νικᾶν βλαβερόν. ἔστι γὰρ ὡς ἀληθῶς καὶ νίκη Καδμεία. ἔχω δὲ μάρτυρα τούτου Εὐριπίδην τὸν σοφὸν ἐπαγαγέσθαι λέγοντα δυοῖν λεγόντοιν,

θατέρου θυμουμένου,
ὁ μὴ ἀντιτείνων τοῖς λόγοις σοφώτερος.[12]

[10B] Ἃ τοίνυν τῶν εἰρημένων οὐδενὸς ἧττόν ἐστιν ἀλλὰ καὶ μᾶλλον ἐπιτηδευτέα τοῖς νέοις καὶ δὴ λεκτέον. ταῦτα δ' ἐστὶ τὸ τὸν βίον ἀτύφωτον ἀσκεῖν, τὸ τὴν γλῶτταν κατέχειν, τὸ τῆς ὀργῆς ὑπεράνω γίγνεσθαι, τὸ τῶν χειρῶν κρατεῖν. τούτων ἕκαστον ἡλίκον ἐστὶ σκεπτέον· ἔσται δ' ἐπὶ παραδειγμάτων γνωριμώτερα.

---

[10] *Op.* 361.
[11] Diels, *Fragmente der Vorsokratiker*, II 87.
[12] Fr. 654 en Nauck, *Trag. Graec. Frag.*, *Euripides*.

Si aunque pequeño sobre pequeño colocaras,
e hicieras esto con frecuencia, pronto grande llegaría a ser.

Que no olviden esto los padres: que la parte memorística del aprendizaje contribuye, en una porción no insignificante, no solo a la educación, sino también a las actividades prácticas de la vida, [9F] ya que el recuerdo de las acciones pasadas sirve como ejemplo de discreción para las futuras.

14

Y, por cierto, también se debe alejar a los hijos de las conversaciones obscenas: «la palabra es la sombra de una acción», según Demócrito.[33] Luego, claro, también hay que prepararse para que sean afectuosos y afables; [10A] y es que no hay nada tan merecidamente odiado como los caracteres descorteses. Por ello, los niños podrían evitar la antipatía de sus compañeros si no se mostraran completamente intransigentes en las discusiones, pues no solo es bello ganar, sino también aceptar ser derrotado en los casos en que ganar es perjudicial. Y es que existe de verdad una «victoria cadmea».[34] Puedo citar a Eurípides, el sabio, como testigo de ello, cuando dice:

De dos interlocutores, cuando uno se encoleriza,
es más sabio el que no se resiste a los razonamientos.

[10B] Existen normas de conducta que los jóvenes deben seguir no menos, de hecho, incluso más, que las que se han dicho antes. Y, como es natural, han de nombrarse. Estas son: practicar una vida humilde, contener la lengua, dominar la ira y controlar las manos. Hay que comprobar la importancia de cada una de ellas y serán más comprensibles a partir de ejemplos.

---

[33] Filósofo de Abdera (ss. V-IV a. C.) que fundó la teoría atomista.
[34] *De frat. am.* 488A y Hdt. 1.166. Se trata de una referencia a la guerra fratricida entre los dos hijos de Edipo, rey de Tebas, y refleja aquella victoria que, en realidad, es nefasta tanto para el perdedor como para el ganador.

Οἷον ἵν' ἀπὸ τοῦ τελευταίου πρῶτον ἄρξωμαι, τὰς χεῖράς τινες ὑποσχόντες λήμμασιν ἀδίκοις τὴν δόξαν τῶν προβεβιωμένων ἐξέχεαν· ὡς Γύλιππος ὁ Λακεδαιμόνιος τὰ σακκία τῶν χρημάτων παραλύσας φυγὰς ἀπηλάθη τῆς Σπάρτης. Τό γε μὴν ἀόργητον ἀνδρός ἐστι σοφοῦ. [10C] Σωκράτης μὲν γάρ, λακτίσαντος αὐτὸν νεανίσκου θρασέος μάλα καὶ βδελυροῦ, τοὺς ἀμφ' αὐτὸν ὁρῶν ἀγανακτοῦντας καὶ σφαδάζοντας ὡς καὶ διώκειν αὐτὸν ἐθέλειν, "ἆρ'," ἔφησε, "καὶ εἴ μ' ὄνος ἐλάκτισεν, ἀντιλακτίσαι τοῦτον ἠξιώσατ' ἄν;" οὐ μὴν ἐκεῖνός γε παντελῶς κατεπροΐξατο, πάντων δ' αὐτὸν ὀνειδιζόντων καὶ λακτιστὴν ἀποκαλούντων ἀπήγξατο. Ἀριστοφάνους δέ, ὅτε τὰς Νεφέλας ἐξέφερε, παντοίως πᾶσαν ὕβριν αὐτοῦ κατασκεδαννύντος, καί τινος τῶν παρόντων "κᾆτα τοιαῦτ' ἀνακωμῳδοῦντος οὐκ ἀγανακτεῖς" εἰπόντος "ὦ Σώκρατες;" "μὰ Δί' οὐκ ἔγωγ'," ἔφησεν· "ὡς γὰρ ἐν συμποσίῳ μεγάλῳ τῷ θεάτρῳ σκώπτομαι." [10D] ἀδελφὰ τούτοις καὶ σύζυγα φανήσονται πεποιηκότες Ἀρχύτας ὁ Ταραντῖνος καὶ Πλάτων. ὁ μὲν γὰρ ἐπανελθὼν ἀπὸ τοῦ πολέμου (στρατηγῶν δ' ἐτύγχανε) γῆν καταλαβὼν κεχερσωμένην, τὸν ἐπίτροπον καλέσας αὐτῆς "ᾤμωξας ἄν," ἔφησεν, "εἰ μὴ λίαν ὠργιζόμην." Πλάτων δὲ δούλῳ λίχνῳ καὶ βδελυρῷ θυμωθείς, τὸν τῆς ἀδελφῆς υἱὸν Σπεύσιππον καλέσας "τοῦτον," ἔφησεν ἀπελθών, "κρότησον· ἐγὼ γὰρ πάνυ θυμοῦμαι." χαλεπὰ δὲ ταῦτα καὶ δυσμίμητα φαίη τις ἄν. [10E] οἶδα κἀγώ. πειρατέον οὖν εἰς ὅσον οἷόν τ' ἐστὶ τούτοις παραδείγμασι χρωμένους τὸ πολὺ τῆς ἀκρατοῦς καὶ μαινομένης ὑφαιρεῖν ὀργῆς· οὐδὲ γὰρ ἐς τἆλλα ἐνάμιλλοι ταῖς ἐκείνων ἐσμὲν οὔτ' ἐμπειρίαις οὔτε καλοκαγαθίαις. ἀλλ' οὐδὲν ἧττον ἐκείνων, ὥσπερ θεῶν ἱεροφάνται καὶ δαδοῦχοι τῆς σοφίας ὄντες, ὅσαπέρ ἐστιν ἐν δυνατῷ, ταῦτα μιμεῖσθαι καὶ περικνίζειν ἐπιχειροῦμεν.

Así, comenzaré primero por el último, cómo algunos al poner sus manos en ganancias ilegítimas arruinaron la reputación de su vida anterior: como Gilipo,[35] el lacedemonio, que por haber aflojado en secreto los sacos de dinero, fue condenado al exilio de Esparta.[36]

Dominar la ira, no hay duda, es de hombre sabio. [10C] En efecto, Sócrates, tras haberle dado una patada un joven muy osado y descarado, viendo que los que había a su alrededor se indignaban y agitaban como para querer incluso perseguirlo, dijo: «¿Y si me hubiese pateado un asno, habríais considerado apropiado devolver el golpe?» Pero desde luego aquel joven no salió impune, pues como todos lo denigraban y llamaban «pateador,» se ahorcó. Y cuando Aristófanes[37] estrenó *Las Nubes*, al divulgar todo tipo de insolencias contra él de mil maneras imaginables y afirmar uno de los presentes: «¿Sócrates, no te indignas por ser representado de tal manera?», respondió: «Por Zeus, por supuesto que no, pues soy objeto de burla en el teatro lo mismo que en un gran banquete». [10D] Hermanas y compañeras de estas parecerán las acciones de Arquitas de Tarento y Platón. Pues el primero, cuando regresó de la guerra (donde había sido general) y encontró su tierra destruida, llamando a su administrador, le dijo: «Te arrepentirías, si no me encontrara tan irritado». Y Platón, encolerizado con un esclavo goloso y descarado, tras llamar al hijo de su hermana, Espeusipo, le dijo mientras él se alejaba: «Pégale tú, que yo estoy demasiado enfadado».[38] No obstante, alguien podría decir que estas cosas son complejas y difíciles de imitar. Yo también lo sé. [10E] Con todo, hay que intentarlo hasta donde sea posible haciendo uso de estos ejemplos, para reducir la mayor parte de nuestra incontrolable y furiosa ira; pues tampoco en lo demás somos comparables con aquellos hombres ni en experiencias ni en magnificencia; pero no menos que ellos,

---

[35] General espartano del s. V a. C.
[36] Véase *Vida de Lisandro* 16, donde se desarrolla la anécdota más en extenso.
[37] Mayor representante de la comedia antigua, en la Atenas del s. V a. C.
[38] Anécdota referida por Diógenes Laercio (3.1.26).

Τὸ τοίνυν τῆς γλώττης κρατεῖν (περὶ τούτου γάρ, ὧνπερ ὑπεθέμην, εἰπεῖν λοιπόν) εἴ τις μικρὸν καὶ φαῦλον ὑπείληφε, πλεῖστον διαμαρτάνει τῆς ἀληθείας. σοφὸν γὰρ εὔκαιρος σιγὴ καὶ παντὸς λόγου κρεῖττον. [10F] καὶ διὰ τοῦτό μοι δοκεῖ τὰς μυστηριώδεις τελετὰς οἱ παλαιοὶ κατέδειξαν, ἵν’ ἐν ταύταις σιωπᾶν ἐθισθέντες ἐπὶ τὴν τῶν ἀνθρωπίνων μυστηρίων πίστιν τὸν ἀπὸ τῶν θείων μεταφέρωμεν φόβον. καὶ γὰρ αὖ σιωπήσας μὲν οὐδεὶς μετενόησε, λαλήσαντες δὲ παμπληθεῖς. καὶ τὸ μὲν σιγηθὲν ἐξειπεῖν ῥᾴδιον, τὸ δὲ ῥηθὲν ἀναλαβεῖν ἀδύνατον. μυρίους δ’ ἔγωγ’ οἶδ’ ἀκούσας ταῖς μεγίσταις συμφοραῖς περιπεσόντας διὰ τὴν τῆς γλώττης ἀκρασίαν. [11A] ὧν τοὺς ἄλλους παραλιπὼν ἑνὸς ἢ δυεῖν τύπου ἕνεκεν ἐπιμνησθήσομαι. τοῦ γὰρ Φιλαδέλφου γήμαντος τὴν ἀδελφὴν Ἀρσινόην Σωτάδης εἰπών

εἰς οὐχ ὁσίην τρυμαλιὴν τὸ κέντρον ὠθεῖς,[13]

ἐν δεσμωτηρίῳ πολλοὺς κατεσάπη χρόνους καὶ τῆς ἀκαίρου λαλιᾶς οὐ μεμπτὴν ἔδωκε δίκην, ἵνα δὲ γέλωτα παράσχῃ τοῖς ἄλλοις, αὐτὸς πολὺν χρόνον ἔκλαυσεν. ἐνάμιλλα δὲ τούτοις καὶ σύζυγα καὶ Θεόκριτος ὁ σοφιστὴς εἶπέ τε καὶ ἔπαθε, καὶ πολὺ δεινότερα. Ἀλεξάνδρου γὰρ πορφυρᾶς ἐσθῆτας

---

13 Athen. 14.13.

como si fuéramos los hierofantes[39] de los dioses y los portadores de su sabiduría, intentemos, en la medida de lo posible, imitarlos y probar sus conductas.

Pues bien, en cuanto a contener la lengua (precisamente queda hablar sobre esto, de entre lo que propuse), si hay quien piensa que se trata de algo pequeño e insignificante, se aleja mucho de la verdad. Porque un oportuno silencio es sabio y mejor que cualquier discurso. [10F] Y me parece que por eso los antiguos erigieron los ritos mistéricos, para que, acostumbrados a guardar silencio en ellos, transfiramos ese miedo de lo divino hacia la protección de los misterios humanos. Porque, de hecho, nadie se ha arrepentido nunca de haber callado, pero innumerables veces de haber hablado: lo que se calla se puede decir fácilmente, lo que se ha dicho, sin embargo, es imposible recuperarlo. Yo sé, porque lo he oído, de numerosos hombres que cayeron en las más grandes desdichas por culpa de la incontinencia de su lengua. [11A] De los cuales, dejando a un lado los demás, recordaré uno o dos típicos. Cuando Filadelfo se casó con su hermana Arsínoe, Sótades[40] dijo:

Hundes el aguijón en un agujero impuro.

Y se pudrió durante muchos años en la cárcel y pagó por su inoportuna locuacidad una pena no desatinada: por hacer reír a los demás, lloró él mismo durante bastante tiempo. Cosas comparables y compañeras a estas dijo y padeció Teócrito el sofista,[41] pero incluso mucho más terribles. Y es que tras haber ordenado Alejandro que los griegos preparasen vestidos púrpuras, con vis-

---

[39] Sacerdote de alto rango en la religión griega, especialmente en los cultos mistéricos.

[40] Poeta del s. III a. C., haciendo referencia al faraón Ptolomeo II Filadelfo y su hermana, en cuya dinastía era práctica común el matrimonio entre hermanos.

[41] Orador de los ss. IV-III a. C., originario de Quíos. Siguen dos anécdotas que involucran a Alejandro Magno, rey de Macedonia y conquistador de un imperio en el s. III a. C., y Antígono, general de Alejandro y más tarde rey de Macedonia.

[11B] κελεύσαντος κατασκευάζειν τοὺς Ἕλληνας, ἵν᾿ ἐπανελθὼν τὰ ἐπινίκια τοῦ πολέμου τοῦ κατὰ τῶν βαρβάρων θύσειε, καὶ τῶν ἐθνῶν κατὰ κεφαλὴν εἰσφερόντων ἄργυρον "πρότερον μέν," ἔφησεν, "ἠμφισβήτουν, νῦν δ᾿ ᾔσθημαι σαφῶς ὅτι ὁ 'πορφύρεος' Ὁμήρου 'θάνατος' οὗτός ἐστιν." ἐξ ὧν ἐχθρὸν ἐκτήσατο τὸν Ἀλέξανδρον. Ἀντίγονον δὲ τὸν βασιλέα τῶν Μακεδόνων ἑτερόφθαλμον ὄντα τὴν πήρωσιν προφέρων εἰς οὐ μετρίαν ὀργὴν κατέστησε. τὸν γὰρ ἀρχιμάγειρον Εὐτροπίωνα γεγενημένον ἐν τάξει πέμψας παραγενέσθαι πρὸς αὐτὸν ἠξίου καὶ λόγον δοῦναι καὶ λαβεῖν. ταῦτα δ᾿ ἀπαγγέλλοντος ἐκείνου πρὸς αὐτὸν καὶ πολλάκις προσιόντος "εὖ οἶδ᾿," ἔφησεν, "ὅτι ὠμόν με θέλεις τῷ Κύκλωπι παραθεῖναι," [11C] ὀνειδίζων τὸν μὲν ὅτι πηρός, τὸν δ᾿ ὅτι μάγειρος ἦν. κἀκεῖνος "τοιγαροῦν" εἰπὼν "τὴν κεφαλὴν οὐχ ἕξεις ἀλλὰ τῆς ἀθυροστομίας ταύτης καὶ μανίας δώσεις δίκην," ἀπήγγειλε τὰ εἰρημένα τῷ βασιλεῖ, ὁ δὲ πέμψας ἀνεῖλε τὸν Θεόκριτον.

Παρὰ πάντα δὲ ταῦτα, ὅπερ ἐστὶν ἱεροπρεπέστατον, ἐθίζειν τοὺς παῖδας τῷ τἀληθῆ λέγειν· τὸ γὰρ ψεύδεσθαι δουλοπρεπὲς καὶ πᾶσιν ἀνθρώποις ἄξιον μισεῖσθαι καὶ οὐδὲ μετρίοις δούλοις συγγνωστόν.

15
Ταῦτα μὲν οὖν οὐκ ἐνδοιάσας οὐδὲ μελλήσας περὶ τῆς τῶν παίδων εὐκοσμίας καὶ σωφροσύνης διείλεγμαι· περὶ δὲ τοῦ ῥηθήσεσθαι μέλλοντος ἀμφίδοξός εἰμι καὶ διχογνώμων, καὶ τῇδε κἀκεῖσε μετακλίνων ὡς ἐπὶ πλάστιγγος πρὸς οὐδέτερον ῥέψαι δύναμαι, [11D] πολὺς δ᾿ ὄκνος ἔχει με καὶ τῆς εἰσηγήσεως καὶ τῆς ἀποτροπῆς τοῦ πράγματος. ἀποτολμητέον δ᾿ οὖν ὅμως εἰπεῖν αὐτό. τί οὖν τοῦτ᾿ ἐστί; πότερα δεῖ τοὺς ἐρῶντας τῶν παίδων ἐᾶν τούτοις συνεῖναι καὶ συνδιατρίβειν, ἢ τοὐναντίον εἴργειν αὐτοὺς καὶ ἀποσοβεῖν τῆς πρὸς τούτους ὁμιλίας προσῆκεν;

tas a [11B] celebrar sacrificios a su vuelta por las victorias en la guerra contra los bárbaros, y como los pueblos aportaron por cabeza un tributo de plata, dijo: «Al principio tenía mis dudas, ahora sé con toda certeza que la muerte purpúrea de Homero es esto».[42] Por tales palabras convirtió a Alejandro en enemigo. Y a Antígono, rey de los macedonios, que era tuerto, al echarle en cara su mutilación hizo montar en cólera desmedida. Pues aquel, tras haber enviado a Teócrito a su cocinero principal, Eutropión, que había estado en su ejército, le exigió que se presentara ante él para dar y recibir explicaciones. Cuando aquel llevó el mensaje a Antígono, y de hecho se presentó numerosas ocasiones para ello, le dijo: «Sé bien que quieres servirme crudo a tu Cíclope»,[43] ofendiendo a uno porque era tuerto y a otro porque era cocinero. [11C] Y aquel, tras contestarle: «Tú en todo caso no conservarás tu cabeza y pagarás la pena por tu lengua temeraria y por tu locura», anunció lo que se le había dicho al rey, quien tras mandarlo buscar condenó a muerte a Teócrito.

Junto a todo ello, lo que es más sagrado, es acostumbrar a los niños a decir la verdad: pues mentir es cosa de esclavos y merece ser odiado por todos los hombres, ni siquiera es excusable en esclavos comedidos.

15

Por ahora no he mostrado duda ni vacilación en las cosas que digo sobre la decencia y prudencia de los niños, pero sobre lo que me dispongo a decir tengo dos opiniones y vacilo, e inclinándome hacia una u otra, como sobre una balanza, no puedo decidirme por ninguna; [11D] y, de hecho, una gran reticencia me invade sobre si introducir o evitar la cuestión. Igualmente, debe uno arriesgarse a hablar sobre ello. ¿De qué se trata, entonces? ¿Hay que permitir a los amantes de los niños estar con ellos

---

[42] Por ejemplo, *Il.* 1. 83.
[43] Criatura mitológica famosa por tener un solo ojo, en este caso nombrado en alusión a la condición de tuerto de Antígono.

ὅταν μὲν γὰρ ἀποβλέψω πρὸς τοὺς πατέρας τοὺς αὐθεκάστους καὶ τὸν τρόπον ὀμφακίας καὶ στρυφνούς, οἳ τῶν τέκνων ὕβριν οὐκ ἀνεκτὴν τὴν τῶν ἐρώντων ὁμιλίαν ἡγοῦνται, εὐλαβοῦμαι ταύτης εἰσηγητὴς γενέσθαι καὶ σύμβουλος. ὅταν δ' αὖ πάλιν ἐνθυμηθῶ [11E] τὸν Σωκράτη τὸν Πλάτωνα τὸν Ξενοφῶντα τὸν Αἰσχίνην τὸν Κέβητα, τὸν πάντα χορὸν ἐκείνων τῶν ἀνδρῶν οἳ τοὺς ἄρρενας ἐδοκίμασαν ἔρωτας καὶ τὰ μειράκια προήγαγον ἐπί τε παιδείαν καὶ δημαγωγίαν καὶ τὴν ἀρετὴν τῶν τρόπων, πάλιν ἕτερος γίγνομαι καὶ κάμπτομαι πρὸς τὸν ἐκείνων τῶν ἀνδρῶν ζῆλον. μαρτυρεῖ δὲ τούτοις Εὐριπίδης οὕτω λέγων

ἀλλ' ἔστι δή τις ἄλλος ἐν βροτοῖς ἔρως,
ψυχῆς δικαίας σώφρονός τε κἀγαθῆς.[14]

τὸ δὲ τοῦ Πλάτωνος σπουδῇ καὶ χαριεντισμῷ μεμιγμένον οὐ παραλειπτέον. [11F] ἐξεῖναι γάρ φησι δεῖν τοῖς ἀριστεύσασιν ὃν ἂν βούλωνται τῶν καλῶν φιλῆσαι. τοὺς μὲν οὖν τῆς ὥρας ἐπιθυμοῦντας ἀπελαύνειν προσῆκε, τοὺς δὲ τῆς ψυχῆς ἐραστὰς ἐγκρίνειν κατὰ τὸ σύνολον. καὶ τοὺς μὲν Θήβησι καὶ τοὺς ἐν Ἤλιδι φευκτέον ἔρωτας [12A] καὶ τὸν ἐν Κρήτῃ καλούμενον ἁρπαγμόν, τοὺς δ' Ἀθήνησι καὶ τοὺς ἐν Λακεδαίμονι ζηλωτέον.

16
Περὶ μὲν οὖν τούτων, ὅπως ἕκαστος αὐτὸς ἑαυτὸν πέπεικεν, οὕτως ὑπολαμβανέτω· ἐγὼ δ' ἐπειδὴ περὶ τῆς τῶν παίδων εὐταξίας εἴρηκα καὶ κοσμιότητος, καὶ ἐπὶ τὴν τῶν μειρακίων

---

[14] Fr. 388 en Nauck, *Trag. Graec. Frag.*, *Euripides*.

y pasar su tiempo con ellos, o bien, por el contrario, corresponde prohibírselo y alejarlos de su compañía? Porque, cuando miro a los padres francos, severos y rígidos de carácter, que consideran la compañía de los amantes una insolencia intolerable de sus hijos, me preocupa convertirme en el instigador y defensor de ella. [11E] Pero cuando pienso, a su vez, en Sócrates, Platón, Jenofonte, Esquines, Cebes,[44] y en todo el coro de aquellos hombres que avalaron los amores varoniles y guiaron a la juventud hacia la educación, el liderazgo del pueblo y a la excelencia de las costumbres, de nuevo me convierto en otro y me inclino a la imitación de aquellos hombres. Y es testigo en favor de ellos Eurípides, cuando dice así:

> Pero existe otro amor entre los hombres
> el de un alma justa, prudente y buena.

Tampoco se debe dejar de lado la observación de Platón, que mezcla seriedad y broma.[45] [11F] Pues dice que hay que permitir a los mejores amar a quienes quieran entre los bellos jóvenes. Ciertamente, conviene excluir a quienes desean la belleza física, pero, en general, admitir a los amantes del alma. Y los amores al estilo de Tebas y Élide deben evitarse, [12A] también el llamado «rapto» en Creta,[46] pero los de Atenas y Lacedemonia deben imitarse.

16

Pues bien, lo concerniente a estas cosas que cada uno lo tome según sus propios principios. Y yo, ya que he hablado de la disciplina y el decoro de los niños, abordaré ahora la edad adoles-

---

[44]   Los cuatro últimos amigos y compañeros del filósofo Sócrates, a caballo entre los ss. V-IV a. C.

[45]   *R.* 468B.

[46]   Se trata aquí de varias alusiones a las relaciones homoeróticas de tipo pedagógico, comunes en Grecia. Sobre esta cuestión véase Hubbard (2013), especialmente 102-149.

ἡλικίαν ἤδη μεταβήσομαι καὶ μικρὰ παντάπασιν λέξω. πολλάκις γὰρ κατεμεμψάμην τοὺς μοχθηρῶν ἐθῶν γεγονότας εἰσηγητάς, οἵτινες τοῖς μὲν παισὶ παιδαγωγοὺς καὶ διδασκάλους ἐπέστησαν, τὴν δὲ τῶν μειρακίων ὁρμὴν ἄφετον εἴασαν νέμεσθαι, δέον αὖ τοὐναντίον πλείω τῶν μειρακίων ποιεῖσθαι τὴν εὐλάβειαν καὶ φυλακὴν ἢ τῶν παίδων.

[12B] τίς γὰρ οὐκ οἶδεν ὅτι τὰ μὲν τῶν παίδων πλημμελήματα μικρὰ καὶ παντελῶς ἐστιν ἰάσιμα, παιδαγωγῶν ἴσως ὀλιγωρία καὶ διδασκάλων παραγωγὴ καὶ ἀνηκουστία· τὰ δὲ τῶν ἤδη νεανισκευομένων ἀδικήματα πολλάκις ὑπερφυᾶ γίνεται καὶ σχέτλια, ἀμετρία γαστρὸς καὶ κλοπαὶ πατρῴων χρημάτων καὶ κύβοι καὶ κῶμοι καὶ πότοι καὶ παρθένων ἔρωτες καὶ γυναικῶν οἰκοφθορίαι γαμετῶν. οὐκοῦν τὰς τούτων ὁρμὰς ταῖς ἐπιμελείαις δεσμεύειν καὶ κατέχειν προσῆκεν. ἀταμίευτον γὰρ τῶν ἡδονῶν ἡ ἀκμὴ καὶ σκιρτητικὸν καὶ χαλινοῦ δεόμενον, ὥσθ' οἱ μὴ τῆς ἡλικίας ταύτης ἐρρωμένως ἀντιλαμβανόμενοι τῇ δὴ ἀνοίᾳ διδόασιν ἐξουσίαν ἐπὶ τὰ ἀδικήματα. [12C] ἔδει τοίνυν τοὺς ἔμφρονας πατέρας παρὰ τοῦτον μάλιστα τὸν καιρὸν φυλάττειν ἐγρηγορέναι σωφρονίζειν τοὺς μειρακίσκους διδάσκοντας ἀπειλοῦντας δεομένους, παραδείγματα δεικνύντας τῶν διὰ φιληδονίαν μὲν συμφοραῖς περιπεσόντων διὰ δὲ καρτερίαν ἔπαινον καὶ δόξαν ἀγαθὴν περιποιησαμένων. δύο γὰρ ταῦθ' ὡσπερεὶ στοιχεῖα τῆς ἀρετῆς ἐστιν, ἐλπίς τε τιμῆς καὶ φόβος τιμωρίας· [12D] ἡ μὲν γὰρ ὁρμητικωτέρους πρὸς τὰ κάλλιστα τῶν ἐπιτηδευμάτων ἡ δ' ὀκνηροὺς πρὸς τὰ φαῦλα τῶν ἔργων ἀπεργάζεται.

17
Καθόλου δ' ἀπείργειν προσήκει τοὺς παῖδας τῆς πρὸς τοὺς πονηροὺς ἀνθρώπους συνουσίας· ἀποφέρονται γάρ τι τῆς τούτων κακίας. τοῦτο δὲ παρήγγειλε καὶ Πυθαγόρας αἰνίγμασιν ἅπερ ἐγὼ παραθεὶς ἐξηγήσομαι· καὶ γὰρ ταῦτα πρὸς ἀρετῆς κτῆσιν συμβάλλεται ῥοπὴν οὐκ ἐλαχίστην. οἷον· "Μὴ γεύεσθαι μελανούρων," τουτέστι μὴ συνδιατρίβειν μέλασιν ἀνθρώποις διὰ κακοήθειαν. "Μὴ ζυγὸν ὑπερβαίνειν," τουτέστιν ὅτι δεῖ τῆς

cente, y diré muy poco sobre ello. En efecto, en numerosas ocasiones he condenado a los que introducen costumbres perversas, quienes han puesto pedagogos y maestros para los niños, pero han consentido que los impulsos de los adolescentes anduvieran descontrolados, cuando, por el contrario, hacía falta prestar más atención y vigilancia a los jóvenes que a los niños. [12B] Porque, ¿quién no sabe que los defectos de los niños son pequeños y completamente curables –quizá una negligencia para con los pedagogos, y algún engaño y desobediencia hacia sus maestros–? Pero las transgresiones de los jóvenes, en cambio, a menudo son desmesuradas e insolentes: excesos con la comida, robos de los bienes paternos, el juego, fiestas, orgias, líos con jovencitas y ruina de mujeres casadas... Conviene, por tanto, encadenar y reprimir los impulsos de estos con diligencia. Y es que la fuerza de los placeres es incontrolable, indómita y necesita de un freno, de modo que los que no toman las riendas con fuerza durante esta edad, con su inconsciencia están dándoles permiso para que cometan delitos. [12C] Así las cosas, haría falta que los padres sensatos, especialmente durante esta etapa, vigilen, estén atentos, devuelvan la prudencia a los jóvenes que necesitan que los instruyan, amenacen y supliquen, enseñándoles los ejemplos de gente que cayó en desgracia por amor a los placeres y de gente que por su constancia obtuvo elogios y buena fama. Pues hay dos elementos, por así decirlo, de la virtud: la esperanza de una recompensa y el temor a una represalia; [12D] ya que la una hace a los hombres más entusiastas hacia las actividades más bellas, y el otro los hace reacios a las acciones viles.

17

Por regla general hay que separar a los niños de la compañía de hombres malvados, pues se llevan algo de la perversidad de aquellos. Esto mismo lo aconsejaba también Pitágoras con enigmas,[47] que tras citar, explicaré; puesto que también ellos tienen

---

[47] Athen. 10.77; D.L. 8.1.17-18; Plu. *Num.* 14. Pitágoras era conocido por sus

δικαιοσύνης πλεῖστον ποιεῖσθαι λόγον καὶ μὴ ταύτην ὑπερβαίνειν. [12E] "Μὴ ἐπὶ χοίνικος καθίσαι," ἤτοι φεύγειν ἀργίαν καὶ προνοεῖν ὅπως τὴν ἀναγκαίαν παρασκευάσωμεν τροφήν. "Μὴ παντὶ ἐμβάλλειν δεξιάν," ἀντὶ τοῦ προχείρως οὐ δεῖ συναλλάττειν. "Μὴ φορεῖν στενὸν δακτύλιον," ὅτι δεῖ τὸν βίον ἐπιτηδεύειν καὶ μηδενὶ δεσμῷ προσάπτειν αὐτόν. "Πῦρ σιδήρῳ μὴ σκαλεύειν," ἀντὶ τοῦ θυμούμενον μὴ ἐρεθίζειν· οὐ γὰρ προσῆκεν, ἀλλ' ὑπείκειν τοῖς ὀργιζομένοις. "Μὴ ἐσθίειν καρδίαν," ἤτοι μὴ βλάπτειν τὴν ψυχὴν ταῖς φροντίσιν αὐτὴν κατατρύχοντα. [12F] "Κυάμων ἀπέχεσθαι," ὅτι οὐ δεῖ πολιτεύεσθαι· κυαμευταὶ γὰρ ἦσαν ἔμπροσθεν αἱ ψηφοφορίαι δι' ὧν πέρας ἐπετίθεσαν ταῖς ἀρχαῖς. "Σιτίον εἰς ἀμίδα μὴ ἐμβάλλειν·" ἐπισημαίνει γὰρ ὅτι εἰς πονηρὰν ψυχὴν ἀστεῖον λόγον ἐμβάλλειν οὐ προσῆκεν· ὁ μὲν γὰρ λόγος τροφὴ διανοίας ἐστί, τοῦτον δ' ἀκάθαρτον ἡ πονηρία ποιεῖ τῶν ἀνθρώπων. "Μὴ ἐπιστρέφεσθαι ἐπὶ τοὺς ὅρους ἐλθόντας," τουτέστι μέλλοντας ἀποθνήσκειν καὶ τὸν ὅρον τοῦ βίου πλησίον ὄντα ὁρῶντας φέρειν εὐκόλως καὶ μὴ ἀθυμεῖν.

una importancia no pequeña en la adquisición de la virtud. Por ejemplo: «No probar melanuros»,[48] esto es, no entretenerse con hombres negros por su mal carácter.[49] «No saltar por encima de la balanza», esto es, que es necesario prestar la máxima atención a la justicia y no saltársela. [12E] «No quedarse sentado sobre la vasija para medir», es decir, huir de la pereza y anticipar cómo proveernos del alimento necesario. «No dar la mano derecha a cualquiera», en lugar de «no hay que asociarse a cualquiera con facilidad». «No llevar un anillo apretado», porque es necesario ocuparse de la vida propia y no someterla a ninguna atadura. «No avivar el fuego con el hierro», en vez de «no provocar al que está irritado», pues no conviene eso, sino ceder ante los que están encolerizados. «No comer el corazón», es decir, no perjudicar al alma consumiéndola de inquietudes. «Abstenerse de las habas», porque no se debe participar en política ya que [12F] las habas eran usadas antes en las votaciones donde se ponían límites a los cargos. «No tirar comida en el orinal»: significa que no hay que lanzar un argumento ingenioso a un alma vil; porque la palabra es el alimento de la razón, y la bajeza de los hombres la hace impura. «No volverse cuando se llega a la meta», esto es, cuando uno va a morir y ve que el final de la vida está cerca, llevarlo contento y no acobardarse.

---

formulaciones oscuras y enigmáticas, ideadas para trascender el pensamiento lógico y alcanzar así un conocimiento de la verdad. Berra (2006) ofrece nuevas consideraciones sobre la autoridad que poseían estos acertijos.

[48] Nombre de un pez.

[49] Otras traducciones aluden a «hombres de almas negras.» La sintaxis del griego, sin embargo, atribuye el calificativo «negro» a los hombres (μέλασιν ἀνθρώποις). Sobre el racismo en la Antigüedad, véase nota 12, arriba, así como el libro de Isaac (2004) que ilumina la cuestión de las causas y características de los prejuicios en las sociedades griega y romana.

Ἀνακάμψω δ' ἐπὶ τὴν ἐξ ἀρχῆς τοῦ λόγου ὑπόθεσιν· ἁπάντων γὰρ ὅπερ ἔφην τῶν πονηρῶν ἀνθρώπων ἀπάγειν δεῖ τοὺς παῖδας, μάλιστα δὲ τῶν κολάκων. [13Α] ὅπερ γὰρ πολλάκις καὶ πρὸς πολλοὺς τῶν πατέρων διατελῶ λέγων, καὶ νῦν ἂν εἴποιμι. γένος οὐδέν ἐστιν ἐξωλέστερον οὐδὲ μᾶλλον καὶ θᾶττον ἐκτραχηλίζον νεότητα τῶν κολάκων, οἳ καὶ τοὺς πατέρας καὶ τοὺς παῖδας προρρίζους ἐκτρίβουσι, τῶν μὲν τὸ γῆρας ἐπίλυπον, τῶν δὲ τὴν νεότητα ποιοῦντες, τῶν δὲ συμβουλευμάτων δέλεαρ ἀφύλακτον προτείνοντες τὴν ἡδονήν. τοῖς παισὶ τῶν πλουσίων οἱ πατέρες νήφειν παραινοῦσιν οἱ δὲ μεθύειν, σωφρονεῖν οἱ δ' ἀσελγαίνειν, φυλάττειν οἱ δὲ δαπανᾶν, φιλεργεῖν οἱ δὲ ῥᾳθυμεῖν, "στιγμὴ χρόνου πᾶς ἐστιν ὁ βίος" λέγοντες, "ζῆν οὐ παραζῆν προσῆκε." τί δὲ φροντιστέον ἡμῖν τῶν τοῦ πατρὸς ἀπειλῶν; [13Β] κρονόληρος καὶ σοροδαίμων ἐστί, καὶ μετέωρον αὐτὸν ἀράμενοι τὴν ταχίστην ἐξοίσομεν." καθῆκε δέ τις καὶ χαμαιτύπην καὶ προηγώγευσε γαμετήν, καὶ τὰ τῶν πατέρων ἐφόδια τοῦ γήρως ἐσύλησε καὶ περιέκοψε. μιαρὸν τὸ φῦλον, ὑποκριταὶ φιλίας, ἄγευστοι παρρησίας, πλουσίων μὲν κόλακες πενήτων δ' ὑπερόπται, ὡς ἐκ λυρικῆς τέχνης ἐπὶ τοὺς νέους ἀγόμενοι, σεσηρότες ὅθ' οἱ τρέφοντες γελῶσι, καὶ ψυχῆς ὑποβολιμαῖα καὶ νόθα μέρη βίου, πρὸς δὲ τὸ τῶν πλουσίων νεῦμα ζῶντες, τῇ τύχῃ μὲν ἐλεύθεροι, τῇ προαιρέσει δὲ δοῦλοι· ὅταν δὲ μὴ ὑβρίζωνται, τόθ' ὑβρίζεσθαι δοκοῦντες, ὅτι μάτην παρατρέφονται. [13C] ὥστ' εἴ τῳ μέλει τῶν πατέρων τῆς τῶν τέκνων εὐαγωγίας, ἐκδιωκτέον τὰ μιαρὰ ταῦτα θρέμματα, ἐκδιωκτέον δ' οὐχ ἥκιστα καὶ τὰς τῶν συμφοιτητῶν μοχθηρίας· καὶ γὰρ οὗτοι τὰς ἐπιεικεστάτας φύσεις ἱκανοὶ διαφθείρειν εἰσί.

Vuelvo entonces al tema del principio de mi discurso. Como decía, es preciso apartar a los niños de todos los hombres malvados y, ante todo, de los aduladores. [13A] Lo que en numerosas ocasiones digo también a muchos de los padres, quisiera repetir ahora. No existe especie más degenerada ni que lleve a la ruina con más seguridad y rapidez a la juventud que los aduladores, que arruinan a padres e hijos de raíz, haciendo miserable la vejez de unos y la juventud de los otros; ofreciendo el placer como cebo irresistible en sus consejos. A los niños de los ricos sus padres les aconsejan que se mantengan sobrios, los aduladores, que se emborrachen; los padres, que sean moderados, los otros, que sean indecentes; los padres, que tengan cuidado, los otros, que malgasten; los padres, que amen el trabajo, los otros, que sean negligentes, diciendo: «la vida toda es un instante, hay que vivir, no solo estar vivo».[50] ¿Por qué debemos preocuparnos de las amenazas de un padre? [13B] Es un viejo necio, a un paso de la tumba, y, levantándolo en alto, rápidamente lo enterraremos.» Y alguno les ofrece una prostituta, y prostituye a una esposa, y arruina y despilfarra las provisiones de los padres para la vejez. Raza despreciable, hipócritas de la amistad, desconocedores de la sinceridad, aduladores de los ricos y arrogantes con los pobres, como atraídos ante los jóvenes por el arte lírico, que se ríen a carcajada limpia cuando quienes les dan de comer se ríen, miembros ilegítimos y bastardos de la vida, que viven atentos a los gestos de los ricos, libres por pura suerte, pero esclavos por sus decisiones. Cuando no son injuriados, piensan que se les está injuriando, porque se les ha educado en vano. [13C] Así que, si un padre se preocupa por la buena dirección de sus hijos, debe alejar a estas criaturas detestables y debe alejar los vicios de los compañeros, pues estos también son capaces de arruinar las naturalezas más nobles.

---

[50]   Koch, *Com. Att. Frag.* III p. 643.

18

Ταῦτα μὲν οὖν καλὰ καὶ συμφέροντα· ἃ δὲ μέλλω λέγειν, ἀνθρώπινα. οὐδὲ γὰρ αὖ πάλιν τοὺς πατέρας ἔγωγ᾽ ἀξιῶ τελέως τραχεῖς καὶ σκληροὺς εἶναι τὴν φύσιν, ἀλλὰ πολλαχοῦ καὶ συγχωρῆσαί τινα τῷ νεωτέρῳ τῶν ἁμαρτημάτων, καὶ ἑαυτοὺς ἀναμιμνήσκειν ὅτι ἐγένοντο νέοι. [13D] καὶ καθάπερ ἰατροὶ τὰ πικρὰ τῶν φαρμάκων τοῖς γλυκέσι χυμοῖς καταμιγνύντες τὴν τέρψιν ἐπὶ τὸ συμφέρον πάροδον εὗρον, οὕτω δεῖ τοὺς πατέρας τὴν τῶν ἐπιτιμημάτων ἀποτομίαν τῇ πραότητι μιγνύναι, καὶ τοτὲ μὲν ταῖς ἐπιθυμίαις τῶν παίδων ἐφεῖναι καὶ χαλάσαι τὰς ἡνίας, τοτὲ δ᾽ αὖ πάλιν ἀντιτεῖναι, καὶ μάλιστα μὲν εὐκόλως φέρειν τὰς ἁμαρτίας, εἰ δὲ μή γε, πρὸς καιρὸν ὀργισθέντας ταχέως ἀποφλεγμῆναι. μᾶλλον γὰρ ὀξύθυμον εἶναι δεῖ τὸν πατέρα ἢ βαρύθυμον, ὡς τό γε δυσμενὲς καὶ δυσκατάλλακτον μισοτεκνίας οὐ μικρὸν τεκμήριόν ἐστι. [13E] καλὸν δὲ καὶ ἔνια τῶν ἁμαρτημάτων μηδ᾽ εἰδέναι δοκεῖν, ἀλλὰ τὸ τοῦ γήρως ἀμβλύωττον καὶ δύσκωφον ἐπὶ τὰ γιγνόμενα μεταφέρειν, ὡς ἔνια τῶν πραττομένων ὁρῶντας μὴ ὁρᾶν καὶ μὴ ἀκούειν ἀκούοντας. φίλων ἁμαρτήματα φέρομεν· τί θαυμαστὸν εἰ τέκνων; δούλων πολλάκις κραιπαλώντων μέθην οὐκ ἐξηλέγξαμεν. ἐφείσω ποτέ, ἀλλὰ καὶ χορήγησον· ἠγανάκτησάς ποτε, ἀλλὰ καὶ σύγγνωθι. ἐβουκόλησέ ποτε δι᾽ οἰκέτου· τὴν ὀργὴν κάτασχε. [13F] ἐξ ἀγροῦ ποτε ζεῦγος ἀφείλετο, ἦλθέ ποτε χθιζῆς μέθης ἀποπνέων, ἀγνόησον· μύρων ὄζων, σίγησον. οὕτω σκιρτῶσα νεότης πωλοδαμνεῖται.

18

Bien, todo ello concierne lo bello y útil, pero lo que me dispongo a decir concierne a la naturaleza humana. En verdad, considero, de nuevo, que los padres no deben ser muy implacables y severos en su naturaleza, sino que en muchos casos deben de consentirle alguna de las faltas al joven y recordarse a sí mismos que también fueron jóvenes. Y, tal como los médicos, mezclando las medicinas amargas con esencias dulces, [13D] encontraron el placer como acceso a lo beneficioso, así también es necesario que los padres combinen la severidad de sus reprimendas con la suavidad, y a veces ceder a los deseos de sus hijos y soltar las riendas, y otras, en cambio, tirar de ellas de nuevo y, sobre todo, llevar con serenidad sus errores, y si no, al menos, en el caso en que se han enfadado, calmarse con rapidez. Y es que es mejor que el padre sea temperamental antes que huraño, porque el resentimiento y la dificultad de reconciliación son pruebas no pequeñas de hostilidad contra los hijos. [13E] También es buena cosa aparentar no saber algunos de los fallos, sino aplicar la falta de vista y de oído de la vejez a lo que está ocurriendo, para que, aun viendo lo que hacen, no se vea y, oyéndolo, no se oiga. Sobrellevamos los errores de los amigos, ¿qué hay de sorprendente si también los de los hijos? Muchas veces, cuando nuestros esclavos tienen resaca no les recriminamos su borrachera. Alguna vez has sido tacaño, por lo menos sé también generoso; te has irritado alguna vez, también perdona; tu hijo te ha engañado alguna vez con ayuda de un sirviente, controla tu ira; [13F] te ha quitado alguna vez un yugo del campo, y ha vuelto alguna vez con aliento apestando a borrachera del día anterior, ignóralo; u oliendo a perfume, calla. De esta manera se adiestra a una juventud indisciplinada.

19

Πειρατέον δὲ τοὺς τῶν ἡδονῶν ἥττους καὶ πρὸς τὰς ἐπιτιμήσεις δυσηκόους γάμῳ καταζεῦξαι, δεσμὸς γὰρ οὗτος τῆς νεότητος ἀσφαλέστατος. ἐγγυᾶσθαι δὲ δεῖ τοῖς υἱέσι γυναῖκας μήτ' εὐγενεστέρας πολλῷ μήτε πλουσιωτέρας· τὸ γὰρ "τὴν κατὰ σαυτὸν ἔλα" σοφόν. ὡς οἵ γε μακρῷ κρείττους ἑαυτῶν λαμβάνοντες οὐ τῶν γυναικῶν ἄνδρες, [14Α] τῶν δὲ προικῶν δοῦλοι λανθάνουσι γιγνόμενοι.

20

Βραχέα δὲ προσθεὶς ἔτι περιγράψω τὰς ὑποθήκας. πρὸ πάντων γὰρ δεῖ τοὺς πατέρας τῷ μηδὲν ἁμαρτάνειν ἀλλὰ πάνθ' ἃ δεῖ πράττειν ἐναργὲς αὐτοὺς παράδειγμα τοῖς τέκνοις παρέχειν, ἵνα πρὸς τὸν τούτων βίον ὥσπερ κάτοπτρον ἀποβλέποντες ἀποτρέπωνται τῶν αἰσχρῶν ἔργων καὶ λόγων. ὡς οἵτινες τοῖς ἁμαρτάνουσιν υἱοῖς ἐπιτιμῶντες τοῖς αὐτοῖς ἁμαρτήμασι περιπίπτουσιν, ἐπὶ τῷ ἐκείνων ὀνόματι λανθάνουσιν ἑαυτῶν κατήγοροι γιγνόμενοι· τὸ δ' ὅλον φαύλως ζῶντες οὐδὲ τοῖς δούλοις παρρησίαν ἄγουσιν ἐπιτιμᾶν, μή τί γε τοῖς υἱοῖς. [14Β] χωρὶς δὲ τούτων γένοιντ' ἂν αὐτοῖς τῶν ἀδικημάτων σύμβουλοι καὶ διδάσκαλοι. ὅπου γὰρ γέροντές εἰσιν ἀναίσχυντοι, ἐνταῦθ' ἀνάγκη καὶ νέους ἀναιδεστάτους εἶναι. Πειρατέον οὖν εἰς τὸν τῶν τέκνων σωφρονισμὸν πάνθ' ὅσα προσῆκεν ἐπιτηδεύειν, ζηλώσαντας Εὐρυδίκην, ἥτις Ἰλλυρὶς οὖσα καὶ τριβάρβαρος, ὅμως ἐπὶ τῇ μαθήσει τῶν τέκνων ὀψὲ τῆς ἡλικίας ἥψατο παιδείας. ἱκανῶς δ' αὐτῆς τὴν φιλοτεκνίαν σημαίνει τοὐπίγραμμα, ὅπερ ἀνέθηκε Μούσαις.

19

Además, hay que procurar constreñir a quienes son dominados por los placeres y sordos a los reproches bajo el yugo del matrimonio, pues este es el vínculo más seguro para la juventud. Pero hay que casar con los hijos a mujeres que no sean ni mucho más nobles ni más ricas. Y es que es sabio el proverbio: «Camina en tu misma línea».[51] Pues los que toman una mujer muy por encima de ellos no se convierten en maridos de sus mujeres, [14A] sino en esclavos de las dotes sin darse cuenta.

20

Tras añadir breves consideraciones, concluiré mis propuestas. Sobre todo, conviene que los padres en nada se equivoquen, sino que en todo lo que hagan se conviertan a sí mismos en ejemplo manifiesto para sus hijos, de modo que, mirándose en la vida de aquellos como en un espejo, se alejen de las acciones y los discursos reprochables. Porque quienes caen en los mismos errores que recriminan a sus hijos cometer también, no se dan cuenta de que se acusan a sí mismos en nombre de aquellos. Y, por regla general, si llevan una vida disoluta, ni siquiera son libres de regañar a sus esclavos, menos aún a sus hijos. [14B] Aparte, podrían llegar a ser para ellos guías y maestros de sus delitos. Ya que, allí donde los ancianos son indecentes, necesariamente también los jóvenes serán muy sinvergüenzas.[52] Así pues, se debe recurrir a todo cuanto se pueda para la moderación de los hijos, imitando incluso a Eurídice, quien, aun siendo iliria y tres veces bárbara, con todo comenzó su educación a una edad muy avanzada para contribuir a la instrucción de sus hijos. Y el epigrama que dedicó a las Musas señala suficientemente su amor maternal:

---

[51] Se trata de permanecer entre iguales. El proverbio aparece recogido por Call. *Epigr*.1.

[52] Pl. *Lg*. 729c; Plutarco refiere esta idea en *Mor.* 71B, 144F y 272C.

Εὐρυδίκη Ἱεραπολιῆτις τόνδ' ἀνέθηκε
Μούσαις εὔιστον ψυχῇ ἑλοῦσα πόθον. [14C]
γράμματα γὰρ μνημεῖα λόγων μήτηρ γεγαυῖα
παίδων ἡβώντων ἐξεπόνησε μαθεῖν.

Τὸ μὲν οὖν πάσας τὰς προειρημένας συμπεριλαβεῖν εὐχῆς
ἴσως ἢ παραινέσεως ἔργον ἐστί· τὸ δὲ τὰς πλείους ζηλῶσαι
καὶ αὐτὸ μὲν εὐμοιρίας δεόμενόν ἐστι καὶ πολλῆς ἐπιμελείας,
ἀνυστὸν δ' οὖν ἀνθρωπίνῃ φύσει καθέστηκεν.

Eurídice de Hierápolis dedicó esta ofrenda
a las Musas, dominada en su alma por un deseo de
                                        [conocimiento
[14C] siendo madre de niños jóvenes, se esforzó en
aprender las letras, memoria de las palabras.

Ahora bien, abarcar todas las recomendaciones mencionadas
es tarea de una plegaria, quizá, o una exhortación; y seguir con
celo la mayoría de ellas también requiere, como no, de buena
fortuna y mucho esfuerzo, pero está al alcance de la naturaleza
humana.

CÓMO DEBE EL JOVEN ESCUCHAR POESÍA

CÓMO DEBE EL JOVEN ESCUCHAR POESÍA

1. Título

El título de este tratado aparece en el Catálogo de Lamprias como Πῶς δεῖ ποιημάτων ἀκούειν; en los testimonios medievales encontramos un añadido que especifica el sujeto que ejerce la escucha, el joven: Πῶς δεῖ τὸν νέον ποιημάτων ἀκούειν. La versión latina también ofrece variantes: desde el más antiguo *De ratione poetarum utiliter legendorum* al tradicional *Quomodo adolescens poetas audire debeat* o el actual abreviado *De audiendis poetis*.

2. Dedicatoria

Plutarco dedica su obra a Marco Sedacio (Sedatius o Sedatus, en latín). Este nombre, sin embargo, es una reconstrucción de la lectura ofrecida por todos los manuscritos: «Sedapus». Una forma inexistente en el mundo Grecorromano, como indica Zadorojnyi (2002: 305), quien sugiere asimismo que este personaje, dado que tiene un hijo con nombre claramente griego (Cleandro), probablemente pertenezca al entorno heleno del autor. Puech (1992: 4878), sin embargo, afirma que Plutarco nunca refiere a sus conocidos griegos por su nombre latino.

En las primeras líneas, Plutarco indica que el motivo que lo lleva a enviar su escrito es la posibilidad de que le pueda resultar útil al hijo de su amigo en su acercamiento a las obras de los poetas (15A). Lo único que sabemos de este joven, Cleandro, es que está en la edad de uno de los hijos de Plutarco, Soclaro. Dado que la obra va dirigida a jóvenes que aún no han comenzado sus estudios de filosofía, y que podrían beneficiarse de la poesía como propedéutica a la subsecuente disciplina, ambos podrían tener entre 12 y 17 años en el momento de la redacción.

Sobre Soclaro, tenemos constancia de un L. Mestrius Soclaros de Queronea gracias a una inscripción (I.G., IX, 1, 61). Puech (1992: 4879-4883) dedica varias páginas a la cuestión de si este era o no, en efecto, el hijo de Plutarco. Pese a compartir el nombre romano de Plutarco (Mestrio), algunos estudiosos ponen en duda su parentesco a causa de la contrastación de datos sobre la descendencia del Queronense extraídos de *Consolatio ad uxorem*, de donde se concluiría que Soclaro habría sido el hijo primogénito muerto pequeño. Puech, finalmente, propone una solución que me parece plausible y acertada: el hijo primógenito muerto mencionado en *Consolatio ad uxorem* podría haber sido uno que no hubiera recibido nombre todavía, no teniendo así relación alguna con Soclaro. Este joven, mencionado en nuestro tratado, coincidiría por tanto con el de la inscripción conservada.

3. Fecha de composición

De audiendis poetis, a diferencia de los otros dos tratados incluidos en el volumen, puede ser datado gracias a una referencia interna. Como hemos visto, Plutarco establece que Cleandro, hijo del destinatario, tiene la misma edad que su hijo Soclaro.

Puesto que Plutarco nació entorno al 45 d. C. y se había casado bastante joven (*Amatorius* 749B) –en torno a los 20 años–, si se establece que los tres hijos varones nacieron entre los cinco y diez primeros años del matrimonio, Soclaro, que parece haber sido el tercer hijo, sería adolescente entorno al 85 d. C., como

muy tarde el 90 d. C. Esta, por tanto, se puede proponer como fecha aproximada de la redacción del escrito enviado a Marco Sedacio.

4. Estructura y Contenido

De audiendis poetis pretende enseñar a los jóvenes el correcto uso de la poesía para que tengan la capacidad de extraer de la estética y las formas placenteras, de los mitos y las narraciones fantásticas, enseñanzas filosóficas que contribuyan a su desarrollo como persona. Morales Otal y García López (1985: 85) indican acertadamente que no se trata de un opúsculo de crítica literaria, sino que busca incorporar el patrimonio poético en la educación del joven con un objetivo ético-pedagógico.

En la idea de que los contenidos, difíciles y áridos, de la filosofía pueden tener un efecto disuasorio en el joven que se inicia en ella, Plutarco intenta contrarrestar dicho efecto con un método que facilite una transición desde los estudios básicos, recurriendo a la poesía como propedéutica de la filosofía.

Se puede agrupar su contenido en dos grandes bloques: uno centrado más bien en los peligros de la poesía (capítulos 1-9) y otro en cómo se puede sacar provecho de ella (10-14).

En el primer bloque, partiendo de que no se puede apartar por completo al joven de la poesía, se establece el beneficio de que, al menos, sepa interpretar correctamente el mensaje poético (capítulo 1), porque, como nos dice Plutarco, «necesitan a un guía más en las lecturas que en las calles» (15A).

Sigue una reflexión sobre el componente de entretenimiento y sobre la técnica, que en poesía se sobreponen al contenido (2-3). El autor advierte sobre el peligro de dejarse persuadir por lo agradable, puesto que «ni el metro ni la figura de estilo, ni la grandeza en la dicción, ni la oportunidad de la metáfora, ni la armonía y la composición tienen tanto poder de persuasión y gracia como una narración bien elaborada de mitología» (16B). Por la naturaleza de la poesía como arte imitativo, es también

importante enseñar al joven a valorar la calidad de la imitación, independientemente de que esta se base en hechos o personajes buenos o malos. Plutarco resume esta idea de manera magnífica con la comparación «y es que no es lo mismo imitar algo bello que imitar de manera bella» (18CD).

Continúa advirtiendo de que los propios poetas tienen diferentes recursos a su disposición para sugerir sus intenciones (4-5). Por un lado, a menudo acompañan los contenidos perversos de afirmaciones que indican que los desaprueban; recurso que ejemplifica con numerosos versos de Homero, «quien mejor usa este método» (19A). Por otro lado, ofrecen ambas perspectivas sobre un mismo argumento, para asegurar una interpretación comprensiva sobre el mismo. Por ello, contrastar diferentes obras de un mismo poeta –o de varios poetas, si fuera necesario– es fundamental para elegir la versión que aporta un beneficio moral al lector, como se observa en el ejemplo de unas líneas de Eurípides (fr. 254 en Nauck): «A menudo, hijo mío, los dioses causan la caída de los hombres, comparado con: dijiste lo más fácil, acusar a los dioses» (20CD).

También es práctico para la correcta interpretación de los poemas tener un buen conocimiento filológico (6), a fin de saber qué significan los términos según diferentes contextos. Un claro ejemplo de ello es la referencia a la divinidad, donde «los poetas usan los nombres de los dioses unas veces aplicándolos a su concepción de los propios dioses, y otras, en cambio, llamando con el mismo nombre a ciertas fuerzas de las que los dioses son los donantes y líderes» (23A). E igual que los conceptos son flexibles, también la facultad imitativa de la poesía permite que se mezclen simultáneamente señales de virtud y de maldad, que requieren de una habilidad interpretativa para discernirlos y de un conocimiento del bien y el mal para juzgar cada uno con corrección (7-8): «si tales son la preparación y el propósito del joven, que se apasiona y se inspira con discursos y acciones buenas y no acepta ni se irrita con las malas, esto permitirá una

audición de poesía inofensiva» (26AB). Y, finalmente, si no se percibe un motivo que justifique la inclusión de acciones innobles, el joven debe estar preparado para cuestionarlas y ponerlas en duda, porque «en todos los casos es ventajoso buscar la causa de cada cosa que se dice» (28A).

El segundo bloque toma la perspectiva del lector, destacando los recursos que tiene a su disposición para encontrar lo beneficioso en los poemas (10-12): por un lado, el joven debe observar las diferencias entre personajes y razas nobles y cobardes, reconocer las virtudes latentes en las descripciones poéticas –la valentía, la prudencia, el control de las emociones y las pasiones, la mesura–, así como lo que puede resultarle útil y de provecho, igual que «la abeja encuentra entre las flores más acres y los espinos más ásperos la miel más delicada y más beneficiosa» (32E).

Los dos últimos capítulos (13-14) inciden más específicamente todavía en el carácter moral del correcto uso de los poetas: el joven debe extrapolar los beneficios obtenidos para darles una validez universal, valorar el carácter por encima de los atributos físicos y las máximas que encuentra en la poesía debe poder respaldarlas con escritos filosóficos que las corroboren, porque «nuestra convicción crece en fuerza y dignidad, cuando las doctrinas de Pitágoras y Platón coinciden con lo que se dice en escena, se canta al son de la lira y se estudia en la escuela» (35F). Así, finalizando con el apoyo de la filosofía para una correcta lectura de la poesía, Plutarco cierra una obra que se abría con la recomendación de recurrir a la poesía como propedéutica de la filosofía.

ΠΩΣ ΔΕΙ ΤΟΝ ΝΕΟΝ ΠΟΙΗΜΑΤΩΝ ΑΚΟΥΕΙΝ

1

[14D] Εἰ μέν, ὡς Φιλόξενος ὁ ποιητὴς ἔλεγεν, ὦ Μάρκε Σήδατε, τῶν κρεῶν τὰ μὴ κρέα ἥδιστά ἐστι καὶ τῶν ἰχθύων οἱ μὴ ἰχθύες, ἐκείνοις ἀποφαίνεσθαι παρῶμεν οἷς ὁ Κάτων ἔφη τῆς ἀρδίας τὴν ὑπερῴαν εὐαισθητοτέραν ὑπάρχειν. ὅτι δὲ τῶν ἐν φιλοσοφίᾳ λεγομένων [14E] οἱ σφόδρα νέοι τοῖς μὴ δοκοῦσι φιλοσόφως μηδ' ἀπὸ σπουδῆς λέγεσθαι χαίρουσι μᾶλλον καὶ παρέχουσιν ὑπηκόους ἑαυτοὺς καὶ χειροήθεις, δῆλόν ἐστιν ἡμῖν. οὐ γὰρ μόνον τὰ Αἰσώπεια μυθάρια καὶ τὰς ποιητικὰς ὑποθέσεις ἀλλὰ καὶ τὸν Ἄβαριν τὸν Ἡρακλείδου καὶ τὸν Λύκωνα τὸν Ἀρίστωνος διερχόμενοι καὶ τὰ περὶ τῶν ψυχῶν δόγματα μεμιγμένα μυθολογίᾳ μεθ' ἡδονῆς ἐνθουσιῶσι.

CÓMO DEBE EL JOVEN ESCUCHAR POESÍA

1

[14D] Querido Marco Sedacio,[53] si, como decía el poeta Filóxeno,[54] de las carnes las más sabrosas son las que no son carnes, y de los peces los que no son peces, dejemos que esto lo demuestren aquellos de los que Catón decía que tenían el paladar más sensible que el corazón.[55] Y es que en los discursos filosóficos nos queda claro [14E] que los más jóvenes se deleitan más con aquellos que no parecen filosóficos ni hechos con seriedad, y ahí se prestan entonces a sí mismos como oyentes atentos y obedientes. Pues, no solo al revisar las fábulas de Esopo y las sentencias poéticas sino también el Ábaris de Heraclides, el Licón de Aristón[56] y las teorías sobre el alma mezcladas con mitología obtienen inspiración junto con placer. Por eso, es necesario velar atentamente a que sean correctos no solo en los placeres de la comida y la bebida, sino, más aún, acostumbrarlos

---

[53] Ver Introducción General sobre las amistades de Plutarco.

[54] Poeta del s. V a. C., conocido por sus ditirambos. Plutarco hace referencia a su obra en otros lugares de *Moralia*: 471E, 622C, 762F.

[55] Plutarco cita esta misma idea en la *Vida de Catón el Viejo* 9.7; no se tiene constancia de a qué obra de Catón pertenece.

[56] Esopo fue autor de fábulas del s. VI a. C., Heraclides y Aristón fueron filósofos de los ss. IV-III a. C., el primero platónico y el segundo peripatético.

[14F] διὸ δεῖ μὴ μόνον ἐν ταῖς περὶ ἐδωδὴν καὶ πόσιν ἡδοναῖς διαφυλάττειν εὐσχήμονας αὐτούς, ἔτι δὲ μᾶλλον ἐν ταῖς ἀκροάσεσιν καὶ ἀναγνώσεσιν ἐθίζειν, ὥσπερ ὄψῳ χρωμένους μετρίως τῷ τέρποντι, τὸ χρήσιμον ἀπ' αὐτοῦ καὶ τὸ σωτήριον διώκειν. οὔτε γὰρ πόλιν αἱ κεκλειμέναι πύλαι τηροῦσιν ἀνάλωτον, ἂν διὰ μιᾶς παραδέξηται τοὺς πολεμίους, οὔτε νέον αἱ περὶ τὰς ἄλλας ἡδονὰς ἐγκράτειαι σῴζουσιν, [15A] ἂν τῇ δι' ἀκοῆς λάθῃ προέμενος αὐτόν, ἀλλ' ὅσον μᾶλλον αὕτη τοῦ φρονεῖν καὶ λογίζεσθαι πεφυκότος ἅπτεται, τοσοῦτο μᾶλλον ἀμεληθεῖσα βλάπτει καὶ διαφθείρει τὸν παραδεξάμενον. ἐπεὶ τοίνυν οὔτ' ἴσως δυνατόν ἐστιν οὔτ' ὠφέλιμον ποιημάτων ἀπείργειν τὸν τηλικοῦτον ἡλίκος οὑμός τε τὸ νῦν Σώκλαρός ἐστι καὶ ὁ σὸς Κλέανδρος, εὖ μάλα παραφυλάττωμεν αὐτούς, ὡς ἐν ταῖς ἀναγνώσεσι μᾶλλον ἢ ταῖς ὁδοῖς παιδαγωγίας δεομένους. ἃ δ' οὖν ἐμοὶ περὶ ποιημάτων εἰπεῖν πρῴην ἐπῆλθε, νῦν πρὸς σὲ γεγραμμένα πέμψαι διενοήθην. καὶ λαβὼν ταῦτα δίελθε, [15B] κἂν δοκῇ σοι μηδὲν εἶναι φαυλότερα τῶν ἀμεθύστων καλουμένων, αἵτινες ἐν τοῖς πότοις περιάπτονται καὶ προλαμβάνουσι, μεταδίδου τῷ Κλεάνδρῳ καὶ προκαταλάμβανε τὴν φύσιν αὐτοῦ διὰ τὸ μηδαμοῦ νωθρὸν ἀλλὰ πανταχοῦ σφοδρὸν καὶ δεδορκὸς εὐαγωγοτέραν ὑπὸ τῶν τοιούτων οὖσαν.

πουλύποδος κεφαλῇ ἔνι μὲν κακὸν ἐν δὲ καὶ ἐσθλόν,

ὅτι βρωθῆναι μέν ἐστιν ἥδιστος, δυσόνειρον δ' ὕπνον ποιεῖ, φαντασίας ταραχώδεις καὶ ἀλλοκότους δεχόμενον, ὡς λέγουσιν. οὕτω δὴ καὶ ποιητικῇ πολὺ μὲν τὸ ἡδὺ καὶ τρόφιμον νέου ψυχῆς ἔνεστιν, οὐκ ἔλαττον δὲ τὸ ταρακτικὸν καὶ παράφορον, ἂν μὴ τυγχάνῃ παιδαγωγίας ὀρθῆς ἢ ἀκρόασις. [15C] οὐ γὰρ μόνον ὡς ἔοικε περὶ τῆς Αἰγυπτίων χώρας ἀλλὰ καὶ περὶ τῆς ποιητικῆς ἔστιν εἰπεῖν ὅτι

en la [14F] audición y la lectura, usando con moderación, como al usar una exquisitez, aquello que agrada, para que obtengan de ellas lo que resulta beneficioso y saludable. Pues ni las puertas cerradas aseguran a una ciudad ser inexpugnable, si a través de una de ellas se admite a los enemigos, ni el control sobre los demás placeres salva al joven, [15A] si se abandona inadvertidamente al que obtiene a través de la audición; pero cuanto más compromete este placer a quien por naturaleza es dado a pensar y razonar, tanto más, si se descuida la atención, daña y destruye a quien lo acepta. Puesto que no es, quizá, ni posible ni ventajoso mantener alejados de la poesía a quienes están en la edad de mi Soclaro y tu Cleandro ahora,[57] debemos velar por ellos muy atentamente, porque necesitan a un guía más en las lecturas que en las calles. Entonces, aquello que se me ocurrió recientemente al hablar de poesía, tengo el propósito de enviártelo por escrito, revísalo, y, si te parece que en nada es inferior a las llamadas [15B] «ametistas»,[58] que algunos en las celebraciones se cuelgan y agarran al cuello, dáselo a Cleandro y evita que su naturaleza, que no es para nada lenta, sino impetuosa y avispada para todo, sea fácilmente manipulable por este tipo de cosas.

En la cabeza del pulpo hay algo malo y algo bueno,[59]

porque es muy sabrosa de comer, pero produce un sueño de pesadillas, y cargado de visiones inquietantes y extrañas, según dicen. De igual modo, en el arte poético hay muchas cosas entretenidas y revitalizadoras para el alma del joven, pero no menos perturbadoras y confusas, si su audición no se encuentra correctamente guiada. Pues, se puede decir, no solo acerca de la tierra de los egipcios, según parece, sino también sobre la poesía [15C] que produce

---

[57]   Hijos de Plutarco y de Marco Sedacio, respectivamente; véase la Introducción.
[58]   Según los antiguos, protegían contra la intoxicación (etílica): Plutarco, *Quaest. conv.* 624C y 647B; Plin. *Nat.* 37.9.124.
[59]   También en *Quaest. conv.* 734E.

φάρμακα, πολλὰ μὲν ἐσθλὰ μεμιγμένα πολλὰ δὲ λυγρὰ[15]

τοῖς χρωμένοις ἀναδίδωσιν.

ἔνθ' ἔνι μὲν φιλότης, ἐν δ' ἵμερος, ἐν δ' ὀαριστὺς
πάρφασις, ἥ τ' ἔκλεψε νόον πύκα περ φρονεόντων.[16]

οὐ γὰρ ἅπτεται τὸ ἀπατηλὸν αὐτῆς ἀβελτέρων κομιδῇ καὶ
ἀνοήτων. διὸ καὶ Σιμωνίδης [15D] μὲν ἀπεκρίνατο πρὸς τὸν
εἰπόντα "τί δὴ μόνους οὐκ ἐξαπατᾷς Θετταλούς;" "ἀμαθέστεροι
γάρ εἰσιν ἢ ὡς ὑπ' ἐμοῦ ἐξαπατᾶσθαι." Γοργίας δὲ τὴν
τραγῳδίαν εἶπεν ἀπάτην, ἣν ὅ τ' ἀπατήσας δικαιότερος τοῦ μὴ
ἀπατήσαντος καὶ ὁ ἀπατηθεὶς σοφώτερος τοῦ μὴ ἀπατηθέντος.
πότερον οὖν τῶν νέων ὥσπερ τῶν Ἰθακησίων σκληρῷ τινι τὰ
ὦτα καὶ ἀτέγκτῳ κηρῷ καταπλάττοντες ἀναγκάζωμεν αὐτοὺς
τὸ Ἐπικούρειον ἀκάτιον ἀραμένους ποιητικὴν φεύγειν καὶ
παρεξελαύνειν, ἢ μᾶλλον ὀρθῷ τινι λογισμῷ παριστάντες καὶ
καταδέοντες, τὴν κρίσιν, ὅπως μὴ παραφέρηται τῷ τέρποντι
πρὸς τὸ βλάπτον, ἀπευθύνωμεν καὶ παραφυλάττωμεν;

οὐδὲ γὰρ οὐδὲ Δρύαντος υἱὸς κρατερὸς Λυκόοργος[17]

ὑγιαίνοντα νοῦν εἶχεν, [15E] ὅτι πολλῶν μεθυσκομένων καὶ
παροινούντων τὰς ἀμπέλους περιιὼν ἐξέκοπτεν ἀντὶ τοῦ
τὰς κρήνας ἐγγυτέρω προσαγαγεῖν καὶ "μαινόμενον" θεόν,
ὥς φησιν ὁ Πλάτων, "ἑτέρῳ θεῷ νήφοντι κολαζόμενον"
σωφρονίζειν. ἀφαιρεῖ γὰρ ἡ κρᾶσις τοῦ οἴνου τὸ βλάπτον,
οὐ συναναιροῦσα τὸ χρήσιμον. μηδ' ἡμεῖς οὖν τὴν ποιητικὴν
ἡμερίδα τῶν Μουσῶν ἐκκόπτωμεν μηδ' ἀφανίζωμεν, ἀλλ' ὅπου
μὲν ὑφ' ἡδονῆς ἀκράτου πρὸς δόξαν αὐθάδως θρασυνόμενον
ἐξυβρίζει καὶ ὑλομανεῖ τὸ μυθῶδες αὐτῆς καὶ θεατρικόν,

---

15   Hom. *Od.* 4.230.
16   Hom. *Il.* 14.216.
17   *Il.* 4.130.

drogas, muchas mezcladas son excelentes, y muchas
[funestas

para quienes la usan.

Hay allí amor, deseo, conversaciones familiares,
persuasión que eclipsa el juicio hasta a los prudentes.

Lo que hay de ilusorio en ella no lía a quienes son totalmente estúpidos e insensatos. Por eso mismo Simónides[60] [15D] contestó al que le preguntaba: «¿Por qué son los tesalios los únicos a quienes no engañas?» «Porque son muy estúpidos como para ser engañados por mí». Y Gorgias llamaba a la tragedia un engaño, donde quien engaña es más justo que quien no engaña, y el engañado, más sabio que el que no es engañado. En ese caso, tapando las orejas de los jóvenes como las de los itacenses,[61] con algo duro y cera que no se derrite, ¿deberíamos forzarlos a que, izando las velas de la nave Epicúrea, huyan del arte poético y pasen de largo,[62] o, más bien, disponiendo y atando su juicio para un razonamiento correcto, los guiemos y cuidemos para que este no sea llevado por lo placentero hacia lo dañino?

Pues ni siquiera el hijo de Driante, el poderoso Licurgo

estaba en su sano juicio, porque, estando muchos borrachos [15E] y actuando bajo la influencia del alcohol, recorriendo la zona cortó las vides en vez de acercar las fuentes de agua, para así doblegar al dios «enloquecido», como dice Platón, «corrigiéndolo con otro dios, sobrio».[63] Y es que la mezcla de vino

---

[60] Poeta lírico del s. VI a. C.
[61] Referencia al episodio de la *Odisea* (12.147-202), en el que los compañeros de Odiseo se tapan los oídos con cera para no oír el canto de las sirenas.
[62] Imagen de la navegación frecuente en epicureísmo. *Vid.* Diógenes Laercio, 10.6 y Plutarco en *Non posse* 1094D.
[63] Pl, *Lg.* 773c.

ἐπιλαμβανόμενοι κολούωμεν καὶ πιέζωμεν· ὅπου δ' ἅπτεταί τινος μούσης τῇ χάριτι [15F] καὶ τὸ γλυκὺ τοῦ λόγου καὶ ἀγωγὸν οὐκ ἄκαρπόν ἐστιν οὐδὲ κενόν, ἐνταῦθα φιλοσοφίαν εἰσάγωμεν καὶ καταμιγνύωμεν. ὥσπερ γὰρ ὁ μανδραγόρας ταῖς ἀμπέλοις παραφυόμενος καὶ διαδιδοὺς τὴν δύναμιν εἰς τὸν οἶνον μαλακωτέραν ποιεῖ τὴν καταφορὰν τοῖς πίνουσιν, οὕτω τοὺς λόγους ἡ ποίησις ἐκ φιλοσοφίας ἀναλαμβάνουσα μιγνυμένους πρὸς τὸ μυθῶδες ἐλαφρὰν καὶ προσφιλῆ παρέχει τοῖς νέοις τὴν μάθησιν. ὅθεν οὐ φευκτέον ἐστὶ τὰ ποιήματα τοῖς φιλοσοφεῖν μέλλουσιν, ἀλλὰ προφιλοσοφητέον τοῖς ποιήμασιν ἐθιζομένους ἐν τῷ τέρποντι τὸ χρήσιμον ζητεῖν καὶ ἀγαπᾶν· [16A] εἰ δὲ μή, διαμάχεσθαι καὶ δυσχεραίνειν. ἀρχὴ γὰρ αὕτη παιδεύσεως,

ἔργου δὲ παντὸς ἤν τις ἄρχηται καλῶς,
καὶ τὰς τελευτὰς εἰκός ἐσθ' οὕτως ἔχειν[18]

κατὰ τὸν Σοφοκλέα.

2

Πρῶτον μὲν οὖν εἰσάγειν εἰς τὰ ποιήματα δεῖ τὸν νέον μηδὲν οὕτω μεμελετημένον ἔχοντα καὶ πρόχειρον ὡς τὸ "πολλὰ ψεύδονται ἀοιδοὶ" τὰ μὲν ἑκόντες τὰ δ' ἄκοντες. ἑκόντες μέν, ὅτι πρὸς ἡδονὴν ἀκοῆς καὶ χάριν, ἢν οἱ πλεῖστοι διώκουσιν, αὐστηροτέραν ἡγοῦνται τὴν ἀλήθειαν τοῦ ψεύδους. [16B] ἡ μὲν γὰρ ἔργῳ γιγνομένη, κἂν ἀτερπὲς ἔχῃ τὸ τέλος, οὐκ ἐξίσταται· τὸ δὲ πλαττόμενον λόγῳ ῥᾷστα περιχωρεῖ καὶ τρέπεται πρὸς τὸ ἥδιον ἐκ τοῦ λυποῦντος.

---

[18]   Fr. 747 en Nauck, *Trag. Graec. Frag.*, *Sophocles*.

(con agua) elimina lo dañino, sin destruir lo beneficioso. Así pues, no arranquemos ni destruyamos tampoco nosotros el cultivo poético de las Musas, sino que allí donde por un placer intemperado motivado por la fama su parte mítica y teatral se enardece y desboca, haciéndonos cargo, cortemos a ras y contengámosla; pero allí donde empuña con gracia cierto arte, y donde la dulzura y el atractivo del [15F] discurso no son algo infructuoso ni vano, introduzcamos la filosofía y mezclémoslas. Tal como la mandrágora al florecer con las vides y transmitir su fuerza al vino hace la bajada más suave para quienes lo beben, del mismo modo la poesía, cuando toma sus propósitos de la filosofía, mezclándolos con lo mítico, ofrece una enseñanza ligera y apreciada para los jóvenes. Por lo tanto, la poesía no debe ser rehuida por aquellos que están destinados a la filosofía, sino que deben dar comienzo a la filosofía con la poesía, acostumbrándose a buscar y amar lo provechoso en lo placentero. Y si no contiene nada provechoso, a combatirla y rechazarla. [16A] Pues este es el principio de la educación,

> Si uno comienza de buena manera cualquier trabajo,
> es plausible que también consiga un final del estilo,

según Sófocles.[64]

2

Entonces, lo primero, el joven debe ser introducido en la poesía sin que tenga nada tan asimilado y a mano como aquello de que «mucho mienten los poetas»,[65] a veces queriendo y otras sin querer. Queriendo, porque para aportar el placer y la gracia en la audición –que es lo que la mayoría busca–, consideran que

---

[64] El segundo, cronológicamente, de la tríada canónica de tragediógrafos griegos; vivió en el s. IV a. C.
[65] Véase Arist. *Metaph.* 1.2. La idea de que los poetas eran mentirosos profesionales es común en la Antigua Grecia y es desarrollada en extenso por Platón en su *República.* Véase al respecto Monzó Gallo (2021).

οὔτε γὰρ μέτρον οὔτε τρόπος οὔτε λέξεως ὄγκος οὔτ᾽ εὐκαιρία μεταφορᾶς οὔθ᾽ ἁρμονία καὶ σύνθεσις ἔχει τοσοῦτον αἱμυλίας καὶ χάριτος ὅσον εὖ πεπλεγμένη διάθεσις μυθολογίας· ἀλλ᾽ ὥσπερ ἐν γραφαῖς κινητικώτερόν ἐστι χρῶμα γραμμῆς διὰ τὸ ἀνδρείκελον καὶ ἀπατηλόν, οὕτως ἐν ποιήμασι μεμιγμένον πιθανότητι ψεῦδος ἐκπλήττει καὶ ἀγαπᾶται μᾶλλον τῆς ἀμύθου καὶ ἀπλάστου περὶ μέτρον καὶ λέξιν κατασκευῆς. ὅθεν ὁ Σωκράτης ἔκ τινων ἐνυπνίων [16C] ποιητικῆς ἁψάμενος αὐτὸς μέν, ἅτε δὴ γεγονὼς ἀληθείας ἀγωνιστὴς τὸν ἅπαντα βίον, οὐ πιθανὸς ἦν οὐδ᾽ εὐφυὴς ψευδῶν δημιουργός, τοὺς δ᾽ Αἰσώπου μύθους ἔπεσιν ἐνήρμοζεν ὡς ποίησιν οὐκ οὖσαν ᾗ ψεῦδος μὴ πρόσεστι. θυσίας μὲν γὰρ ἀχόρους καὶ ἀναύλους ἴσμεν, οὐκ ἴσμεν δ᾽ ἄμυθον οὐδ᾽ ἀψευδῆ ποίησιν. τὰ δ᾽ Ἐμπεδοκλέους ἔπη καὶ Παρμενίδου καὶ θηριακὰ Νικάνδρου καὶ γνωμολογίαι Θεόγνιδος λόγοι εἰσὶ κιχράμενοι παρὰ ποιητικῆς ὥσπερ ὄχημα τὸ μέτρον καὶ τὸν ὄγκον, ἵνα τὸ πεζὸν διαφύγωσιν. ὅταν οὖν ἄτοπόν τι καὶ δυσχερὲς [16D] ἐν τοῖς ποιήμασι λέγηται περὶ θεῶν ἢ δαιμόνων ἢ ἀρετῆς ὑπ᾽ ἀνδρὸς ἐλλογίμου καὶ δόξαν ἔχοντος, ὁ μὲν ὡς ἀληθῆ προσδεξάμενος λόγον οἴχεται φερόμενος καὶ διέφθαρται τὴν δόξαν, ὁ δὲ μεμνημένος ἀεὶ καὶ κατέχων ἐναργῶς τῆς ποιητικῆς τὴν περὶ τὸ ψεῦδος γοητείαν καὶ δυνάμενος λέγειν ἑκάστοτε πρὸς αὐτὴν

la verdad es más severa que la mentira. La primera, al originarse en los hechos, aunque tenga [16B] un final desagradable, no varía; la segunda, en cambio, tomando forma con el discurso, fácilmente avanza dando rodeos y se aparta de lo aflictivo hacia lo placentero. Puesto que ni el metro ni la figura de estilo, ni la grandeza en la dicción, ni la oportunidad de la metáfora, ni la armonía y la composición tienen tanto poder de persuasión y gracia como una narración bien elaborada de mitología. Y es que al igual que en las pinturas es más estimulante el color que el dibujo linear por la semejanza de las figuras y la creación de una ilusión, también en la poesía la mentira mezclada con lo plausible impresiona y gusta más que aquella construida en torno al metro y al estilo, pero desprovista de mito y ficción. De ahí que Sócrates, al dedicarse al arte poético por influencia de ciertos [16C] sueños, él precisamente que había abogado por la verdad toda su vida, no era un creador plausible ni naturalmente apto para la mentira, y adaptó las fábulas de Esopo en versos, como pensando que no existe poesía en la que no se añada la mentira.[66] Sabemos de ritos sin danzas y sin flauta, pero no sabemos de poesía sin mito y sin falsedad. Entonces, los versos de Empédocles y de Parménides, así como los *Theriaca* de Nicandro y las *Gnomologías* de Teognis[67] son discursos que han tomado del arte poético el metro y la majestuosidad como vehículo, para evitar el estilo prosaico. Así, cuando en los poemas de un hombre [16D] de gran reputación y fama se dice algo absurdo e incluso contradictorio sobre los dioses o los daimones o la virtud, quien acepta el discurso como verdadero, dejándose llevar, se arruina, y deja que se pervierta su opinión; en cambio, quien siempre se acuerda y tiene en mente claramente la hechicería del arte poético en relación con la ficción, y es capaz de decirle cada vez:

---

[66] Pl. *Phd.* 60a.
[67] Empédocles fue un filósofo del s. V a. C., seguidor de las ideas de Parménides, también filósofo, de los ss. VI-V a. C. Nicandro fue un poeta del s. III y Teognis un poeta lírico del s. VI a. C.

"ὦ μηχάνημα λυγκὸς αἰολώτερον,[19]

τί παίζουσα τὰς ὀφρῦς συνάγεις, τί δ' ἐξαπατῶσα προσποιῇ διδάσκειν;" οὐδὲν πείσεται δεινὸν οὐδὲ πιστεύσει φαῦλον, ἀλλ' ἐπιλήψεται μὲν αὐτοῦ φοβουμένου τὸν Ποσειδῶνα καὶ ταρβοῦντος μὴ τὴν γῆν ἀναρρήξῃ καὶ [16E] ἀπογυμνώσῃ τὸν Ἅιδην, ἐπιλήψεται δὲ τῷ Ἀπόλλωνι χαλεπαίνοντος ὑπὲρ τοῦ πρώτου τῶν Ἀχαιῶν,

ὃν αὐτὸς ὑμνῶν αὐτὸς ἐν δαίτῃ παρὼν
αὐτὸς τάδ' εἰπὼν αὐτός ἐστιν ὁ κτανών,[20]

παύσεται δὲ τὸν φθιτὸν Ἀχιλλέα καὶ τὸν Ἀγαμέμνονα τὸν καθ' Ἅιδου δακρύων, ἀδυνάτους καὶ ἀσθενεῖς χεῖρας ἐπιθυμίᾳ τοῦ ζῆν ὀρέγοντας. ἂν δέ που συνταράττηται τοῖς πάθεσι καὶ κρατῆται φαρματτόμενος, οὐκ ὀκνήσει πρὸς ἑαυτὸν εἰπεῖν

ἀλλὰ φόωσδε τάχιστα λιλαίεο· ταῦτα δὲ πάντα
ἴσθ', ἵνα καὶ μετόπισθε τεῇ εἴπῃσθα γυναικί.[21]

καὶ γὰρ τοῦτο χαριέντως Ὅμηρος εἰς τὴν νέκυιαν εἶπεν, ὡς γυναικὸς ἀκρόασιν οὖσαν διὰ τὸ μυθῶδες. [16F] Τοιαῦτα γάρ ἐστιν ἃ πλάττουσιν ἑκόντες οἱ ποιηταί· πλείονα δ' ἃ μὴ πλάττοντες ἀλλ' οἰόμενοι καὶ δοξάζοντες αὐτοὶ προσαναχρώννυνται τὸ ψεῦδος ἡμῖν· οἷον ἐπὶ τοῦ Διὸς εἰρηκότος Ὁμήρου

[19] Fr. 349 en Nauck, *Trag. Graec.*
[20] Pl. *R.* 383b.
[21] *Od.* 11.223.

«Artimaña, más escurridiza que el lince,

¿por qué frunces el ceño cuando bromeas, y por qué finges enseñar cuando engañas?», nada terrible sufrirá, ni creerá en nada malo, sino que podrá contenerse a sí mismo cuando tenga miedo de Poseidón[68] y se alarme no sea que destroce la tierra [16E] y revele el Hades, y podrá contenerse cuando se enfade contra Apolo de parte del primero entre los aqueos:

Él mismo que celebra himnos, él mismo que está presente
[en el banquete,
él mismo que decía estas cosas, él mismo es quien lo
[mató.

Y podrá contener sus lágrimas por Aquiles muerto y por Agamenón en el Hades, que extienden sus brazos indefensos y débiles en su deseo de vivir. Y si por ventura se viera afectado por sus padecimientos y sometido por el hechizo, no dudará en decirse a sí mismo:

Mas anhela con premura la luz; conoce todas
estas cosas, para que más tarde las refieras también a tu
[mujer.

Y, en efecto, esto dijo con elegancia Homero en su descenso al Hades, en la idea de que es aceptable para una mujer el oírlo, por su componente mítico. [16F] Tales son las creaciones a las que los poetas dan forma intencionadamente, pero son muchas más las creaciones a las que no dan forma, sino que las piensan y creen ellos mismos, y pintan para nosotros la mentira. Como aquello que dice Homero de Zeus:

---

[68] Hom., *Il.* 20.60.

[17A] ἐν δ᾽ ἐτίθει δύο κῆρε τανηλεγέος θανάτοιο,
τὴν μὲν Ἀχιλλῆος τὴν δ᾽ Ἕκτορος ἱπποδάμοιο,
ἕλκε δὲ μέσσα λαβών· ῥέπε δ᾽ Ἕκτορος αἴσιμον ἦμαρ,
ᾤχετο δ᾽ εἰς Ἀίδαο, λίπεν δέ ἑ Φοῖβος Ἀπόλλων,[22]

τραγῳδίαν ὁ Αἰσχύλος ὅλην τῷ μύθῳ περιέθηκεν, ἐπιγράψας
Ψυχοστασίαν καὶ παραστήσας ταῖς πλάστιγξι τοῦ Διὸς ἔνθεν
μὲν τὴν Θέτιν ἔνθεν δὲ τὴν Ἠῶ, δεομένας ὑπὲρ τῶν υἱέων
μαχομένων. τοῦτο δὲ παντὶ δῆλον ὅτι μυθοποίημα καὶ πλάσμα
πρὸς ἡδονὴν ἢ ἔκπληξιν ἀκροατοῦ γέγονε. [17B] τὸ δὲ

Ζεύς, ὅς τ᾽ ἀνθρώπων ταμίης πολέμοιο τέτυκται[23]

καὶ τὸ

θεὸς μὲν αἰτίαν φύει βροτοῖς,
ὅταν κακῶσαι δῶμα παμπήδην θέλῃ,[24]

ταῦτα δ᾽ ἤδη κατὰ δόξαν εἴρηται καὶ πίστιν αὐτῶν, ἣν ἔχουσιν
ἀπάτην περὶ θεῶν καὶ ἄγνοιαν εἰς ἡμᾶς ἐκφερόντων καὶ
μεταδιδόντων. πάλιν αἱ περὶ τὰς νεκυίας τερατουργίαι καὶ
διαθέσεις ὀνόμασι φοβεροῖς ἐνδημιουργοῦσαι φάσματα καὶ
εἴδωλα ποταμῶν φλεγομένων καὶ τόπων ἀγρίων καὶ κολασμάτων
σκυθρωπῶν οὐ πάνυ πολλοὺς διαλανθάνουσιν ὅτι τὸ μυθῶδες
αὐτοῖς πολὺ καὶ τὸ ψεῦδος ὥσπερ τροφαῖς τὸ φαρμακῶδες
ἐγκέκραται. [17C] καὶ οὔθ᾽ Ὅμηρος οὔτε Πίνδαρος οὔτε
Σοφοκλῆς πεπεισμένοι ταῦτ᾽ ἔχειν οὕτως ἔγραψαν·

---

[22]   *Il.* 22.210.
[23]   *Il.* 4.84.
[24]   Fr. 156 en Nauck, *Trag. Graec. Frag., Aeschylus.*

[17A] Y colocaba en la balanza dos destinos de la muerte
[lamentable,
uno, el de Aquiles, el otro, el de Héctor, domador de
[caballos,
y tomándolos por la mitad, los alzó. Y se inclinó de
[Héctor el día predestinado,
descendió al Hades, y Febo Apolo lo abandonó.

Esquilo[69] dedicó una tragedia entera a este mito, titulándola *El peso de las almas* y colocando junto a la balanza de Zeus, a un lado a Tetis y al otro a Eo, quienes le rogaban por sus hijos en combate. Es obvio, sin embargo, para todo el mundo que se trata de una narrativa mítica y una ficción creada para el placer o el asombro del oyente. [17B] Pero el verso:

Zeus, que es el árbitro de la guerra de los hombres,

y también:

dios produce entre los mortales una culpa,
cuando quiere arruinar una casa por completo,

estos se expresan ahora en consonancia con la opinión y creencia de los poetas, y el engaño y la ignorancia que tienen con respecto a los dioses los transmiten y comparten con nosotros. Y, a su vez, no escapa del todo a la atención de muchos que las narraciones maravillosas sobre el descenso al Hades[70] y las composiciones con nombres temibles, que producen prodigios

---

[69]   El primero de los tres tragediógrafos áticos canónicos, del s. V a. C. Tetis en la mitología griega fue madre de Aquiles, y Eo (la Aurora), madre de Mnemón, quienes murieron en la Guerra de Troya.

[70]   El descenso del héroe al Hades, conocido como catábasis, es un tópico literario frecuente la literatura griega que ha pasado, tanto en su forma literal como metafórica, a formar parte del bagaje literario de Occidente. Véase el reciente estudio de Herrero de Jáuregui (2023).

ἔνθεν τὸν ἄπειρον ἐρεύγονται σκότον
βληχροὶ δνοφερᾶς νυκτὸς ποταμοί,[25]

καὶ

πὰρ δ' ἴσαν Ὠκεανοῦ τε ῥοὰς καὶ Λευκάδα πέτρην,[26]

καὶ

στενωπὸς Ἄιδου καὶ παλιρροία βυθοῦ.[27]

ὅσοι μέντοι τὸν θάνατον ὡς οἰκτρὸν ἢ τὴν ἀταφίαν ὡς δεινὸν
ὀλοφυρόμενοι καὶ δεδιότες φωνὰς ἐξενηνόχασι

μή μ' ἄκλαυτον ἄθαπτον ἰὼν ὄπιθεν καταλείπειν[28]

καὶ

ψυχὴ δ' ἐκ ῥεθέων πταμένη Ἀϊδόσδε βεβήκει,
ὃν πότμον γοόωσα, λιποῦσ' ἀδρότητα καὶ ἥβην[29]

καὶ

μή μ' ἀπολέσῃς ἄωρον· ἡδὺ γὰρ τὸ φῶς
λεύσσειν· τὰ δ' ὑπὸ γῆς μή μ' ἰδεῖν ἀναγκάσῃς,[30]

---

[25]   Píndaro, fr. 130 Christ.
[26]   Od. 24.11.
[27]   Fr. 748 en Nauck, Trag. Graec. Frag., Sophocles.
[28]   Od. 11.72.
[29]   Il. 16.856 y 22.362.
[30]   E. IA 1218.

y visiones de ríos ardientes, de lugares salvajes y de castigos lúgubres, mezclan en ellas el elemento mítico y la ficción, como el veneno en las comidas. Y [17C] ni Homero ni Píndaro[71] ni Sófocles escribieron convencidos de que las cosas eran así:

> Allí vomitan una infinita oscuridad
> los lentos ríos de oscura noche

y

> pasaban junto a las corrientes del Océano y la roca
> [Léucade,

y

> el estrecho del Hades y el reflujo de la profundidad.

Y, sin embargo, cuantos se han lamentado y temido a la muerte como algo deplorable o la falta de sepultura como algo terrible, han emitido discursos como:

> Alejándote, no me dejes atrás, sin llorarme ni sepultarme

y

> el alma tras alejarse volando de su cuerpo se marchó al
> [Hades,
> lamentando su destino, al abandonar su fuerza y juventud

y

> no me destruyas prematuramente, pues es grato
> [contemplar
> la luz; no me obligues a ver lo que hay bajo tierra.

---

[71] Célebre poeta lírico del s. VI a. C.

[17D] αὗται πεπονθότων εἰσὶ καὶ προεαλωκότων ὑπὸ δόξης καὶ ἀπάτης. διὸ μᾶλλον ἅπτονται καὶ διαταράττουσιν ἡμᾶς, ἀναπιμπλαμένους τοῦ πάθους καὶ τῆς ἀσθενείας ἀφ' ἧς λέγονται. πρὸς ταῦτα δὴ πάλιν παρασκευάζωμεν εὐθὺς ἐξ ἀρχῆς ἔχειν ἔναυλον ὅτι ποιητικῇ μὲν οὐ πάνυ μέλον ἐστὶ τῆς ἀληθείας, ἡ δὲ περὶ ταῦτ' ἀλήθεια καὶ τοῖς μηδὲν ἄλλο πεποιημένοις ἔργον ἢ γνῶσιν καὶ μάθησιν τοῦ ὄντος εὖ μάλα δυσθήρατός ἐστι καὶ δύσληπτος, ὡς ὁμολογοῦσιν αὐτοί. καὶ τὰ Ἐμπεδοκλέους ἔστω πρόχειρα ταυτί·

οὕτως οὔτ' ἐπιδερκτὰ τάδ' ἀνδράσιν οὔτ' ἐπακουστά,
[17E]
οὔτε νόῳ περιληπτά,[31]

καὶ τὰ Ξενοφάνους·

καὶ τὸ μὲν οὖν σαφὲς οὔτις ἀνὴρ γένετ' οὐδέ τις ἔσται
εἰδὼς ἀμφὶ θεῶν τε καὶ ἄσσα λέγω περὶ πάντων,[32]

καὶ νὴ Δία τὰ Σωκράτους ἐξομνυμένου παρὰ Πλάτωνι τὴν περὶ τούτων γνῶσιν.[33] ἧττον γὰρ ὡς εἰδόσι τι περὶ τούτων προσέξουσι τοῖς ποιηταῖς ἐν οἷς τοὺς φιλοσόφους ἰλιγγιῶντας ὁρῶσιν.

3
Ἔτι δὲ μᾶλλον ἐπιστήσομεν αὐτὸν ἅμα [17F] τῷ προσάγειν τοῖς ποιήμασιν ὑπογράφοντες τὴν ποιητικὴν ὅτι μιμητικὴ τέχνη καὶ δύναμίς ἐστιν ἀντίστροφος τῇ ζωγραφίᾳ. καὶ μὴ μόνον ἐκεῖνο τὸ θρυλούμενον ἀκηκοὼς ἔστω, ζωγραφίαν

---

[31]   Fr. 2 en Diels, *Poetarum Philosophorum Fragmenta, Empedocles.*
[32]   Fr. 34 en Diels, *Poetarum Philosophorum Fragmenta, Xenophanes.*
[33]   Pl. *Phd.* 69d.

[17D] Estas son palabras de quienes han sufrido y han caído presas de la opinión y el engaño. Por ello, más nos atrapan y nos confunden, llenándonos de las afecciones y las debilidades con las que son dichas. Contra estas, de nuevo, debemos prepararnos desde el principio para tener siempre presente que el arte poético no es, para nada, algo que se preocupa de la verdad, y la verdad sobre estos asuntos, incluso entre quienes han elegido como labor nada menos que el conocer y aprender sobre la realidad, es extremadamente difícil de percibir y de comprender, como ellos mismos admiten. Y tengamos a mano estas palabras de Empédocles:

Así los hombres no pueden ver, ni oír, [17E]
ni entender con el pensamiento estas cosas.

Y las de Jenófanes:[72]

Y, en efecto, ni ha nacido hombre ni nacerá nadie que
[sepa
acerca de los dioses y cuanto digo acerca de todas las
[cosas,

y, por Zeus, las palabras de Sócrates cuando niega bajo juramento, según Platón, conocimiento acerca de estas cuestiones. Porque los jóvenes prestarán menos atención a los poetas, como si estos supieran algo acerca de estos temas, cuando ven que los propios filósofos vacilan.

3

Y más todavía fijaremos la atención del joven si, a la vez que [17F] se introduce en la poesía, describimos el arte poético como una técnica de imitación y una facultad correlativa a la pintura. Y que no escuche solo eso que se menciona con frecuen-

---

[72] Poeta y filósofo del s. VI a. C.

μὲν εἶναι φθεγγομένην τὴν ποίησιν, ποίησιν δὲ σιγῶσαν τὴν ζωγραφίαν, ἀλλὰ πρὸς τούτῳ διδάσκωμεν αὐτὸν [18A] ὅτι γεγραμμένην σαύραν ἢ πίθηκον ἢ Θερσίτου πρόσωπον ἰδόντες ἡδόμεθα καὶ θαυμάζομεν οὐχ ὡς καλὸν ἀλλ' ὡς ὅμοιον. οὐσίᾳ μὲν γὰρ οὐ δύναται καλὸν γενέσθαι τὸ αἰσχρόν· ἡ δὲ μίμησις, ἄν τε περὶ φαῦλον ἄν τε περὶ χρηστὸν ἐφίκηται τῆς ὁμοιότητος, ἐπαινεῖται. καὶ τοὐναντίον ἂν αἰσχροῦ σώματος εἰκόνα καλὴν παράσχῃ, τὸ πρέπον καὶ τὸ εἰκὸς οὐκ ἀπέδωκεν. γράφουσι δὲ καὶ πράξεις ἀτόπους ἔνιοι, καθάπερ Τιμόμαχος τὴν Μηδείας τεκνοκτονίαν καὶ Θέων τὴν Ὀρέστου μητροκτονίαν [18B] καὶ Παρράσιος τὴν Ὀδυσσέως προσποίητον μανίαν καὶ Χαιρεφάνης ἀκολάστους ὁμιλίας γυναικῶν πρὸς ἄνδρας. ἐν οἷς μάλιστα δεῖ τὸν νέον ἐθίζεσθαι, διδασκόμενον ὅτι τὴν πρᾶξιν οὐκ ἐπαινοῦμεν ἧς γέγονεν ἡ μίμησις, ἀλλὰ τὴν τέχνην εἰ μεμίμηται προσηκόντως τὸ ὑποκείμενον. ἐπεὶ τοίνυν καὶ ποιητικὴ πολλάκις ἔργα φαῦλα καὶ πάθη μοχθηρὰ καὶ ἤθη μιμητικῶς ἀπαγγέλλει, δεῖ τὸ θαυμαζόμενον ἐν τούτοις καὶ κατορθούμενον μήτ' ἀποδέχεσθαι τὸν νέον ὡς ἀληθὲς μήτε δοκιμάζειν ὡς καλόν, ἀλλ' ἐπαινεῖν μόνον ὡς ἐναρμόττον τῷ ὑποκειμένῳ προσώπῳ καὶ οἰκεῖον. ὥσπερ γὰρ ὑὸς βοὴν καὶ ψόφον τροχιλίας [18C] καὶ πνευμάτων ῥοῖζον καὶ θαλάττης κτύπον ἀκούοντες ἐνοχλούμεθα καὶ δυσχεραίνομεν, ἂν δέ τις πιθανῶς ταῦτα μιμῆται, καθάπερ Παρμένων τὴν ὗν καὶ Θεόδωρος τὰς τροχιλίας, ἡδόμεθα· καὶ νοσώδη μὲν ἄνθρωπον καὶ ὕπουλον ὡς ἀτερπὲς θέαμα φεύγομεν, τὸν δ' Ἀριστοφῶντος Φιλοκτήτην καὶ τὴν Σιλανίωνος Ἰοκάστην ὁμοίους φθίνουσι καὶ ἀποθνήσκουσι

cia de que la poesía es una pintura parlante y la pintura, una poesía muda, pero enseñémosle, además, [18A] que cuando vemos un lagarto, un mono o la cara de Tersites pintados, disfrutamos y nos maravillamos no por su belleza sino por su parecido. Pues, por naturaleza lo feo no puede volverse bello; pero la imitación, ya sea de algo malo o algo bueno, si consigue un parecido, es aplaudida. Pero si, por el contrario, se produce una imagen bella de un cuerpo feo, no reproduce lo adecuado y lo verosímil. También algunos pintan hechos retorcidos, como Timómaco el filicidio de Medea, Teón el matricidio de Orestes, [18B] Parrasio el simulacro de locura de Odiseo, y Queréfanes las relaciones licenciosas de mujeres con hombres.[73] En ellos especialmente, debe el joven acostumbrarse, si lo aprende, a que no alabamos la acción de la que ha surgido la imitación, sino la técnica, si es que ha reproducido adecuadamente el objeto. Y puesto que también la poesía con frecuencia informa con la imitación sobre acciones malas, pasiones y personajes miserables, es necesario que el joven ni asimile como verdadero ni apruebe como bello lo que es admirable y bien logrado en ellos, sino que lo elogie únicamente como apropiado y en concordancia con la figura representada. Pues igual que oír el gruñido del cerdo, [18C] el chirrido de la polea, el silbido del viento y el oleaje del mar, nos perturba e irrita, en cambio, si alguien imita estas cosas convincentemente, como Parmenón el cerdo y Teodoro las poleas,[74] lo disfrutamos; e igual que huimos de un hombre enfermo e infectado, como de una visión desagradable, en cambio, nos alegramos de ver el Filoctetes de Aristofonte y la Yocasta de Silanión,[75] porque están representados de manera parecida a personas en decadencia y

---

[73] Referencias a pintores de varias épocas del arte griego: desde el s. V a. C. (Parrasio), el s. IV a. C. (Teón), hasta el s. I a. C. (Timómaco). El último, Queréfanes, nos es desconocido; podría tratarse de una confusión con Nicófanes, pintor del s. IV a. C.
[74] Dos actores del s. IV a. C., cómico el primero y trágico el segundo.
[75] Pintor del s. V a. C., hermano del también famoso pintor Polignoto; escultor del s. IV a. C.

πεποιημένους ὁρῶντες χαίρομεν· οὕτως ὁ νέος ἀναγιγνώσκων ἃ Θερσίτης ὁ γελωτοποιὸς ἢ Σίσυφος ὁ φθορεὺς ἢ Βάτραχος ὁ πορνοβοσκὸς λέγων ἢ πράττων πεποίηται, διδασκέσθω τὴν μιμουμένην ταῦτα δύναμιν καὶ τέχνην ἐπαινεῖν, ἃς δὲ διαθέσεις καὶ πράξεις μιμεῖται καὶ προβάλλεσθαι καὶ κακίζειν. οὐ γάρ ἐστι ταὐτὸ τὸ καλὸν [18D] καὶ καλῶς τι μιμεῖσθαι. καλῶς γάρ ἐστι τὸ πρεπόντως καὶ οἰκείως, οἰκεῖα δὲ καὶ πρέποντα τοῖς αἰσχροῖς τὰ αἰσχρά. καὶ γὰρ αἱ Δαμωνίδα τοῦ χωλοῦ κρηπῖδες, ἃς ἀπολέσας εὔχετο τοῖς τοῦ κλέψαντος ἐναρμόσαι ποσί, φαῦλαι μὲν ἦσαν ἐκείνῳ δ᾽ ἥρμοττον. καὶ τὸ

εἴπερ γὰρ ἀδικεῖν χρή, τυραννίδος πέρι
κάλλιστον ἀδικεῖν[34]

καὶ τὸ

τοῦ μὲν δικαίου τὴν δόκησιν ἄρνυσο
τὰ δ᾽ ἔργα τοῦ πᾶν δρῶντος· ἔνθα κερδανεῖς[35]

καὶ

[18E] τάλαντον ἡ προίξ. μὴ λάβω; ζῆν δ᾽ ἔστι μοι
τάλαντον ὑπεριδόντι; τεύξομαι δ᾽ ὕπνου
προέμενος; οὐ δώσω δὲ κἂν Ἅιδου δίκην
ὡς ἠσεβηκὼς εἰς τάλαντον ἀργυροῦν;[36]

μοχθηροὶ μέν εἰσι λόγοι καὶ ψευδεῖς, [18F] Ἐτεοκλεῖ δὲ καὶ Ἰξίονι καὶ τοκογλύφῳ πρεσβύτῃ πρέποντες. ἂν οὖν ὑπομιμνήσκωμεν τοὺς παῖδας ὅτι ταῦτ᾽ οὐκ ἐπαινοῦντες οὐδὲ δοκιμάζοντες ἀλλ᾽ ὡς ἄτοπα καὶ φαῦλα φαύλοις καὶ ἀτόποις ἤθεσι καὶ προσώποις περιτιθέντες γράφουσιν, οὐκ ἂν ὑπὸ τῆς

---

[34] Eur. *Ph.* 524.
[35] Fr. 4 en *Nauck, Trag. Graec. Frag., adesp.*
[36] Fr. 430 en Kock, *Comicorum Atticorum Fragmenta, III.*

moribundas; pues del mismo modo el joven que lee lo que se representa que dice o hace Tersites el bufón, Sísifo el seductor, o Batraco el alcahuete, debe aprender a elogiar el arte y la técnica de imitación de estas cosas, pero deshacerse de y condenar las situaciones y acciones que están imitando. Y es que no es lo mismo imitar algo bello que [18D] imitar de manera bella. Pues «de manera bella» significa «de manera adecuada y apropiada», y apropiadas y adecuadas son las cosas feas para lo feo. Por ejemplo, los botines del cojo Damonides, que tras perderlos rezaba por que le quedaran bien a los pies del ladrón: eran malos pero se ajustaban a él. También estas líneas:

> Si realmente es necesario cometer injusticia,
> lo más bello es cometer injusticia por la soberanía,

y estos:

> Obtén fama de hombre justo,
> Pero acciones del que lo consigue todo; ahí sacarás
> > [provecho

y

> [18E] Un talento es la dote. ¿No lo aceptaré?
> ¿Puedo vivir si desprecio un talento? ¿Podré dormir
> si lo rechazo? ¿No pagaré la culpa en el Hades
> por haber sido impío hacia un talento de plata?

Son precisamente discursos perversos y falsos, pero apropiados para [18F] Eteocles, Ixión y un viejo usurero. Entonces, si recordamos a nuestros hijos que los poetas escriben esto no porque las elogien y las aprecien, sino para conferir elementos retorcidos y viles a caracteres y personajes retorcidos y viles, no podrán ser engañados por la opinión de aquellos. Por el con-

δόξης βλάπτοιντο τῶν ποιητῶν. ἀλλὰ τοὐναντίον ἡ πρὸς τὸ πρόσωπον ὑποψία διαβάλλει καὶ τὸ πρᾶγμα καὶ τὸν λόγον, ὡς φαῦλον ὑπὸ φαύλου καὶ λεγόμενον καὶ πραττόμενον. οἷόν ἐστι καὶ τὸ τῆς συγκοιμήσεως τοῦ Πάριδος ἐκ τῆς μάχης ἀποδράντος. οὐδένα γὰρ ἄλλον ἀνθρώπων ἡμέρας συγκοιμώμενον γυναικὶ ποιήσας ἢ τὸν ἀκόλαστον καὶ μοιχικὸν ἐν αἰσχύνῃ δῆλός ἐστι καὶ ψόγῳ τιθέμενος τὴν τοιαύτην ἀκρασίαν.

4
Ἐν δὲ τούτοις εὖ μάλα προσεκτέον εἴ τινας ὁ ποιητὴς αὐτὸς [19Α] ἐμφάσεις δίδωσι κατὰ τῶν λεγομένων ὡς δυσχεραινομένων ὑπ᾽ αὐτοῦ. καθάπερ ὁ Μένανδρος ἐν τῷ προλόγῳ τῆς Θαΐδος πεποίηκεν

> ἐμοὶ μὲν οὖν ἄειδε τοιαύτην, θεά,
> θρασεῖαν ὡραίαν δὲ καὶ πιθανὴν ἅμα,
> ἀδικοῦσαν ἀποκλείουσαν αἰτοῦσαν πυκνά,
> μηδενὸς ἐρῶσαν, προσποιουμένην δ᾽ ἀεί.[37]

ἄριστα δ᾽ Ὅμηρος τῷ γένει τούτῳ κέχρηται· καὶ γὰρ προδιαβάλλει τὰ φαῦλα καὶ προσυνίστησι τὰ χρηστὰ τῶν λεγομένων. προσυνίστησι μὲν οὕτως

> [19Β] αὐτίκα μειλίχιον καὶ κερδαλέον φάτο μῦθον[38]

καὶ

> τὸν δ᾽ ἀγανοῖς ἐπέεσσιν ἐρητύσασκε παραστάς.[39]

ἐν δὲ τῷ προδιαβάλλειν μονονοὺ μαρτύρεται καὶ διαγορεύει μήτε χρῆσθαι μήτε προσέχειν ὡς οὖσιν ἀτόποις καὶ φαύλοις.

---

[37]   Fr. 217 en Kock, *Com. Att. Frag., Menander.*
[38]   *Od.* 6.148.
[39]   *Il.* 2.189.

trario, una sospecha en contra del personaje desacredita tanto sus acciones como sus palabras, en tanto que es algo mezquino dicho y realizado por alguien mezquino. Tal es también el relato sobre Paris yaciendo en la cama, tras huir del combate. Porque al no hacer que ningún otro hombre yazca junto con su mujer durante el día, salvo este licencioso y adúltero, está claro que coloca tal intemperancia en la vergüenza y el reproche.

4

En estos pasajes uno debe prestar mucha atención a si el propio poeta [19A] da ciertos indicios en contra de lo que ha dicho, en la idea de que es rebatido por él. Tal como ha hecho Menandro[76] en el prólogo de su Tais:

Cántame, oh diosa, a aquella joven atrevida,
bella y persuasiva,
injusta, intransigente, muy exigente,
que sin amar a nadie siempre finge estar enamorada.

Pero Homero es quien mejor usa este método: pues desacredita de antemano las cosas indignas y recomienda las buenas de entre lo que dice. Así, por ejemplo, recomienda:

[19B] Al punto pronunció unas dulces y prudentes
[palabras

y

Parándose junto a este, lo detenía con amables palabras.

En cuanto a desacreditar de antemano, prácticamente protesta y nos ordena que no debemos usarlos ni prestarles atención, en tanto que son elementos retorcidos y viles. Tal como cuando

---

[76] Mayor representante de la Comedia Nueva, vivió entre los ss. IV-III a. C.

οἷον τόν τ᾽ Ἀγαμέμνονα μέλλων διηγεῖσθαι τῷ ἱερεῖ χρώμενον ἀπηνῶς προείρηκεν

ἀλλ᾽ οὐκ Ἀτρεΐδῃ Ἀγαμέμνονι ἥνδανε θυμῷ,
ἀλλὰ κακῶς ἀφίει,⁴⁰

[19C] τουτέστιν ἀγρίως καὶ αὐθάδως καὶ παρὰ τὸ προσῆκον· τῷ τ᾽ Ἀχιλλεῖ τοὺς θρασεῖς λόγους περιτίθησιν

οἰνοβαρές, κυνὸς ὄμματ᾽ ἔχων, κραδίην δ᾽ ἐλάφοιο⁴¹

τὴν αὐτοῦ κρίσιν ὑπειπὼν

Πηλεΐδης δ᾽ ἐξαῦτις ἀταρτηροῖς ἐπέεσσιν
Ἀτρεΐδην προσέειπε, καὶ οὔ πω λῆγε χόλοιο·⁴²

καλὸν γὰρ εἰκὸς οὐδὲν εἶναι μετ᾽ ὀργῆς καὶ αὐστηρῶς λεγόμενον. ὁμοίως καὶ ἐπὶ τῶν πράξεων

ἦ ῥα, καὶ Ἕκτορα δῖον ἀεικέα μήδετο ἔργα,
πρηνέα πὰρ λεχέεσσι Μενοιτιάδαο τανύσσας.⁴³

[19D] εὖ δὲ καὶ ταῖς ἐπιρρήσεσι χρῆται, καθάπερ τινὰ ψῆφον ἰδίαν ἐπιφέρων τοῖς πραττομένοις ἢ λεγομένοις, ἐπὶ μὲν τῆς μοιχείας τοῦ Ἄρεος τοὺς θεοὺς ποιῶν λέγοντας

οὐκ ἀρετᾷ κακὰ ἔργα· κιχάνει τοι βραδὺς ὠκύν,⁴⁴

ἐπὶ δὲ τῆς τοῦ Ἕκτορος ὑπερφροσύνης καὶ μεγαλαυχίας

---

⁴⁰ *Il.* 1.24.
⁴¹ *Il.* 1.225.
⁴² *Il.* 1.223.
⁴³ *Il.* 23.24.
⁴⁴ *Od.* 8.329.

quiere describir el cruel trato de Agamenón al sacerdote, avisa:

Sin embargo, esto no agradó al Atrida Agamenón en su
[ánimo
pero lo despidió de mala manera

[19C] es decir, salvajemente, con arrogancia y en contra de lo que correspondía. Y a Aquiles le atribuye estas palabras atrevidas:

Borracho, que tienes ojos de perro y corazón de ciervo,

Tras haber sugerido su propio juicio,

el Pelida, una vez más con palabras dañinas,
se dirigió al Atrida y no cedía un ápice en su cólera.

Según parece, no se puede decir nada que sea bueno con ira y severidad. Lo mismo con las acciones:

Así habló, y contra el divino Héctor maquinaba
[ignominiosos designios,
tendiéndolo boca abajo junto al lecho del hijo de
[Menecio.

[19D] Asimismo hace buen uso de sus reproches, como al añadir una especie de veredicto propio acerca de lo que se hace o dice, haciendo que los dioses digan en el adulterio de Ares:

No prosperan las malas obras; el lento alcanza al rápido,

y a propósito de la arrogancia y jactancia de Héctor:

ὡς ἔφατ᾽ εὐχόμενος, νεμέσησε δὲ πότνια Ἥρη,[45]

ἐπὶ δὲ τῆς Πανδάρου τοξείας

ὡς φάτ᾽ Ἀθηναίη, τῷ δὲ φρένας ἄφρονι πεῖθεν.[46]

αὗται μὲν οὖν αἱ τῶν λόγων ἀποφάσεις καὶ δόξαι παντός εἰσι κατιδεῖν τοῦ προσέχοντος· [19E] ἑτέρας δ᾽ ἐκ τῶν πραγμάτων αὐτῶν παρέχουσι μαθήσεις, ὥσπερ ὁ Εὐριπίδης εἰπεῖν λέγεται πρὸς τοὺς τὸν Ἰξίονα λοιδοροῦντας ὡς ἀσεβῆ καὶ μιαρόν, "οὐ μέντοι πρότερον αὐτὸν ἐκ τῆς σκηνῆς ἐξήγαγον ἢ τῷ τροχῷ προσηλῶσαι." παρὰ δ᾽ Ὁμήρῳ σιωπώμενόν ἐστι τὸ τοιοῦτο γένος τῆς διδασκαλίας, ἔχον δ᾽ ἀναθεώρησιν ὠφέλιμον ἐπὶ τῶν διαβεβλημένων μάλιστα μύθων, οὓς ταῖς πάλαι μὲν ὑπονοίαις ἀλληγορίαις δὲ νῦν λεγομέναις παραβιαζόμενοι καὶ διαστρέφοντες ἔνιοι μοιχευομένην φασὶν Ἀφροδίτην ὑπ᾽ Ἄρεος μηνύειν Ἥλιον, ὅτι τῷ τῆς Ἀφροδίτης ἀστέρι συνελθὼν ὁ τοῦ Ἄρεος μοιχικὰς ἀποτελεῖ γενέσεις, Ἡλίου δ᾽ ἐπαναφερομένου καὶ καταλαμβάνοντος [19F] οὐ λανθάνουσιν. τὸν δὲ τῆς Ἥρας καλλωπισμὸν ἐπὶ τὸν Δία καὶ τὰς περὶ τὸν κεστὸν γοητείας ἀέρος τινὰ κάθαρσιν εἶναι βούλονται τῷ πυρώδει πλησιάζοντος, ὥσπερ οὐκ αὐτοῦ τὰς λύσεις τοῦ ποιητοῦ διδόντος. ἐν μὲν γὰρ τοῖς περὶ τῆς Ἀφροδίτης διδάσκει τοὺς προσέχοντας, ὅτι μουσικὴ φαύλη καὶ ᾄσματα πονηρὰ καὶ λόγοι μοχθηρὰς ὑποθέσεις λαμβάνοντες ἀκόλαστα ποιοῦσιν ἤθη καὶ βίους ἀνάνδρους καὶ ἀνθρώπους τρυφὴν καὶ [20A] μαλακίαν καὶ γυναικοκρασίαν ἀγαπῶντας

εἵματά τ᾽ ἐξημοιβὰ λοετρά τε θερμὰ καὶ εὐνάς.[47]

διὸ καὶ τὸν Ὀδυσσέα τῷ κιθαρῳδῷ προστάττοντα πεποίηκεν

---

[45] *Il.* 8.198.
[46] *Il.* 4.104.
[47] *Od.* 8.249.

Así habló, orgulloso, y la venerable Hera se indignó,

y en relación al tiro con arco de Pándaro:

Así dijo Atenea y convenció el ánimo del insensato.

Por tanto, estas declaraciones y opiniones en los discursos puede verlas todo el que preste atención; pero de estas mismas acciones los poetas aportan otras [19E] enseñanzas, como se cuenta que dijo Eurípides a quienes criticaban su *Ixión*, por impío y abominable: «Con todo, no lo saqué de escena antes de haberlo clavado en la rueda». En Homero tal tipo de enseñanza se da en silencio, pero deja espacio para un examen beneficioso en lo que concierne a los mitos más desacreditados, los cuales algunos, forzándolos y retorciéndolos con lo que antiguamente eran llamados «significados profundos» y ahora «alegorías», dicen que el Sol revela a Afrodita bajo Ares, porque cuando el astro de Afrodita entra en conjunción con el de Ares ocasiona nacimientos adulterinos, que no escapan a la atención del Sol cuando sale y [19F] los sorprende. Y el adorno de Hera para Zeus y el hechizo de su ceñidor quieren que sea una suerte de purificación del aire cuando se acerca al elemento ígneo, como si el propio poeta no diera las interpretaciones correctas. Pues, en los relatos acerca de Afrodita, alecciona a quienes le prestan atención que la música mala, las canciones groseras y los discursos que tratan temas despreciables crean costumbres desenfrenadas, vidas cobardes y hombres amantes del lujo, [20A] de la indulgencia y de la intimidad con las mujeres:

Una muda de ropa, baños calientes y lechos.

Por eso ha representado a Odiseo ordenando al citaredo:

ἀλλ' ἄγε δὴ μετάβηθι καὶ ἵππου κόσμον ἄεισον,[48]

καλῶς ὑφηγούμενος τὸ παρὰ τῶν φρονίμων καὶ νοῦν ἐχόντων χρῆναι λαμβάνειν τοὺς μουσικοὺς καὶ ποιητικοὺς τὰς ὑποθέσεις. ἐν δὲ τοῖς περὶ τῆς Ἥρας ἄριστα τὴν ἀπὸ φαρμάκων καὶ γοητείας καὶ μετὰ δόλου πρὸς τοὺς ἄνδρας ὁμιλίαν καὶ χάριν ἔδειξεν οὐ μόνον ἐφήμερον καὶ ἁψίκορον καὶ ἀβέβαιον οὖσαν, ἀλλὰ καὶ μεταβάλλουσαν εἰς ἔχθραν καὶ ὀργήν, ὅταν τὰ τῆς ἡδονῆς ἀπομαρανθῇ. [20B] τοιαῦτα γὰρ ὁ Ζεὺς ἀπειλεῖ καὶ λέγει πρὸς αὐτὴν

ὄφρα ἴδῃς ἤν τοι χραίσμῃ φιλότης τε καὶ εὐνή,
ἣν ἐμίγης ἐλθοῦσα θεῶν ἄπο καί μ' ἀπάτησας.[49]

ἡ γὰρ τῶν φαύλων διάθεσις ἔργων καὶ μίμησις ἂν προσαποδῷ τὴν συμβαίνουσαν αἰσχύνην καὶ βλάβην τοῖς ἐργασαμένοις, ὠφέλησεν οὐκ ἔβλαψε τὸν ἀκροώμενον. οἱ γοῦν φιλόσοφοι παραδείγμασι χρῶνται, νουθετοῦντες καὶ παιδεύοντες ἐξ ὑποκειμένων· οἱ δὲ ποιηταὶ [20C] ταὐτὰ ποιοῦσι πλάττοντες αὐτοὶ πράγματα καὶ μυθολογοῦντες. ὁ μὲν οὖν Μελάνθιος εἴτε παίζων εἴτε σπουδάζων ἔλεγε διασῴζεσθαι τὴν Ἀθηναίων πόλιν ὑπὸ τῆς τῶν ῥητόρων διχοστασίας καὶ ταραχῆς· οὐ γὰρ ἀποκλίνειν ἅπαντας εἰς τὸν αὐτὸν τοῖχον, ἀλλὰ γίγνεσθαί τινα τοῦ βλάπτοντος ἀνθολκὴν ἐν τῇ διαφορᾷ τῶν πολιτευομένων. αἱ δὲ τῶν ποιητῶν ὑπεναντιώσεις πρὸς αὑτοὺς ἀνταναφέρουσαι τὴν πίστιν οὐκ ἐῶσιν ἰσχυρὰν ῥοπὴν γενέσθαι πρὸς τὸ βλάπτον. ὅπου μὲν οὖν αὐτοῖς τὸ τιθέναι σύνεγγυς ἐκφανεῖς ποιεῖ τὰς ἀντιλογίας, δεῖ τῷ βελτίονι συνηγορεῖν ὥσπερ ἐν τούτοις

---

48   *Od.* 8.492.
49   *Il.* 15.32.

130

Mas, vamos, cambia de asunto y canta la construcción
[del caballo,

indicando admirablemente que los poetas y los músicos deben tomar sus temas de personas prudentes y dotados de sensatez. Y, en los relatos sobre Hera, demostró con mucho acierto que la compañía y el favor de los hombres obtenidos gracias a los filtros, hechizos y su ingenio, no son solo efímeros, saciantes e inestables, sino que también se transforman en odio e ira, cuando el placer palidece. [20B] De hecho, tales son las acusaciones de Zeus, y le dice:

Para que veas si vienen en tu ayuda el amor y el lecho
en el cual te metiste tras alejarte de los dioses y
[engañarme.

Entonces, la descripción e imitación de acciones mezquinas, si se completan con la vergüenza y el perjuicio que acompañan a quienes las llevan a cabo, sirven de ayuda y no perjudican al oyente. En cualquier caso, los filósofos usan ejemplos, al aconsejar y enseñar, a partir de hechos existentes; los poetas, en cambio, hacen [20C] lo mismo modelando ellos mismos los hechos y narrando mitos. Por cierto, decía Melantio,[77] medio de broma medio en serio, que la ciudad de los atenienses debe su subsistencia a las disputas y los disturbios entre sus oradores, porque no se inclinan todos hacia el mismo lado del barco, sino que en el desacuerdo de los políticos surge cierto contrapeso con lo que es perjudicial. También las contrariedades de los poetas consigo mismos, reinstaurando nuestra confianza, no permiten que exista una fuerte inclinación de la balanza hacia el mal. Entonces, al colocar los pasajes unos junto a otros, desvelando las contradicciones, hay que defender el mejor, como en estos casos:

---

[77] Este poeta trágico aparece citado también en *Mor.* 41C, 453F, 551A, y 633D.

πόλλ᾽, ὦ τέκνον, σφάλλουσιν ἀνθρώπους θεοί. [20D]
τὸ ῥᾷστον εἶπας, αἰτιάσασθαι θεούς.[50]

καὶ πάλιν

χρυσοῦ σὲ πλήθει, τούσδε δ᾽ οὐ χαίρειν χρεών.
σκαιὸν τὸ πλουτεῖν κἄλλο μηδὲν εἰδέναι[51]

καί

τί δῆτα θύειν δεῖ σε κατθανούμενον;
ἄμεινον· οὐδεὶς κάματος εὐσεβεῖν θεούς.[52]

τὰ γὰρ τοιαῦτα τὰς λύσεις ἔχει προδήλους, ἄν, ὥσπερ εἴρηται, πρὸς τὰ βελτίονα τῇ κρίσει τοὺς νέους κατευθύνωμεν. ὅσα δ᾽ εἴρηται μὲν ἀτόπως εὐθὺς δ᾽ οὐ λέλυται, ταῦτα δεῖ τοῖς ἀλλαχόθι πρὸς τοὐναντίον εἰρημένοις ὑπ᾽ αὐτῶν ἀνταναιρεῖν, μὴ ἀχθομένους τῷ ποιητῇ μηδὲ χαλεπαίνοντας[53] [20E] ἀλλ᾽ ἐν ἤθει καὶ μετὰ παιδιᾶς λεγομένοις. εὐθύς, εἰ βούλει, πρὸς τὰς Ὁμηρικὰς τῶν θεῶν ῥίψεις ὑπ᾽ ἀλλήλων καὶ τρώσεις ὑπ᾽ ἀνθρώπων καὶ διαφορὰς καὶ χαλεπότητας

---

[50]   Fr. 254 en Nauck, *Trag. Graec. Frag., Euripides*.
[51]   Fr. 1069 en Nauck, *Trag. Graec. Frag., Euripides*.
[52]   Fr. 350 en Nauck, *Trag. Graec. Frag., adesp.*
[53]   Si bien la edición de LOEB no señala nada, el aparato crítico de la edición de BUDÉ recoge una laguna, señalada por Paton. En caso de existir, no parece afectar al sentido del pasaje.

A menudo, hijo mío, los dioses causan la caída de los
[hombres [20D]

comparado con:

dijiste lo más fácil, acusar a los dioses.

Y de nuevo:

Es preciso que te regocijes con la abundancia del oro,
[pero no con estas cosas

con:

el ignorante se enriquece y no sabe otra cosa

y

¿qué necesidad hay de que hagas sacrificios, si vas a
[morir?

con:

así mejor. Honrar a los dioses no es ninguna molestia.

Pues tales pasajes ofrecen soluciones claras, si, como se ha dicho, guiamos a los jóvenes con juicio crítico hacia los mejores. Pero cuanto se dice de manera absurda y no se resuelve con rapidez, es necesario invalidarlo con lo que dicen en sentido contrario en otros sitios, sin enojarnos ni irritarnos [20E] con el poeta sino con las palabras, dichas en conformidad con el personaje y con humor. Fíjate, si quieres, contra los ataques homéricos de los dioses uno contra otros, las heridas causadas por los hombres, sus disputas y sus hostilidades:

οἶσθα καὶ ἄλλον μῦθον ἀμείνονα τοῦδε νοῆσαι[54]

καὶ νοεῖς νὴ Δία καὶ λέγεις κρεῖττον ἀλλαχόθι καὶ βέλτιον τὰ τοιαῦτα

θεοὶ ῥεῖα ζώοντες[55]

καὶ

τῷ ἔνι τέρπονται μάκαρες θεοὶ ἤματα πάντα[56]

καὶ

ὣς γὰρ ἐπεκλώσαντο θεοὶ δειλοῖσι βροτοῖσι,
ζώειν ἀχνυμένοις· αὐτοὶ δέ τ' ἀκηδέες εἰσίν.[57]

[20F] αὗται γάρ εἰσιν ὑγιαίνουσαι περὶ θεῶν δόξαι καὶ ἀληθεῖς, ἐκεῖνα δὲ πέπλασται πρὸς ἔκπληξιν ἀνθρώπων. πάλιν Εὐριπίδου λέγοντος

πολλαῖσι μορφαῖς οἱ θεοὶ σοφισμάτων
σφάλλουσιν ἡμᾶς κρείσσονες πεφυκότες[58]

[21A] οὐ χεῖρόν ἐστιν ὑπενεγκεῖν τὸ

εἰ θεοί τι δρῶσι φαῦλον, οὔκ εἰσιν θεοί,[59]

---

[54] *Il.* 7.358 y 12.232.
[55] *Il.* 6.138, entre otros lugares.
[56] *Od.* 6.46.
[57] *Il.* 24.525.
[58] Fr. 972 en Nauck, *Trag. Graec. Frag., Euripides.*
[59] Fr. 292.7 en Nauck, *Trag. Graec. Frag., Euripides.*

Seguramente sabes pensar otra expresión mejor que esa,

y, por Zeus, piensas y hablas mejor y con mayor precisión en otros sitios, como:

los dioses que viven fácilmente

y

allí se deleitan los dioses bienaventurados cada día,

y

pues, en efecto, los dioses hilaron como destino para los
[desgraciados mortales
vivir afligidos; mientras ellos viven sin preocupaciones.

[20F] Estas, entonces, son opiniones sensatas y verdaderas sobre los dioses, mientras que aquellas han sido modeladas para consternación de los hombres. Un nuevo ejemplo, cuando Eurípides dice:

Con muchas formas de artificio los dioses causan nuestra
[pérdida;
porque son más fuertes por naturaleza,

[21A] no está mal añadir que:

Si los dioses hacen algo malo, no son dioses,

βέλτιον εἰρημένον ὑπ' αὐτοῦ. καὶ τοῦ Πινδάρου σφόδρα πικρῶς καὶ παροξυντικῶς εἰρηκότος

χρὴ δὲ πᾶν ἔρδοντ' ἀμαυρῶσαι τὸν ἐχθρόν,[60]

ἀλλ' αὐτός γε σὺ λέγεις ὅτι

τὸ πὰρ δίκαν
γλυκὺ πικροτάτα μένει τελευτά,[61]

καὶ τοῦ Σοφοκλέους

τὸ κέρδος ἡδύ, κἂν ἀπὸ ψευδῶν ἴῃ,[62]

καὶ μὴν σοῦ γ' ἀκηκόαμεν ὡς

οὐκ ἐξάγουσι καρπὸν οἱ ψευδεῖς λόγοι.[63]

πρὸς δ' ἐκεῖνα τὰ περὶ τοῦ πλούτου[21B]

δεινὸς γὰρ ἕρπειν πλοῦτος ἔς τε τἄβατα
καὶ πρὸς βέβηλα, χὠπόθεν πένης ἀνὴρ
οὐδ' ἐντυχὼν δύναιτ' ἂν ὧν ἐρᾷ τυχεῖν.
καὶ γὰρ δυσειδὲς σῶμα καὶ δυσώνυμον
γλώσσῃ σοφὸν τίθησιν εὔμορφόν τ' ἰδεῖν[64]

---

[60]   Pi. *I*. 4.48.
[61]   *I*. 7.47.
[62]   Fr. 749 en Nauck, *Trag. Graec. Frag., Sophocles*.
[63]   Fr. 750 en Nauck, *Trag. Graec. Frag., Sophocles*.
[64]   Fr. 85 en Nauck, *Trag. Graec. Frag., Sophocles*.

dicho ahora de mejor manera por él mismo. Y cuando Píndaro ha dicho con mucha amargura y exasperación:

Hay que recurrir a todos los medios para destruir al
[enemigo,

pero, se le puede contestar, tú mismo dices que:

A lo agradable obtenido contra la justicia
Le espera el final más amargo,

y cuando Sófocles dice:

La ganancia es agradable, incluso si llega a través de
[mentiras

pero, podríamos decirle, precisamente a ti te hemos escuchado que:

Las palabras falsas no producen fruto.

Y con relación a aquello sobre las riquezas: [21B]

Pues poderosa es la riqueza para deslizarse tanto por
[caminos inaccesibles
como por los accesibles, en donde el hombre pobre,
aunque sea afortunado, no podría conseguir aquello que
[desea.
Y, en verdad, a un cuerpo feo y odioso
por su lengua lo convierte en sabio y bello de ver,

contrastará con muchos pasajes de Sófocles, entre los cuales están estos:

ἀντιπαραθήσει πολλὰ τῶν Σοφοκλέους, ὧν καὶ ταῦτ' ἐστὶ

γένοιτο κἂν ἄπλουτος ἐν τιμαῖς ἀνήρ[65]

καὶ

οὐδὲν κακίων πτωχός, εἰ καλῶς φρονεῖ[66]

καὶ

ἀλλὰ τῶν πολλῶν καλῶν
τίς χάρις, [21C] εἰ κακόβουλος
φροντὶς ἐκτρέφει τὸν εὐαίωνα πλοῦτον;[67]

ὁ δὲ Μένανδρος ἐπῆρε μὲν ἀμέλει τὴν φιληδονίαν καὶ
ὑπεχαύνωσε τοῖς ἐρωτικοῖς καὶ διαπύροις ἐκείνοις

ἅπανθ' ὅσα ζῇ καὶ τὸν ἥλιον βλέπει
τὸν κοινὸν ἡμῖν, δοῦλα ταῦτ' ἔσθ' ἡδονῆς.[68]

πάλιν δ' ἐπέστρεψε καὶ περιέσπασε πρὸς τὸ καλὸν ἡμᾶς καὶ τὴν
θρασύτητα τῆς ἀκολασίας ἐξέκοψεν εἰπὼν

ὄνειδος αἰσχρὸς βίος ὅμως κἂν ἡδὺς ᾖ.[69]

ταῦτα γὰρ ἐκείνοις μέν ἐστιν ὑπεναντία, βελτίω δὲ καὶ
χρησιμώτερα. δυεῖν οὖν θάτερον ἡ τοιαύτη τῶν ἐναντίων
ποιήσει παράθεσις καὶ κατανόησις, ἢ παράξει πρὸς τὸ βέλτιον ἢ
[21D] καὶ τοῦ χείρονος ἀποστήσει τὴν πίστιν.

---

[65] Fr. 751 en Nauck, *Trag. Graec. Frag., Sophocles.*
[66] Fr. 752 en Nauck, *Trag. Graec. Frag., Sophocles.*
[67] Fr. 534 en Nauck, *Trag. Graec. Frag., Sophocles.*
[68] Fr. 611 en Kock, *Com. Att. Frag. III, Menander.*
[69] Fr. 756 en Kock, *Com. Att. Frag. III, Menander.*

Incluso sin riquezas un hombre puede llegar a ser
[estimado

y

en nada es peor el mendigo, si razona bien

y

mas, de los bienes abundantes,
¿cuál es el placer, [21C] si un pensamiento
mal consejero es el que produce la riqueza dichosa?

Y Menandro, sin duda, exaltó el gusto por el placer y lo in-
flamó en aquellos versos eróticos e incendiarios:

Todo aquello que vive y ve el mismo sol que
nosotros, es esclavo del placer.

Sin embargo, en otra ocasión cambia de dirección y nos re-
dirige hacia el bien y corta de raíz el excesivo atrevimiento del
libertinaje, al decir:

Una vida vergonzosa es una deshonra, aunque sea
[agradable.

Claramente estos versos son contrarios a aquellos, mejores
y más beneficiosos. Por tanto, tal comparación y consideración
de contrarios producirán uno de dos resultados: o guiará al joven
hacia el bien, [21D] o mantendrá alejada su opinión del mal.

Ἂν δ' αὐτοὶ μὴ διδῶσι τῶν ἀτόπως εἰρημένων λύσεις, οὐ χεῖρόν ἐστιν ἑτέρων ἐνδόξων ἀποφάσεις ἀντιτάττοντας ὥσπερ ἐπὶ ζυγοῦ ῥέπειν πρὸς τὸ βέλτιον. οἷον τοῦ Ἀλέξιδος κινοῦντος ἐνίους ὅταν λέγῃ

τὰς ἡδονὰς δεῖ συλλέγειν τὸν σώφρονα.
τρεῖς δ' εἰσὶν αἵ γε τὴν δύναμιν κεκτημέναι
τὴν ὡς ἀληθῶς συντελοῦσαν τῷ βίῳ,
τὸ φαγεῖν τὸ πιεῖν τὸ τῆς Ἀφροδίτης τυγχάνειν·
τὰ δ' ἄλλα προσθήκας ἅπαντα χρὴ καλεῖν,[70]

ὑπομνηστέον ὅτι Σωκράτης τοὐναντίον ἔλεγε, τοὺς μὲν φαύλους ζῆν τοῦ ἐσθίειν καὶ πίνειν ἕνεκα, [21E] τοὺς δ' ἀγαθοὺς ἐσθίειν καὶ πίνειν ἕνεκα τοῦ ζῆν. πρὸς δὲ τὸν γράψαντα

ποτὶ τὸν πονηρὸν οὐκ ἄχρηστον ὅπλον ἁ πονηρία,

τρόπον τινὰ συνεξομοιοῦσθαι κελεύοντα τοῖς πονηροῖς, τὸ τοῦ Διογένους παραβαλεῖν ἔστιν· ἐρωτηθεὶς γὰρ ὅπως ἄν τις ἀμύναιτο τὸν ἐχθρόν, "αὐτός," ἔφη, "καλὸς κἀγαθὸς γενόμενος." δεῖ δὲ τῷ Διογένει καὶ πρὸς τὸν Σοφοκλέα χρήσασθαι· πολλὰς γὰρ ἀνθρώπων μυριάδας ἐμπέπληκεν ἀθυμίας περὶ τῶν μυστηρίων ταῦτα γράψας

ὡς τρισόλβιοι
[21F] κεῖνοι βροτῶν, οἳ ταῦτα δερχθέντες τέλη
μόλωσ' ἐς Ἅιδου· τοῖσδε γὰρ μόνοις ἐκεῖ
ζῆν ἔστι, τοῖς δ' ἄλλοισι πάντ' ἐκεῖ κακά.[71]

---

[70] Fr. 271 en Kock, *Com. Att. Frag. II, Alexis*.
[71] Fr. 753 en Nauck, *Trag. Graec. Frag., Sophocles*.

En el caso de que los propios autores no ofrezcan soluciones para las cosas absurdas que dicen, no es mala idea contraponerles afirmaciones de otros autores populares para inclinar el peso, como en una balanza, hacia lo mejor. Como, por ejemplo, al molestar Alexis[78] a unos pocos cuando dice:

> Conviene que el hombre sabio recolecte los placeres
> y tres son los que procuran la fuerza,
> la que, realmente, contribuye a la vida:
> beber, comer y conseguir a Afrodita;
> y a todo lo demás hay que llamarlo accesorio,

es necesario recordar que Sócrates decía lo contrario: «que los hombres mezquinos viven en aras del comer y el beber, [21E] pero los buenos comen y beben para vivir». Y a quien ha escrito:

> Contra el perverso no es un arma inútil la perversidad,[79]

en cierta manera exhortándonos a que nos asimilemos a los perversos, hay que contraponer la idea de Diógenes, pues cuando se le preguntó que cómo podría uno vengarse del enemigo, contestó: «siendo uno mismo bueno y honrado». También se debe hacer uso de Diógenes contra Sófocles; puesto que este ha llenado de desánimo a innumerables hombres cuando ha escrito lo siguiente acerca de los misterios:

> Tres veces dichosos
> [21F] son aquellos de los hombres que, tras haber visto
> [estos misterios,
> pasan al Hades; pues para ellos solos existe la vida allí,
> para los demás hay toda clase de males.

---

[78]   Comediógrafo a caballo entre los ss. IV-III a. C.
[79]   La fuente de esta cita parece ser desconocida, aunque Plutarco la utiliza también en *De vit. pud.* 534A.

Διογένης δ' ἀκούσας τι τοιοῦτο "τί λέγεις;" ἔφη· "κρείττονα μοῖραν ἕξει Παταικίων ὁ κλέπτης ἀποθανὼν ἢ Ἐπαμεινώνδας ὅτι μεμύηται;" [22A] Τιμοθέῳ μὲν γὰρ ᾄδοντι τὴν Ἄρτεμιν ἐν τῷ θεάτρῳ

μαινάδα θυιάδα φοιβάδα λυσσάδα[72]

Κινησίας εὐθὺς ἀντεφώνησε "τοιαύτη σοι θυγάτηρ γένοιτο." χαρίεν δὲ καὶ τὸ τοῦ Βίωνος πρὸς τὸν Θέογνιν λέγοντα

πᾶς γὰρ ἀνὴρ πενίῃ δεδμημένος οὔτε τι εἰπεῖν
οὔτ' ἔρξαι δύναται, γλῶσσα δέ οἱ δέδεται[73]

"πῶς οὖν σὺ πένης ὢν φλυαρεῖς τοσαῦτα καὶ καταδολεσχεῖς ἡμῶν;"

5

Δεῖ δὲ μηδὲ τὰς ἐκ τῶν παρακειμένων ἢ συμφραζομένων παραλιπεῖν ἀφορμὰς πρὸς τὴν ἐπανόρθωσιν, ἀλλ' ὥσπερ οἱ ἰατροὶ τῆς κανθαρίδος οὔσης θανασίμου τοὺς πόδας ὅμως καὶ τὰ πτερὰ βοηθεῖν οἴονται καὶ ἀναλύειν τὴν δύναμιν, οὕτως ἐν τοῖς ποιήμασι, [22B] κἂν ὄνομα κἂν ῥῆμα παρακείμενον ἀμβλυτέραν ποιῇ τὴν πρὸς τὸ χεῖρον ἀπαγωγήν, ἐπιλαμβάνεσθαι καὶ προσδιασαφεῖν, ὡς ἐπὶ τούτων ἔνιοι ποιοῦσι

τοῦτό νύ που γέρας ἐστὶν ὀιζυροῖσι βροτοῖσι,
κείρασθαί τε κόμην βαλέειν τ' ἀπὸ δάκρυ παρειῶν[74]

---

[72]   Bergk, *Poet. Lyr. Gr.* III, 620.
[73]   Thgn. 177.
[74]   *Od.* 4.197.

Pero Diógenes, tras escuchar algo semejante, dijo: «¿qué dices? ¿tendrá mejor destino Patecio el ladrón cuando muera, que Epaminondas, [22A] porque estaba iniciado en los misterios?» Y a Timoteo,[80] al cantar de Ártemis en el teatro:

loca, posesa, fanática, desenfrenada,

Cinesias,[81] de repente, le replicó: «¡ojalá tengas una hija así!» Y genial es el pasaje de Bión contra Teognis, que decía:

Todo hombre sometido por la pobreza no es capaz de
[decir nada,
ni de hacer nada, su lengua está atada.

«Entonces, tú, que eres pobre, ¿cómo dices tantas tonterías y nos agotas con tu garrulería?»

5

Es preciso no dejar de lado tampoco los recursos para la corrección a partir de pasajes relacionados o del contexto, sino que tal como los médicos, a pesar de que la esencia del escarabajo es mortífera, creen, aun así, que las patas y alas ayudan también a mitigar su potencia, así también en la poesía, si un nombre [22B] o un verbo, puestos en contexto oscurecen el sentido, restringiéndolo a lo peor, es necesario tomarlos aparte y explicarlos en detalle, como hacen algunos con estos pasajes:

Ahora bien, esta es la recompensa para los desdichados
[mortales,
cortar su cabellera y derramar lágrimas de sus mejillas,

---

[80] Poeta lírico de los ss. V-IV a. C.
[81] Autor de ditirambos del s. V a. C.

143

καὶ

ὣς γὰρ ἐπεκλώσαντο θεοὶ δειλοῖσι βροτοῖσι,
ζώειν ἀχνυμένοις.[75]

οὐ γὰρ ἁπλῶς εἶπε καὶ πᾶσιν ἀνθρώποις ὑπὸ θεῶν
ἐπικεκλῶσθαι λυπηρὸν βίον, ἀλλὰ τοῖς ἄφροσι καὶ ἀνοήτοις,
[22C] οὓς δειλαίους καὶ οἰκτροὺς διὰ μοχθηρίαν ὄντας εἴωθε
"δειλοὺς" καὶ "ὀιζυροὺς" προσαγορεύειν.

6

Ἄλλος τοίνυν τρόπος ἐστὶ τὰς ἐν τοῖς ποιήμασιν ὑποψίας
πρὸς τὸ βέλτιον ἐκ τοῦ χείρονος μεθιστὰς ὁ διὰ τῶν ὀνομάτων
τῆς συνηθείας, περὶ ὃν δεῖ τὸν νέον γεγυμνάσθαι μᾶλλον ἢ περὶ
τὰς λεγομένας γλώττας. ἐκεῖνο μὲν γὰρ φιλόλογον καὶ οὐκ
ἀηδὲς ὅτι "ῥιγεδανὸς" κακοθάνατός ἐστιν εἰδέναι ("δάνον"
γὰρ Μακεδόνες τὸν θάνατον καλοῦσι), "καμμονίαν" δὲ νίκην
Αἰολεῖς τὴν ἐξ ἐπιμονῆς καὶ καρτερίας, Δρύοπες δὲ "πόπους"
τοὺς δαίμονας. τουτὶ δ' ἀναγκαῖον καὶ χρήσιμον, εἰ μέλλομεν
ἐκ τῶν ποιημάτων ὠφεληθήσεσθαι καὶ μὴ βλαβήσεσθαι, [22D]
τὸ γιγνώσκειν πῶς τοῖς τῶν θεῶν ὀνόμασιν οἱ ποιηταὶ χρῶνται
καὶ πάλιν τοῖς τῶν κακῶν καὶ ἀγαθῶν, καὶ τί τὴν Τύχην τί τὴν
Μοῖραν νοοῦντες ὀνομάζουσι, καὶ πότερον ταῦτα τῶν ἁπλῶς ἢ
τῶν πολλαχῶς λεγομένων ἐστὶ παρ' αὐτοῖς, ὥσπερ ἄλλα πολλά.
καὶ γὰρ "οἶκον" ποτὲ μὲν τὴν οἰκίαν καλοῦσιν

---

[75]   Il. 24.525; ya citado líneas arriba, en 20F.

y

en efecto, los dioses hilaron como destino para los
[lamentables mortales
vivir afligidos.

Puesto que no dijo simplemente que para todos los hombres
una vida desoladora había sido hilada por los dioses, sino para
los insensatos y los ignorantes, a quienes, por ser lamentables y
desdichados por su triste condición, [22C] acostumbraba a lla-
marlos «lamentables» y «desdichados».

6

Otro método más para cambiar de peor a mejor los pasajes
sospechosos en poesía es a través del uso habitual de las palabras, con el que se requiere que el joven se ejercite más que
con las llamadas «glosas». En efecto, es propio de una persona
instruida, y cosa no desagradable, saber que «rhigedanos» quiere decir «mala muerte», pues los macedonios llaman «danos» a
la muerte; los eolios «kammonia» a la victoria conseguida con
resolución y perseverancia; y los driopes «popoi» a las divinidades.[82] No obstante, es necesario y útil, si queremos conseguir
de la poesía algún beneficio y no un daño, [22D] saber cómo
utilizan los poetas los nombres de los dioses y, a su vez, los de
las cosas malas y buenas, y qué entienden cuando nombran a la
Tyche (Fortuna) y a la Moira (Destino),[83] y si estas pertenecen a
las palabras que en sus escritos tienen un sentido simple o varios

---

[82]   Las palabras nombradas en estos juegos de *double entendre* significan «horrible», «resiliente», y una onomatopeya representando un grito de esperanza,
respectivamente.

[83]   Divinidades recogidas ya en Hesíodo (*Th.* 360 y 201-220). Esta última aparece en singular en ocasiones, pero a menudo se trata de una tríada de hermanas.
Se trata de divinidades asociadas primero con el destino en general, y desde
Platón con el destino humano, en concreto. Sobre su concepción en Plutarco,
véase Matheson (1994) y Lesage Gárriga (2023: 58-61).

οἶκον ἐς ὑψόροφον

ποτὲ δὲ τὴν οὐσίαν

ἐσθίεταί μοι οἶκος,[76]

καὶ "βίοτον" ποτὲ μὲν τὸ ζῆν

ἀμενήνωσεν δέ οἱ αἰχμὴν
κυανοχαῖτα Ποσειδάων, βιότοιο μεγήρας

ποτὲ δὲ τὰ χρήματα

[22E] βίοτον δέ μοι ἄλλοι ἔδουσι,[77]

καὶ τῷ "ἀλύειν" ποτὲ μὲν ἀντὶ τοῦ δάκνεσθαι καὶ ἀπορεῖσθαι
κέχρηται

ὣς ἔφαθ', ἡ δ' ἀλύουσ' ἀπεβήσετο, τείρετο δ' αἰνῶς

ποτὲ δ' ἀντὶ τοῦ γαυριᾶν καὶ χαίρειν

ἦ ἀλύεις ὅτι ῏Ιρον ἐνίκησας τὸν ἀλήτην;[78]

καὶ τῷ "θοάζειν" ἢ τὸ κινεῖσθαι σημαίνουσιν, ὡς Εὐριπίδης

κῆτος θοάζον ἐξ Ἀτλαντικῆς ἁλός,[79]

ἢ τὸ καθέζεσθαι καὶ θάσσειν, ὡς Σοφοκλῆς

---

[76]   *Od.* 5.42 y 4.318, respectivamente.
[77]   *Il.* 13.562 y *Od.* 13.419, respectivamente.
[78]   *Il.* 5.352 y *Od.* 18.332 y 392, respectivamente.
[79]   Fr. 145 en Nauck, *Trag. Graec. Frag., Euripides.*

sentidos, como ocurre con otras muchas. Por ejemplo, llaman «oikos» en ocasiones a un edificio:

a una casa de techo elevado,

y, en otras ocasiones, a la propiedad:
mi casa está siendo devorada;

y «biotos», a veces a la vida:

Debilitó el golpe de su lanza
Poseidón, el de oscura caballera, no permitiendo que le
[quitara la vida,

y otras, a nuestras posesiones:

[22E] y otros me están devorando los bienes;

y a veces utilizan «aluein», en vez de «estar disgustado» y «estar en apuros»:

Así dijo, y ella partió conmovida, y sufría terriblemente,

otras veces, en vez de «enorgullecerse» y «regocijarse»:

¿Acaso estás orgulloso de haber vencido a Iro el
[vagabundo?

Y con «thoatsein», o quieren decir «moverse», como Eurípides:

Un monstruo marino que se mueve con rapidez desde el
[mar Atlántico

o «sentarse» y «estar sentado», como Sófocles:

τίνας πόθ' ἕδρας τάσδε μοι θοάζετε
[22F] ἱκτηρίοις κλάδοισιν ἐξεστεμμένοι;[80]

χάριεν δὲ καὶ τὸ τὴν χρείαν τῶν ὀνομάτων συνοικειοῦν τοῖς ὑποκειμένοις πράγμασιν, ὡς οἱ γραμματικοὶ διδάσκουσιν, ἄλλοτε πρὸς ἄλλην δύναμιν λαμβάνοντες, οἷόν ἐστι

νῆ' ὀλίγην αἰνεῖν, μεγάλῃ δ' ἐνὶ φορτία θέσθαι.[81]

τῷ μὲν γὰρ "αἰνεῖν" σημαίνεται τὸ ἐπαινεῖν, αὐτῷ δὲ τῷ ἐπαινεῖν ἀντὶ τοῦ παραιτεῖσθαι νῦν κέχρηται, καθάπερ ἐν τῇ συνηθείᾳ "καλῶς" φαμὲν "ἔχειν" καὶ "χαίρειν" κελεύομεν, [23A] ὅταν μὴ δεώμεθα μηδὲ λαμβάνωμεν. οὕτω δὲ καὶ τὴν "ἐπαινὴν Περσεφόνειαν" ἔνιοί φασιν ὡς παραιτητὴν εἰρῆσθαι.

Ταύτην δὴ τὴν διαίρεσιν καὶ διάκρισιν τῶν ὀνομάτων ἐν τοῖς μείζοσι καὶ σπουδαιοτέροις παραφυλάττοντες ἀπὸ τῶν θεῶν ἀρχώμεθα διδάσκειν τοὺς νέους ὅτι χρῶνται τοῖς τῶν θεῶν ὀνόμασιν οἱ ποιηταὶ ποτὲ μὲν αὐτῶν ἐκείνων ἐφαπτόμενοι τῇ ἐννοίᾳ, ποτὲ δὲ δυνάμεις τινὰς ὧν οἱ θεοὶ δοτῆρές εἰσι καὶ καθηγεμόνες ὁμωνύμως προσαγορεύοντες. οἷον εὐθὺς ὁ Ἀρχίλοχος, ὅταν μὲν εὐχόμενος λέγῃ

κλῦθ' ἄναξ Ἥφαιστε καί μοι σύμμαχος γου νουμένῳ
ἵλαος γενοῦ, χαρίζευ δ' οἷάπερ χαρίζεαι,[82]

[23B] αὐτὸν τὸν θεὸν ἐπικαλούμενος δῆλός ἐστιν· ὅταν δὲ τὸν ἄνδρα τῆς ἀδελφῆς ἠφανισμένον ἐν θαλάττῃ καὶ μὴ τυχόντα νομίμου ταφῆς θρηνῶν λέγῃ μετριώτερον ἂν τὴν συμφορὰν ἐνεγκεῖν

[80]   OT 2.
[81]   Hes. Op. 643.
[82]   Bergk, Poet. Lyr. Gr. II, 703.

¿Por qué estáis sentados ante mí en estos asientos,
[22F] coronados con guirnaldas de suplicantes?

También es ingenioso adaptar el uso de los términos a los temas tratados, como enseñan los gramáticos, porque toman una acepción una vez y otra en otra, como por ejemplo:

Elogia el barco pequeño, pero coloca tu mercancía en
[uno grande.

En efecto, «ainein» significa «alabar», pero el propio «alabar» se usa ahora también en lugar de «despreciar», como decimos habitualmente «muy bien» y «bienvenido», cuando ni necesitamos ni acogemos nada. [23A] De la misma forma, algunos dicen «Perséfone digna de elogio», entendiendo «aplacable con plegarias».

Observando esta división y distinción de palabras en temas más importantes y serios, comencemos por los dioses, para enseñar a los jóvenes que los poetas usan los nombres de los dioses unas veces aplicándolos a su concepción de los propios dioses, y otras, en cambio, llamando con el mismo nombre a ciertas fuerzas de las que los dioses son los donantes y líderes. Un ejemplo claro, Arquíloco,[84] cuando dice al rezar:

Escúchame, soberano Hefesto, y conviértete en un aliado
[propicio
para mí, que te suplica, y concédeme cuantas gracias tu
[concedes,

[23B] es evidente que invoca al propio dios. Pero, cuando en un canto fúnebre al marido de su hermana, desaparecido en el mar y sin poder recibir una sepultura según la tradición, dice que podría haber sobrellevado el infortunio con mayor moderación:

---

[84]   Poeta lírico de la isla de Paros que vivió en el s. VII a. C.

εἰ κείνου κεφαλὴν καὶ χαρίεντα μέλεα
Ἥφαιστος καθαροῖσιν ἐν εἴμασιν ἀμφεπονήθη,[83]

τὸ πῦρ οὕτως, οὐ τὸν θεὸν προσηγόρευσε. Πάλιν δ' ὁ μὲν
Εὐριπίδης εἰπὼν ἐν ὅρκῳ

μὰ τὸν μετ' ἄστρων Ζῆν' Ἄρη τε φοίνιον[84]

αὐτοὺς τοὺς θεοὺς ὠνόμασε· τοῦ δὲ Σοφοκλέους λέγοντος

τυφλὸς γάρ, ὦ γυναῖκες, οὐδ' ὁρῶν Ἄρης
συὸς προσώπῳ πάντα τυρβάζει κακὰ[85] [23C]

τὸν πόλεμον ἔστιν ὑπακοῦσαι, καθάπερ αὖ τὸν χαλκὸν Ὁμήρου
λέγοντος

τῶν νῦν αἷμα κελαινὸν ἐύρροον ἀμφὶ Σκάμανδρον
ἐσκέδασ' ὀξὺς Ἄρης.[86]

πολλῶν οὖν οὕτω λεγομένων εἰδέναι δεῖ καὶ μνημονεύειν ὅτι
καὶ τῷ τοῦ Διὸς καὶ Ζηνὸς ὀνόματι ποτὲ μὲν τὸν θεὸν ποτὲ δὲ
τὴν τύχην πολλάκις δὲ τὴν εἱμαρμένην προσαγορεύουσιν. ὅταν
μὲν γὰρ λέγωσι

[23D] Ζεῦ πάτερ, Ἴδηθεν μεδέων, κύδιστε μέγιστε,
δὸς νίκην Αἴαντι[87]

καὶ

---

[83]   Bergk, *Poet. Lyr. Gr.* II, 703.
[84]   *Ph.* 1006.
[85]   Fr. 754 en Nauck, *Trag. Graec. Frag., Sophocles.*
[86]   *Il.* 7.329.
[87]   *Il.* 3.276; 7.202; 24.308. Varios manuscritos transmiten solo parte de estos versos (Ζεῦ πάτερ, Ἴδηθεν μεδέων) pero se hace necesario algo de contexto para entender la referencia.

Si sobre su cabeza y sus agraciados miembros
Hefesto se hubiera preocupado de poner inmaculadas
[vestiduras.

De esta manera se dirige al fuego, no al dios. Y, a su vez, Eurípides, cuando dice en un juramento:

Por Zeus entre los astros y por Ares sangriento

nombraba a los dioses mismos. Pero cuando Sófocles dice:

¡Oh mujeres!, Ares, ciego, y sin ver nada,
con aspecto de cerdo, suscita todos los males, [23C]

hay que entender la guerra; y, de nuevo, el bronce, como cuando Homero afirma:

De estos, la negra sangre por el Escamandro
de bella corriente esparció al punto el lacerante Ares.

Puesto que ocurre así con muchas expresiones, es necesario saber y recordar que con el nombre de Zeus y Zen, a veces los poetas designan a la divinidad, otras a la suerte y muy a menudo al destino. Pues cuando dicen:

[23D] Padre Zeus, soberano del Ida, el más grande y
[honorable,
otorga la victoria a Áyax

y

ὦ Ζεῦ, τίς εἶναί φησι σοῦ σοφώτερος;[88]

τὸν θεὸν αὐτὸν λέγουσιν· ὅταν δὲ ταῖς αἰτίαις πάντων τῶν γιγνομένων ἐπονομάζωσι τὸν Δία καὶ λέγωσι

πολλὰς δ᾽ ἰφθίμους ψυχὰς Ἄϊδι προΐαψεν
Διὸς δ᾽ ἐτελείετο βουλή,[89]

τὴν εἱμαρμένην. οὐ γὰρ τὸν θεὸν ὁ ποιητὴς οἴεται κακὰ μηχανᾶσθαι τοῖς ἀνθρώποις, ἀλλὰ τὴν [23Ε] τῶν πραγμάτων ἀνάγκην ὀρθῶς ὑποδείκνυσιν, ὅτι καὶ πόλεσι καὶ στρατοπέδοις καὶ ἡγεμόσιν, ἂν μὲν σωφρονῶσιν, εὖ πράττειν πέπρωται καὶ κρατεῖν τῶν πολεμίων, ἂν δ᾽ εἰς πάθη καὶ ἁμαρτίας ἐμπεσόντες ὥσπερ οὗτοι διαφέρωνται πρὸς ἀλλήλους καὶ στασιάζωσιν, ἀσχημονεῖν καὶ ταράττεσθαι καὶ κακῶς ἀπαλλάττειν, κατὰ τὸν Σοφοκλέα·

εἱμαρμένον γὰρ τῶν κακῶν βουλευμάτων
κακὰς ἀμοιβάς ἐστι καρποῦσθαι βροτοῖς.[90]

καὶ μὴν ὁ Ἡσίοδος τὸν Προμηθέα ποιῶν τῷ Ἐπιμηθεῖ παρακελευόμενον

μή ποτε δῶρα
δέξασθαι πὰρ Ζηνὸς Ὀλυμπίου ἀλλ᾽ ἀποπέμπειν,[91]

---

[88]   Fr. 351 en Nauck, *Trag. Graec. Frag.*, *adesp.*

[89]   *Il.* 1.3. De nuevo, algunos manuscritos transmiten πολλὰς δ᾽ ἰφθίμους ψυχὰς Ἄϊδι προΐαψεν | ἡρώων, αὐτοὺς δὲ ἑλώρια τεῦχε κύνεσσι | οἰωνοῖσί τε δαῖτα, Διὸς δ᾽ ἐτελείετο βουλή, lo que parece ser un añadido para completar los versos, pero innecesario para el argumento de Plutarco. Si bien la edición de la LOEB los mantiene completos, coincido con su nota crítica en que la omisión es probablemente correcta.

[90]   Fr. 352 en Nauck, *Trag. Graec. Frag.*, *adesp.*

[91]   Hes. *Op.* 86.

oh Zeus, ¿quién afirma ser más sabio que tú?,

se refieren al propio dios. Pero cuando a las causas de todo lo que ocurre aplican el nombre de Zeus y dicen:

A muchas almas valerosas arrojó al Hades
...y se cumplía la voluntad de Zeus,

se refieren al destino. Y es que el poeta no considera que la divinidad maquine males contra los hombres, sino que indica acertadamente la necesidad de los acontecimientos, que también las ciudades, los ejércitos y los líderes, si son prudentes, están destinados a tener buena fortuna y a prevalecer frente a los enemigos; pero si, cayendo en pasiones y errores, se pelean entre ellos y están en desacuerdo, [23E] como estos héroes, están destinados a ponerse en ridículo, alterarse y acabar de mala manera, como dice Sófocles:

Pues el destino de los malos consejos
es cosechar malas recompensas para los mortales.

Y por cierto también Hesíodo, cuando hace que Prometeo aconseje a Epimeteo:

Nunca aceptes regalos
de Zeus Olímpico, sino devuélvelos,

ἐπὶ τῇ τῆς τύχης δυνάμει τῷ τοῦ Διὸς ὀνόματι κέχρηται· τὰ γὰρ τυχηρὰ τῶν ἀγαθῶν Διὸς δῶρα κέκληκε, πλούτους καὶ γάμους καὶ ἀρχὰς καὶ πάνθ' ὅλως τὰ ἐκτός, ὧν ἡ κτῆσις ἀνόνητός ἐστι τοῖς χρῆσθαι καλῶς μὴ δυναμένοις. [23F] διὸ καὶ τὸν Ἐπιμηθέα φαῦλον ὄντα καὶ ἀνόητον οἴεται δεῖν φυλάττεσθαι καὶ δεδιέναι τὰς εὐτυχίας, ὡς βλαβησόμενον καὶ διαφθαρησόμενον ὑπ' αὐτῶν. καὶ πάλιν ὅταν λέγῃ

μηδέ ποτ' οὐλομένην πενίην θυμοφθόρον ἀνδρὶ
τέτλαθ' ὀνειδίζειν, μακάρων δόσιν αἰὲν ἐόντων,[92]

θεόσδοτον νῦν τὸ τυχηρὸν εἴρηκεν, ὡς οὐκ ἄξιον ἐγκαλεῖν τοῖς διὰ τὴν τύχην [24A] πενομένοις, ἀλλὰ τὴν μετ' ἀργίας καὶ μαλακίας καὶ πολυτελείας ἀπορίαν κακίζειν αἰσχρὰν καὶ ἐπονείδιστον οὖσαν. οὔπω γὰρ αὐτὸ τοὔνομα τῆς τύχης λέγοντες, εἰδότες δὲ τὴν τῆς ἀτάκτως καὶ ἀορίστως περιφερομένης αἰτίας δύναμιν ἰσχυρὰν καὶ ἀφύλακτον οὖσαν ἀνθρωπίνῳ λογισμῷ τοῖς τῶν θεῶν ὀνόμασιν ἐξέφραζον, ὥσπερ ἡμεῖς καὶ πράγματα καὶ ἤθη καὶ νὴ Δία καὶ λόγους καὶ ἄνδρας εἰώθαμεν δαιμονίους καὶ θείους προσαγορεύειν. οὕτω δὴ τὰ πολλὰ τῶν ἀτόπως περὶ τοῦ Διὸς λέγεσθαι δοκούντων ἐπανορθωτέον, ὧν ἐστι καὶ ταῦτα

δοιοὶ γάρ τε πίθοι κατακείαται ἐν Διὸς οὔδει
[24B] κηρῶν ἔμπλειοι, ὁ μὲν ἐσθλῶν, αὐτὰρ ὁ δειλῶν[93]

καὶ

ὅρκια μὲν Κρονίδης ὑψίζυγος οὐκ ἐτέλεσσεν,
ἀλλὰ κακὰ φρονέων τεκμαίρεται ἀμφοτέροισι[94]

---

[92]   Op. 717.
[93]   Il. 24.528, aunque la cita parece seguir más bien el texto de Platón(R. 379d).
[94]   Il. 7.69.

hace uso del nombre de Zeus para indicar el poder de la fortuna; pues llama «dones de Zeus» a los bienes de la fortuna, como las riquezas, los matrimonios, las magistraturas y, en general, todos los bienes externos, cuya posesión es poco rentable para quienes no tienen la capacidad de usarlos bien. Por eso, [23F] también considera que Epimeteo, que es un ingenuo y un necio, debe cuidarse y temer la buena suerte, en la idea de que será herido y destruido por ella. Y otra vez cuando dice:

> Nunca la pobreza funesta y destructora de un hombre
> te atrevas a echar en cara, don de los bienaventurados
> [inmortales,

habla ahora de lo que da la fortuna como «don divino», porque no es justo acusar a quienes son pobres por culpa de la suerte, sino a la penuria que acompaña a la pereza, la indulgencia y la opulencia, porque esa es vergonzosa y censurable. Cuando todavía no usaban el nombre mismo [24A] de «fortuna», pero eran conscientes que la potencia de esta causa que deambula de manera desordenada e ilimitada es fuerte e inevitable para la razón humana, la describían con nombres de los dioses; de la misma forma que nosotros estamos acostumbrados a llamar a los acontecimientos, las costumbres y, por Zeus, incluso a las palabras y los hombres «celestiales» y «divinos». Así, precisamente, mucho de lo que parece decirse de manera absurda acerca de Zeus debe ser corregido, entre lo cual está también esto:

> Pues, efectivamente, dos urnas yacen en el suelo de Zeus
> [24B] llenas de tipos de suertes, una de buenas y la otra
> [de malas

y

> el Cronida, en su alto trono, no ejecutó nuestros juramentos,
> sino que, considerándolos, designa males para ambos,

καὶ

τότε γάρ ῥα κυλίνδετο πήματος ἀρχὴ
Τρωσί τε καὶ Δαναοῖσι Διὸς μεγάλου διὰ βουλάς,[95]

ὡς περὶ τῆς τύχης ἢ τῆς εἱμαρμένης λεγομένων, ἐν αἷς τὸ ἀσυλλόγιστον ἡμῖν τῆς αἰτίας σημαίνεται καὶ ὅλως οὐ καθ᾽ ἡμᾶς. ὅπου δὲ τὸ προσῆκον καὶ κατὰ λόγον καὶ εἰκός ἐστιν, ἐνταῦθα κυρίως ὀνομάζεσθαι τὸν θεὸν νομίζωμεν, ὥσπερ ἐν τούτοις

αὐτὰρ ὁ τῶν ἄλλων ἐπεπωλεῖτο στίχας ἀνδρῶν,
Αἴαντος δ᾽ ἀλέεινε μάχην Τελαμωνιάδαο·
Ζεὺς γάρ οἱ νεμέσα [24C] ὅτ᾽ ἀμείνονι φωτὶ μάχοιτο[96]

καὶ

Ζεὺς γὰρ τὰ μὲν μέγιστα φροντίζει βροτῶν,
τὰ μικρὰ δ᾽ ἄλλοις δαίμοσιν παρεὶς ἐᾷ.[97]

Σφόδρα δὲ δεῖ καὶ τοῖς ἄλλοις ὀνόμασι προσέχειν, κατὰ πολλὰ πράγματα κινουμένοις καὶ μεθισταμένοις ὑπὸ τῶν ποιητῶν. [24D] οἷόν ἐστι καὶ τὸ τῆς ἀρετῆς. ἐπεὶ γὰρ οὐ μόνον ἔμφρονας παρέχεται καὶ δικαίους καὶ ἀγαθοὺς ἐν πράξεσι καὶ λόγοις, ἀλλὰ καὶ δόξας ἐπιεικῶς καὶ δυνάμεις περιποιεῖται, παρὰ τοῦτο ποιοῦνται καὶ τὴν εὐδοξίαν ἀρετὴν καὶ τὴν δύναμιν, ὀνομάζοντες ὥσπερ "ἐλαίαν" τὸν ἀπὸ τῆς ἐλαίας, καὶ "φηγὸν" τὸν ἀπὸ τῆς φηγοῦ καρπὸν ὁμωνύμως τοῖς φέρουσιν. οὐκοῦν ὁ νέος ἡμῖν, ὅταν μὲν λέγωσι

---

95 Od. 8.81.
96 Il. 11.540, 542.
97 Fr. 353 en Nauck, Trag. Graec. Frag., adesp.

y

en efecto, entonces comenzó a rodar el origen de las
[miserias
para troyanos y dánaos por voluntad del poderoso Zeus.

Estas cosas se dicen como en relación con la suerte o el destino, con los que se quiere indicar lo inalcanzable para nosotros
de la causalidad y lo que, en general, no está entre nuestras posi-
bilidades. Pero donde existe lo apropiado, razonable y verosímil,
allí debemos pensar que se nombra a la divinidad de manera
legítima, como en estos versos:

Sin embargo, él inspeccionaba las filas de los demás
[guerreros,
y rehuía el combate con Áyax Telamonio,
pues Zeus se irritaba con él, [24C] cuando luchaba con
[un guerrero mejor[85]

y

pues Zeus reflexiona sobre los grandes asuntos de los
[mortales,
pero los pequeños, ignorándolos, los deja a otros
[démones.

También hay que prestar particular atención a los otros nombres, que por diversas circunstancias son cambiados y alterados por
los poetas. Como es también el caso de la palabra «virtud». Pues
[24D] no solo proporciona a hombres sensatos, justos y buenos en
acciones y en palabras, sino que también les procura una reputación y poder adecuados, y por esto los poetas convierten la buena

---

[85]   La tercera línea no se ha conservado en ningún ms. de Homero, pero en
base a la autoridad de Aristóteles (*Rh.* 2.9) y la de Plutarco en este pasaje, se ha
incorporado como verso 543 de la *Ilíada*.

τῆς δ’ ἀρετῆς ἱδρῶτα θεοὶ προπάροιθεν ἔθηκαν[98]

καὶ

τῆμος σφῇ ἀρετῇ Δαναοὶ ῥήξαντο φάλαγγας[99]

καὶ

εἰ δὲ θανεῖν θέμις, ὧδε θανεῖν καλόν,
εἰς ἀρετὴν καταλυσαμένους βίον,[100]

εὐθὺς οἰέσθω λέγεσθαι ταῦτα περὶ τῆς ἀρίστης καὶ θειοτάτης ἕξεως ἐν ἡμῖν, ἣν ὀρθότητα λόγου καὶ ἀκρότητα λογικῆς φύσεως καὶ διάθεσιν ὁμολογουμένην ψυχῆς νοοῦμεν. ὅταν δ’ ἀναγιγνώσκῃ πάλιν τό τε

[24E] Ζεὺς δ’ ἀρετὴν ἄνδρεσσιν ὀφέλλει τε μινύθει τε[101]

καὶ τὸ

πλούτῳ δ’ ἀρετὴ καὶ κῦδος ὀπηδεῖ,[102]

μὴ "καθήσθω" τοὺς πλουσίους ἐκπεπληγμένος καὶ "τεθηπὼς" καθάπερ ὤνιον εὐθὺς ἀργυρίου τὴν ἀρετὴν ἔχοντας, μηδ’ ἐπὶ τῇ τύχῃ κεῖσθαι τὴν αὐτοῦ φρόνησιν αὔξειν ἢ κολούειν νομίζων, ἀλλ’ ἀντὶ δόξης ἢ δυνάμεως ἢ εὐτυχίας ἤ τινος ὁμοίου τῇ ἀρετῇ κεχρῆσθαι τὸν ποιητὴν ἡγείσθω. καὶ γὰρ τῇ κακότητι ποτὲ μὲν ἰδίως σημαίνουσι κακίαν καὶ μοχθηρίαν ψυχῆς, ὡς Ἡσίοδος

---

[98] *Op.* 289.
[99] *Il.* 11.90.
[100] Fr. 994 en Nauck, *Trag. Graec. Frag., Euripides.*
[101] *Il.* 20.242.
[102] *Op.* 313.

reputación y el poder en una virtud, llamándola como llamamos, en el caso del olivo y la encina, al fruto con el mismo nombre del árbol. También nuestro joven, sin duda, cuando los poetas dicen:

Los dioses colocaron delante de la virtud el sudor

y

entonces con su virtud los dánaos rompieron las filas
[enemigas,

y

si es preciso morir, es bello morir así,
poniendo fin a la vida con virtud,[86]

debe pensar, inmediatamente, que se dicen estas cosas acerca de la mejor y más divina habilidad en nosotros, la cual concebimos como un razonamiento recto, el culmen de una naturaleza lógica y una disposición del alma acorde. Pero cuando lea en otra ocasión que:

[24E] Zeus aumenta y disminuye la virtud en los hombres

y también que:

La virtud y la gloria acompañan a la riqueza,

que no se quede parado, estupefacto y asombrado con los ricos, como si poseyeran una virtud adquirida de pronto con dinero, ni pensando que el aumento o disminución de su propia inteligencia reposa en la fortuna, sino que entienda que el poeta ha hecho uso de «virtud» en vez de «reputación», «poder», «buena suerte» o algo similar. También, de hecho, con la palabra «maldad», a veces indican específicamente el vicio y la perversidad del alma, como Hesíodo:

---

[86] Plutarco utiliza este mismo fragmento en *Vida de Pelópidas* 1.7.

τὴν μὲν γὰρ κακότητα καὶ ἰλαδὸν ἔστιν ἑλέσθαι,[103]

[24F] ποτὲ δ' ἄλλην τινὰ κάκωσιν ἢ δυστυχίαν, ὡς Ὅμηρος

αἶψα γὰρ ἐν κακότητι βροτοὶ καταγηράσκουσιν.[104]

ἐπεὶ καὶ τὴν εὐδαιμονίαν ἐξαπατηθείη τις ἂν οὕτω τοὺς ποιητὰς οἰόμενος λέγειν, ὡς οἱ φιλόσοφοι λέγουσι τὴν παντελῆ τῶν ἀγαθῶν ἕξιν ἢ κτῆσιν ἢ καὶ τελειότητα βίου κατὰ φύσιν εὐροοῦντος, ἀλλ' οὐχὶ καταχρωμένους πολλάκις τὸν πλούσιον εὐδαίμονα καλεῖν ἢ μακάριον καὶ τὴν δύναμιν ἢ τὴν δόξαν εὐδαιμονίαν. [25A] Ὅμηρος μὲν γὰρ ὀρθῶς κέχρηται τοῖς ὀνόμασιν

ὣς οὔ τοι χαίρων τοῖσδε κτεάτεσσιν ἀνάσσω[105]

καὶ Μένανδρος

ἔχω δὲ πολλὴν οὐσίαν καὶ πλούσιος
καλοῦμ' ὑπὸ πάντων, μακάριος δ' ὑπ' οὐδενός,[106]

Εὐριπίδης δὲ πολλὴν ἐργάζεται ταραχὴν καὶ σύγχυσιν ὅταν λέγῃ

μή μοι γένοιτο λυπρὸς εὐδαίμων βίος[107]

καὶ

τί τὴν τυραννίδ', ἀδικίαν εὐδαίμονα, τιμᾷς;[108] [25B]

---

103   *Op.* 287.
104   *Od.* 19.360.
105   *Od.* 4.93.
106   Kock, *Com. Att. Frag. III.* p. 184.
107   E. *Med.* 603.
108   E. *Ph.* 549.

Se puede conseguir la maldad también en abundancia

[24F] y, otras veces, algún otro mal o infortunio, como Homero:

Rápidamente envejecen los mortales en la desgracia.

Luego, uno se engañaría a sí mismo al creer que los poetas dicen «felicidad» como lo dicen los filósofos, es decir, la posesión o adquisición definitiva del bien o también la perfección de una vida que fluye en concordancia con la naturaleza; pero, en realidad, usando mal el término, a menudo llaman «feliz» o «bienaventurado» al rico, y «felicidad» al poder y la fama. [25A] Homero, por cierto, ha usado correctamente las palabras:

Porque, en verdad, sin felicidad reino sobre estas riquezas,

y también Menandro:

Poseo muchas riquezas y rico
soy considerado por todos, pero feliz por ninguno.

Eurípides, en cambio, produce gran desasosiego y confusión cuando afirma:

Ojalá no tenga yo una penosa vida feliz

y

¿por qué honras la tiranía, feliz injusticia?, [25B]

ἂν μή τις, ὥσπερ εἴρηται, ταῖς μεταφοραῖς καὶ καταχρήσεσι τῶν ὀνομάτων ἕπηται. ταῦτα μὲν οὖν ἱκανὰ περὶ τούτων.

7

Ἐκεῖνο δ' οὐχ ἅπαξ ἀλλὰ πολλάκις ὑπομνηστέον ἐστὶ τοὺς νέους, ἐνδεικνυμένους αὐτοῖς ὅτι μιμητικὴν ἡ ποίησις ὑπόθεσιν ἔχουσα κόσμῳ μὲν καὶ λαμπρότητι χρῆται περὶ τὰς ὑποκειμένας πράξεις καὶ τὰ ἤθη, τὴν δ' ὁμοιότητα τοῦ ἀληθοῦς οὐ προλείπει, τῆς μιμήσεως ἐν τῷ πιθανῷ τὸ ἀγωγὸν ἐχούσης. [25C] διὸ καὶ κακίας καὶ ἀρετῆς σημεῖα μεμιγμένα ταῖς πράξεσιν ἡ μὴ παντάπασι τῆς ἀληθείας ὀλιγωροῦσα συνεκφέρει μίμησις, ὥσπερ ἡ Ὁμήρου πολλὰ πάνυ τοῖς Στωϊκοῖς χαίρειν φράζουσα, μήτε τι φαῦλον ἀρετῇ προσεῖναι μήτε κακίᾳ χρηστὸν ἀξιοῦσιν, ἀλλὰ πάντως μὲν ἐν πᾶσιν ἁμαρτωλὸν εἶναι τὸν ἀμαθῆ, περὶ πάντα δ' αὖ κατορθοῦν τὸν ἀστεῖον. ταῦτα γὰρ ἐν ταῖς σχολαῖς ἀκούομεν· ἐν δὲ τοῖς πράγμασι καὶ τῷ βίῳ τῶν πολλῶν κατὰ τὸν Εὐριπίδην

οὐκ ἂν γένοιτο χωρὶς ἐσθλὰ καὶ κακά,
ἀλλ' ἔστι τις σύγκρασις.[109]

ἄνευ δὲ τοῦ ἀληθοῦς μάλιστα μὲν ἡ ποιητικὴ τῷ ποικίλῳ χρῆται καὶ πολυτρόπῳ. [25D] τὸ γὰρ ἐμπαθὲς καὶ παράλογον καὶ ἀπροσδόκητον, ᾧ πλείστη μὲν ἔκπληξις ἕπεται πλείστη δὲ χάρις, αἱ μεταβολαὶ παρέχουσι τοῖς μύθοις· τὸ δ' ἁπλοῦν ἀπαθὲς καὶ ἄμουσον. ὅθεν οὔτε νικῶντας ἀεὶ πάντα ποιοῦσι τοὺς αὐτοὺς οὔτ' εὐημεροῦντας οὔτε κατορθοῦντας. ἀλλ' οὐδὲ τοῖς θεοῖς, ὅταν εἰς ἀνθρωπίνας ἐμπέσωσι πράξεις, ἀπαθέσι χρῶνται καὶ ἀναμαρτήτοις, ἵνα μηδαμοῦ τό τε ταράττον καὶ τὸ ἐκπλῆττον ἀργῇ τῆς ποιήσεως ἀκίνδυνον καὶ ἀναγώνιστον γιγνόμενον.

---

[109] Fr. 21 en Nauck, Trag. Graec. Frag., Euripides.

a no ser que uno, como se ha dicho antes, siga los usos figurados y metafóricos de las palabras. En cualquier caso, esto es suficiente sobre este tema.

7

Aquel otro tema, en cambio, hay que recordárselo a los jóvenes, no una, sino repetidas veces, mostrándoles que como la poesía tiene una función imitativa, emplea el adorno y el esplendor para las acciones y personajes que le ocupa, pero no renuncia al parecido con la verdad, porque la imitación fundamenta su atractivo en lo plausible. [25C] Por eso la imitación, cuando no descuida por completo la verdad, integra señales de maldad y de virtud mezcladas en las acciones, como la poesía de Homero, que muestra a menudo a la perfección que se desentiende de los estoicos, quienes opinan que no hay nada de vicio en la virtud, ni nada bueno en la maldad, sino que el ignorante está completamente equivocado en todas las ocasiones y el hombre cultivado, a su vez, tiene éxito en todo. Estas cosas las oímos en las escuelas; en las circunstancias y en la vida de muchos, en cambio, según Eurípides:

No se podría separar el bien y el mal,
sino que existe una mezcla.

Pero aislado de la verdad, el arte poético ante todo hace uso [25D] de la variedad y la versatilidad. Pues ese componente emotivo, extraño e inesperado, al que sigue una gran consternación y placer, lo aportan los cambios repentinos en los mitos. Pero lo simple es impasible y sin inspiración. Por este motivo, los poetas no representan siempre a los mismos como ganadores, prósperos o exitosos. Ni siquiera a los dioses, cuando caen en comportamientos humanos, los presentan como impasibles e infalibles, a riesgo de que el elemento inquietante y asombroso de la poesía quede en reposo, a falta de peligro y de conflicto.

8

Οὕτως οὖν τούτων ἐχόντων ἐπάγωμεν τοῖς ποιήμασι τὸν νέον μὴ τοιαύτας ἔχοντα δόξας περὶ τῶν καλῶν ἐκείνων καὶ μεγάλων ὀνομάτων, ὡς ἄρα σοφοὶ καὶ [25Ε] δίκαιοι οἱ ἄνδρες ἦσαν, ἄκροι τε βασιλεῖς καὶ κανόνες ἀρετῆς ἁπάσης καὶ ὀρθότητος. ἐπεὶ βλαβήσεται μεγάλα δοκιμάζων πάντα καὶ τεθηπώς, μὴ δυσχεραίνων δὲ μηδὲν μηδ' ἀκούων μηδ' ἀποδεχόμενος τοῦ ψέγοντος αὖ τοὺς τοιαῦτα πράττοντας καὶ λέγοντας

αἲ γάρ, Ζεῦ τε πάτερ καὶ Ἀθηναίη καὶ Ἄπολλον,
μήτε τις οὖν Τρώων θάνατον φύγοι, ὅσσοι ἔασι,
μήτε τις Ἀργείων, νῶιν δ' ἐκδῦμεν ὄλεθρον,
ὄφρ' οἶοι Τροίης ἱερὰ κρήδεμνα λύοιμεν[110]

καὶ

οἰκτροτάτην δ' ἤκουσα ὄπα Πριάμοιο θυγατρὸς Κασσάνδρης, [25F] τὴν κτεῖνε Κλυταιμνήστρη δολόμητις ἀμφ' ἐμοὶ[111]

καὶ

παλλακίδι προμιγῆναι, ἵν' ἐχθήρειε γέροντα.
τῇ πιθόμην καὶ ἔρεξα[112]

καὶ

Ζεῦ πάτερ, οὔ τις σεῖο θεῶν ὀλοώτερος ἄλλος.[113]

[26Α] μηδὲν οὖν ἐπαινεῖν ἐθιζέσθω τοιοῦτον ὁ νέος, μηδὲ προφάσεις λέγων μηδὲ παραγωγάς τινας εὐπρεπεῖς ἐπὶ

---

[110] *Il.* 16.97.
[111] *Od.* 11.421.
[112] *Il.* 9.452.
[113] *Il.* 3.365.

8

Entonces, dadas las circunstancias, guiemos al joven en la poesía para que no tenga tales opiniones sobre aquellos ilustres y grandes nombres, como por ejemplo que los hombres eran [25E] sabios y justos, reyes excelentes y modelos de toda virtud y rectitud. Pues quedará muy perjudicado al aceptar y asombrarse por todo, al no estar disconforme con nada, sin escuchar ni aceptar al que, por su parte, censura a quienes hacen y dicen:

¡Ojalá!, Padre Zeus, Atenea y Apolo,
que ninguno de los troyanos, cuantos son, escape a la
[muerte,
ninguno de los argivos, pero que nosotros dos escapemos
[de la ruina
para destruir solos los sagrados bastiones de Troya

y

oí la voz más lamentable, la de una hija de Príamo,
Casandra, [25F] a la cual estaba matando la astuta
[Clitemnestra
junto a mí

y

que yo yaciera con la concubina, para que odiase al
[anciano.
Yo obedecí y lo hice

y

Padre Zeus, ningún otro de los dioses es más funesto que tú.

[26A] Por tanto, que no se acostumbre el joven a elogiar tales cosas, ni sea convincente y astuto al maquinar excusas y ciertas objeciones plausibles para las malas acciones, sino que más

πράγμασι φαύλοις μηχανώμενος πιθανὸς ἔστω καὶ πανοῦργος, ἀλλ' ἐκεῖνο μᾶλλον οἰέσθω, μίμησιν εἶναι τὴν ποίησιν ἠθῶν καὶ βίων, καὶ ἀνθρώπων οὐ τελείων οὐδὲ καθαρῶν οὐδ' ἀνεπιλήπτων παντάπασιν, ἀλλὰ μεμιγμένων πάθεσι καὶ δόξαις ψευδέσι καὶ ἀγνοίαις, διὰ δ' εὐφυΐαν αὐτοὺς πολλάκις μετατιθέντων πρὸς τὸ κρεῖττον. ἡ γὰρ τοιαύτη παρασκευὴ τοῦ νέου καὶ διάνοια, τοῖς μὲν εὖ λεγομένοις καὶ πραττομένοις ἐπαιρομένου καὶ συνενθουσιῶντος, [26B] τὰ δὲ φαῦλα μὴ προσιεμένου καὶ δυσχεραίνοντος, ἀβλαβῆ παρέξει τὴν ἀκρόασιν. ὁ δὲ πάντα θαυμάζων καὶ πᾶσιν ἐξοικειούμενος καὶ καταδεδουλωμένος τῇ δόξῃ τὴν κρίσιν ὑπὸ τῶν ἡρωϊκῶν ὀνομάτων, ὥσπερ οἱ τὴν Πλάτωνος ἀπομιμούμενοι κυρτότητα καὶ τὴν Ἀριστοτέλους τραυλότητα, λήσεται πρὸς πολλὰ τῶν φαύλων εὐχερὴς γενόμενος. δεῖ δὲ μὴ δειλῶς μηδ' ὥσπερ ὑπὸ δεισιδαιμονίας ἐν ἱερῷ φρίττειν ἅπαντα καὶ προσκυνεῖν, ἀλλὰ θαρραλέως ἐθιζόμενον ἐπιφωνεῖν μηδὲν ἧττον τοῦ "ὀρθῶς" καὶ "πρεπόντως" τὸ "οὐκ ὀρθῶς" καὶ "οὐ προσηκόντως." [26C] οἷον ὁ Ἀχιλλεὺς ἐκκλησίαν συνάγει τῶν στρατιωτῶν νοσούντων, ἀσχάλλων μὲν ἀργοῦντι τῷ πολέμῳ μάλιστα πάντων διὰ τὴν ἐν ταῖς στρατείαις ἐπιφάνειαν αὐτοῦ καὶ δόξαν, ἰατρικὸς δ' ὢν καὶ μεθ' ἡμέραν ἐνάτην ᾗ ταῦτα κρίνεσθαι πέφυκεν αἰσθόμενος οὐκ οὖσαν συνήθη τὴν νόσον οὐδὲ συνεστῶσαν ἀπὸ κοινῶν αἰτιῶν, ἀναστὰς οὐ δημαγωγεῖ πρὸς τὸν ὄχλον, ἀλλὰ τῷ βασιλεῖ γίγνεται σύμβουλος.

Ἀτρείδη, νῦν ἄμμε πάλιν πλαγχθέντας ὀΐω
ἂψ ἀπονοστήσειν,[114]

---

[114] Il. 1.59.

bien piense aquello de que la poesía es imitación de caracteres y vidas, y de hombres que no son perfectos, ni inmaculados, ni intachables en todo, sino compuestos por pasiones y opiniones falsas e ignorantes, que gracias a una buena disposición natural se transforman a sí mismos a mejor. Pues si tales son la preparación y el propósito del joven, que se apasiona y se inspira con discursos [26B] y acciones buenas y no acepta ni se irrita con las malas, esto permitirá una audición de poesía inofensiva. Sin embargo, quien se admira de todo, y todo asimila, y esclaviza su juicio con la opinión popular sobre los nombres heroicos, como quienes imitan la joroba de Platón y el tartamudeo de Aristóteles,[87] sin darse cuenta, se volverá indiferente hacia muchas cosas que son indignas. Es, por tanto, importante no temblar ni postrarse con adoración ante todo, ni por cobardía ni como por superstición en un templo, sino acostumbrarse a proclamar con confianza «incorrecto» e «inapropiado», no menos que [26C] «correcto» y «apropiado». Por ejemplo, Aquiles convoca una asamblea de los soldados enfermos, consternado más que ningún otro con la tardanza de la guerra debido a su fama y reputación en la expedición; pero teniendo conocimientos médicos y dándose cuenta tras el noveno día (cuando estas afecciones se resuelven de manera natural) que no era una enfermedad común ni originada en causas corrientes, tras alzarse para tomar la palabra, no lidera a la multitud, sino que se convierte en consejero del rey:

Hijo de Atreo, creo que nosotros, yendo errantes ahora
[otra vez,
tendremos que volver de nuevo a nuestros hogares.

---

[87] Plutarco reitera estos defectos físicos en *De ad. et am.* 53C. Aristóteles fue un filósofo discípulo de Platón y fundador de la escuela peripatética.

ὀρθῶς ταῦτα καὶ μετρίως καὶ πρεπόντως. τοῦ δὲ μάντεως δεδιέναι φήσαντος τὴν ὀργὴν τοῦ δυνατωτάτου τῶν Ἑλλήνων, οὐκέτ' ὀρθῶς οὐδὲ μετρίως, ἐπομόσας μηδένα προσοίσειν χεῖρας αὐτῷ ζῶντος αὐτοῦ, προστίθησιν

οὐδ' ἢν Ἀγαμέμνονα εἴπῃς,[115]

ἐνδεικνύμενος ὀλιγωρίαν καὶ περιφρόνησιν τοῦ ἄρχοντος. ἐκ δὲ τούτου μᾶλλον παροξυνθεὶς ἐπὶ τὸ ξίφος φέρεται [26D] σφάττειν διανοούμενος, οὔτε πρὸς τὸ καλὸν ὀρθῶς οὔτε πρὸς τὸ συμφέρον. εἶτ' αὖθις μετανοήσας

ἂψ ἐς κουλεὸν ὦσε μέγα ξίφος, οὐδ' ἀπίθησε
μύθῳ Ἀθηναίης,[116]

ὀρθῶς πάλιν καὶ καλῶς, ὅτι τὸν θυμὸν ἐκκόψαι παντάπασι μὴ δυνηθείς, ὅμως πρὶν ἀνήκεστόν τι δρᾶσαι μετέστησε καὶ κατέσχεν εὐπειθῆ τῷ λογισμῷ γενόμενον. πάλιν ὁ Ἀγαμέμνων [26E] ἐν μὲν τοῖς περὶ τὴν ἐκκλησίαν γιγνομένοις καὶ λεγομένοις ὑπ' αὐτοῦ καταγέλαστός ἐστιν, ἐν δὲ τοῖς περὶ Χρυσηίδα σεμνότερος καὶ βασιλικώτερος. ὁ μὲν γὰρ Ἀχιλλεὺς ἀγομένης τῆς Βρισηίδος

δακρύσας ἑτάρων ἄφαρ ἕζετο νόσφι λιασθείς,[117]

οὗτος δ' αὐτὸς εἰς τὴν ναῦν ἐμβιβάζων καὶ παραδιδοὺς καὶ ἀποπέμπων τὴν ἄνθρωπον ἢν ὀλίγῳ πρόσθεν εἴρηκε τῆς γαμετῆς τῇ εὐνοίᾳ προκρίνειν, οὐδὲν ἐρωτικὸν οὐδ' αἰσχρὸν ἐποίησε. καὶ μὴν ὁ Φοῖνιξ διὰ τὴν παλλακίδα κατάρατος ὑπὸ τοῦ πατρὸς γενόμενος

[115] *Il.* 1.90.
[116] *Il.* 1.220.
[117] *Il.* 1.349.

Dice esto con corrección, moderación y consideración. Pero, cuando el adivino dice temer la ira del más poderoso de los griegos, sin corrección ni moderación, Aquiles, que jura que nadie le pondrá las manos encima mientras él viva, añade:

ni aunque nombres a Agamenón,

demostrando su indiferencia y desprecio por el que los lidera. Tras esto, todavía más irritado, se precipita sobre su [26D] espada con la intención de asesinarlo, de manera injusta tanto con respecto al honor como a lo conveniente. Pero, al momento, tras arrepentirse:

de nuevo encajó la enorme espada en su funda
y no desobedeció la palabra de Atenea,

esta vez de manera justa y honorable, porque, aun sin poder controlar por completo su ira, antes de acometer algo irremediable, la dejó de lado y la contuvo haciéndola obediente a la razón. A su vez, Agamenón [26E] hace el ridículo en la asamblea por sus acciones y sus discursos, pero en lo que se refiere a Criseida es más digno y regio. Y es que Aquiles, cuando se llevaban a Briseida,

rompiendo a llorar, al punto se sentó aparte de sus
[compañeros, retirado,

Agamenón, en cambio, que la embarcó en persona en la nave, y entregó y despachó a la persona de la que poco antes había dicho que le tenía más aprecio que a su propia esposa, no hizo nada amoroso ni vergonzoso. Y también Fenix, maldito por su padre a causa de la concubina:

"τὸν μὲν ἐγώ," φησί, "βούλευσα κατακτάμεν ὀξέι χαλκῷ·
[26F]
ἀλλά τις ἀθανάτων παῦσεν χόλον, ὅς ῥ' ἐνὶ θυμῷ
δήμου θῆκε φάτιν καὶ ὀνείδεα πόλλ' ἀνθρώπων,
ὡς μὴ πατροφόνος μετ' Ἀχαιοῖσιν καλεοίμην".[118]

ὁ μὲν οὖν Ἀρίσταρχος ἐξεῖλε ταῦτα τὰ ἔπη φοβηθείς· ἔχει
δὲ πρὸς τὸν καιρὸν ὀρθῶς, τοῦ Φοίνικος τὸν Ἀχιλλέα [27A]
διδάσκοντος οἷόν ἐστιν ὀργὴ καὶ ὅσα διὰ θυμὸν ἄνθρωποι
τολμῶσι, μὴ χρώμενοι λογισμῷ μηδὲ πειθόμενοι τοῖς
παρηγοροῦσι. καὶ γὰρ τὸν Μελέαγρον ἐπεισάγει τοῖς πολίταις
ὀργιζόμενον, εἶτα πραϋνόμενον, ὀρθῶς τὰ πάθη ψέγων, τὸ δὲ μὴ
συνακολουθεῖν ἀλλ' ἀντιτάττεσθαι καὶ κρατεῖν καὶ μετανοεῖν
ἐπαινῶν ὡς καλὸν καὶ συμφέρον.
Ἐνταῦθα μὲν οὖν ἡ διαφορὰ πρόδηλος· ὅπου δ' ἀσαφῆ τὰ
τῆς γνώμης, διοριστέον οὕτω πως ἐφιστάντας τὸν νέον. εἰ μὲν ἡ
Ναυσικάα ξένον ἄνδρα τὸν Ὀδυσσέα θεασαμένη καὶ παθοῦσα
[27B] τὸ τῆς Καλυψοῦς πάθος πρὸς αὐτόν, ἅτε δὴ τρυφῶσα καὶ
γάμων ὥραν ἔχουσα, τοιαῦτα μωραίνει πρὸς τὰς θεραπαινίδας

αἲ γὰρ ἐμεῦ τοιόσδε πόσις κεκλημένος εἴη
ἐνθάδε ναιετάων, καί οἱ ἅδοι αὐτόθι μίμνειν,[119]

ψεκτέον τὸ θράσος αὐτῆς καὶ τὴν ἀκολασίαν· εἰ δὲ τοῖς λόγοις
τοῦ ἀνδρὸς τὸ ἦθος ἐνιδοῦσα καὶ θαυμάσασα τὴν ἔντευξιν
αὐτοῦ πολὺν νοῦν ἔχουσαν εὔχεται τοιούτῳ συνοικεῖν μᾶλλον
ἢ πλωτικῷ τινι καὶ ὀρχηστικῷ τῶν πολιτῶν, ἄξιον ἄγασθαι.
Πάλιν τῆς Πηνελόπης τοῖς μνηστῆρσι προσδιαλεγομένης οὐκ
ἀπανθρώπως, ἐκείνων δ' αὐτῇ χαριζομένων ἱμάτια καὶ κόσμον
ἄλλον, ἡδόμενος Ὀδυσσεὺς

---

[118]   De nuevo (véase arriba n. 85), estos versos no se han conservado en mss.
de Homero, pero se han integrado en las ediciones en base a la autoridad de
Plutarco.
[119]   *Od.* 6.244.

En verdad yo planeé, dice, matarlo con el agudo bronce;
[26F]
pero detuvo mi cólera uno de los inmortales, el cual puso
en mi ánimo la opinión del pueblo y los muchos
[reproches de los hombres,
no sea que acabara siendo llamado parricida entre los
[aqueos,[88]

Ahora bien, Aristarco,[89] quitó estos versos por temor. Pero justamente son oportunos aquí, porque Fenix enseña [27A] a Aquiles qué es la ira y cuánto padecen los hombres a causa de su irascibilidad, por no usar la razón ni dejarse convencer por sus consejeros. También introduce el poeta a Meleagro, irritado con los ciudadanos y después calmado, con lo que censura con justicia las pasiones y elogia no seguirlas, sino resistirlas, controlarlas y cambiar de parecer, en la idea de que es lo bueno y conveniente.

Aquí, por cierto, la diferencia es evidente; pero allí donde permanece oscuro el pensamiento del poeta, hay que hacer una distinción, poniéndola de alguna forma a disposición del joven. Un ejemplo: si Nausícaa, tras ver a Odiseo, un hombre extranjero, y sentir por él la pasión de [27B] Calipso, como era caprichosa y tenía edad de desposarse se pone en ridículo ante sus criadas con tales palabras:

Ojalá un varón tal fuera llamado mi esposo,
viviendo aquí, y le agradara quedarse aquí,

hay que reprobar su descaro y su desvergüenza; pero si, conocedora del carácter del hombre por sus palabras y fascinada por su conversación, llena de buen sentido, suplica casarse con tal persona más que con algún marinero o bailarín de entre sus ciu-

---

[88] Plutarco cita estos versos aquí y alguno de ellos en *Vida de Coriolano* 32 y *De ad. et am.* 72B.
[89] Erudito del s. III a. C., conocido por su teoría astronómica del heliocentrismo y trabajo en la Biblioteca de Alejandría.

οὕνεκα τῶν μὲν δῶρα παρέλκετο, θέλγε δὲ θυμόν,[120]

[27C]

εἰ μὲν ἐπὶ τῇ δωροδοκίᾳ καὶ πλεονεξίᾳ χαίρει, τὸν κωμῳδούμενον ὑπερβάλλει μαστροπείᾳ Πολίαγρον

εὐδαίμων Πολίαγρος
οὐράνιον αἶγα πλουτοφόρον τρέφων·[121]

εἰ δὲ μᾶλλον οἰόμενος ὑποχειρίους ἕξειν διὰ τὴν ἐλπίδα θαρροῦντας καὶ τὸ μέλλον οὐ προσδοκῶντας, λόγον ἔχει τὸ ἡδόμενον αὐτοῦ καὶ θαρροῦν. ὁμοίως ἐπὶ τῇ διαριθμήσει τῶν χρημάτων, ἃ συνεξέθηκαν οἱ Φαίακες αὐτῷ καὶ ἀπέπλευσαν, εἰ μὲν ἀληθῶς ἐν ἐρημίᾳ τοσαύτῃ καὶ τῶν καθ' αὐτὸν ἀσαφείᾳ καὶ ἀδηλότητι γεγονὼς περὶ τῶν χρημάτων φοβεῖται

μή τί οἱ οἴχωνται κοίλης ἐπὶ νηὸς ἔχοντες,[122] [27D]

οἰκτίρειν ἄξιον ἢ βδελύττεσθαι νὴ Δία τὴν φιλοπλουτίαν· εἰ δ', ὥσπερ ἔνιοι λέγουσι, περὶ τῆς Ἰθάκης ἀμφιδοξῶν οἴεται τὴν τῶν χρημάτων σωτηρίαν ἀπόδειξιν εἶναι τῆς τῶν Φαιάκων ὁσιότητος (οὐ γὰρ ἂν ἀκερδῶς φέροντας αὐτὸν εἰς ἀλλοτρίαν ἐκβαλεῖν χώραν καὶ καταλιπεῖν, ἀποσχομένους τῶν χρημάτων), οὔτε φαύλῳ τεκμηρίῳ χρῆται καὶ τὴν πρόνοιαν ἄξιον ἐπαινεῖν. ἔνιοι δὲ καὶ τὴν ἔκθεσιν αὐτὴν εἰ μὲν ἀληθῶς ἐγένετο καθεύδοντος ψέγουσι, καὶ Τυρρηνοὺς [27E] ἱστορίαν τινά φασι διαφυλάττειν ὡς ὑπνώδους φύσει τοῦ Ὀδυσσέως γενομένου καὶ

---

[120]   Od. 18.282.
[121]   Kock, Com. Att. Frag. III. p. 399. Puede entenderse en la expresión "una gallina de huevos de oro.»
[122]   Od. 13.216.

dadanos, merece ser admirada. Y a su vez, cuando Penélope entabla conversación con los pretendientes, sin parecer desolada, mientras ellos le muestran su favor con vestidos y otros adornos, Odiseo estaba complacido:

porque les sacaba regalos y cautivaba su ánimo. [27C]

Ahora bien, si se alegra con los sobornos y su beneficio, supera en proxenetismo a Poliagro, ridiculizado en las comedias:

Feliz Poliagro,
que cría a una cabra celeste, que le aporta riquezas.

En cambio, si es porque piensa que los tiene comiendo de su mano, confiados en sus esperanzas y despreocupados por el futuro, su deleite y confianza tienen su explicación. De manera similar, en el cómputo de sus posesiones, que los feacios habían expuesto ante él antes de embarcarse, si, al encontrarse en tal soledad, y en una ignorancia e incertidumbre sobre sus alrededores, realmente teme por sus bienes:

no sea que partieran en la cóncava nave llevándose algo,
[27D]

es justo compadecer o incluso, por Zeus, aborrecer su avaricia. Pero si, como dicen algunos, dudando sobre si realmente estaba en Ítaca, cree que la salvación de sus posesiones es una prueba de la integridad de los feacios (pues, no lo habrían llevado sin beneficio alguno, para desembarcarlo en tierra extranjera y abandonarlo, dejándole las riquezas), entonces no hace uso de mal indicio y es justo elogiar su previsión. Algunos también censuran el desembarco mismo, si ocurrió en realidad cuando estaba dormido; y dicen que los tirrenos [27E] conservan cierta tradición de que Odiseo era dormilón por naturaleza y que por eso era muy desagradable su trato para muchos; pero si el sueño

173

δυσεντεύκτου διὰ τοῦτο τοῖς πολλοῖς ὄντος. εἰ δ' οὐκ ἦν ἀληθὴς ὁ ὕπνος, ἀλλ' αἰδούμενος μὲν ἀποπέμψαι τοὺς Φαίακας ἄνευ ξενίων καὶ φιλοφροσύνης, μὴ δυνάμενος δὲ τοὺς ἐχθροὺς λαθεῖν ἐκείνων συμπαρόντων ἐχρήσατο τῆς ἀπορίας παρακαλύμματι, κοιμωμένῳ ποιήσας ὅμοιον ἑαυτόν, ἀποδέχονται.

Καὶ ταῦτα δὴ τοῖς νέοις ὑποδεικνύοντες οὐκ ἐάσομεν φορὰν πρὸς τὰ φαῦλα γίγνεσθαι τῶν ἠθῶν ἀλλὰ τῶν βελτιόνων ζῆλον καὶ προαίρεσιν, εὐθὺς τοῖς μὲν τὸ ψέγειν τοῖς δὲ τὸ ἐπαινεῖν ἀποδιδόντες. μάλιστα δὲ τοῦτο ποιεῖν δεῖ ἐν ταῖς τραγῳδίαις ὅσαι λόγους ἔχουσι πιθανοὺς καὶ πανούργους ἐν πράξεσιν [27F] ἀδόξοις καὶ πονηραῖς. οὐ πάνυ γὰρ ἀληθὲς τὸ τοῦ Σοφοκλέους λέγοντος

οὐκ ἔστ' ἀπ' ἔργων μὴ καλῶν ἔπη καλά·[123]

καὶ γὰρ οὗτος εἴωθεν ἤθεσι φαύλοις καὶ ἀτόποις πράγμασι λόγους ἐπιγελῶντας καὶ φιλανθρώπους αἰτίας πορίζειν. καὶ ὁ σύσκηνος αὐτοῦ πάλιν ὁρᾷς ὅτι τήν τε Φαίδραν καὶ προσεγκαλοῦσαν [28A] τῷ Θησεῖ πεποίηκεν ὡς διὰ τὰς ἐκείνου παρανομίας ἐρασθεῖσαν τοῦ Ἱππολύτου. τοιαύτην δὲ καὶ τῇ Ἑλένῃ παρρησίαν κατὰ τῆς Ἑκάβης ἐν ταῖς Τρῳάσι δίδωσιν, οἰομένη δεῖν ἐκείνην κολάζεσθαι μᾶλλον ὅτι μοιχὸν αὐτῆς ἔτεκε. μηδὲν οὖν τούτων κομψὸν ἡγεῖσθαι καὶ πανοῦργον ὁ νέος ἐθιζέσθω, μηδὲ προσμειδιάτω ταῖς τοιαύταις εὑρησιλογίαις, ἀλλὰ βδελυττέσθω τοὺς λόγους μᾶλλον ἢ τὰ ἔργα τῆς ἀκολασίας.

9

Ἐπὶ πᾶσι τοίνυν καὶ τὸ τὴν αἰτίαν ἑκάστου τῶν λεγομένων ἐπιζητεῖν χρήσιμόν ἐστιν. ὁ μὲν γὰρ Κάτων ἔτι παιδάριον ὢν ἔπραττε μὲν ὃ προστάξειεν ὁ παιδαγωγός, αἰτίαν δὲ καὶ λόγον ἀπήτει τοῦ προστάγματος· [28B] τοῖς δὲ ποιηταῖς οὐ πειστέον ὥσπερ παιδαγωγοῖς ἢ νομοθέταις, ἂν μὴ λόγον ἔχῃ τὸ ὑποκείμενον. ἕξει δέ, ἄνπερ χρηστὸν ᾖ· ἂν δὲ μοχθηρόν,

---

123   Fr. 755 en Nauck, *Trag. Graec. Frag., Sophocles.*

no era real, sino que, avergonzado de despedir a los feacios sin obsequios ni muestras de amistad e incapaz de pasar desapercibido ante sus enemigos si estaban aquellos también presentes, revistió la dificultad haciéndose el dormido, esto les parece aceptable.

Pues bien, al mostrar todo esto a los jóvenes, no dejaremos que surja una tendencia hacia las malas costumbres, sino un afán y un afecto por las mejores, incorporando al momento el censurar a unos y el elogiar a los otros. Y ante todo hay que hacer esto en las tragedias, las cuales introducen palabras convincentes e ingeniosas en acciones indignas [27F] y lamentables. Pues no es del todo cierto cuando Sófocles dice:

No nacen de acciones no bellas palabras bellas.

De hecho, él también está acostumbrado a emplear para las malas costumbres y las acciones absurdas palabras seductoras y causas humanas. Y a su vez, observas que su compañero de escena ha representado a Fedra culpando además a [28A] Teseo, porque por culpa de las transgresiones de aquel ella se enamoró de Hipólito. Tal es la franqueza también que da a Helena contra Hécuba, en las *Troyanas*,[90] cuando cree que más que ella misma es aquella quien debe ser castigada porque trajo al mundo al causante de su adulterio. Por tanto, el joven no debe acostumbrarse a creer que alguna de estas cosas es ingeniosa y diestra, ni debe sonreírse con tales habilidades argumentativas, sino que debe despreciar más las palabras que los hechos del libertinaje.

9

Por consiguiente, en todos los casos es ventajoso buscar la causa de cada cosa que se dice. Por ejemplo, Catón, siendo aún un niño, hacía lo que ordenaba su maestro, pero exigía la causa y la razón de la orden. Pero [28B] uno no debe creer a los poetas

---

[90] E. *Tr.* 919.

ὀφθήσεται κενὸν καὶ μάταιον. ἀλλ' οἱ πολλοὶ τῶν μὲν τοιούτων τὰς αἰτίας πικρῶς ἀπαιτοῦσι καὶ διαπυνθάνονται πῶς λέλεκται

μηδέ ποτ' οἰνοχόην τιθέμεν κρητῆρος ὕπερθεν πινόντων[124]

καὶ

ὃς δέ κ' ἀνὴρ ἀπὸ ὧν ὀχέων ἕτερ' ἅρμαθ' ἵκηται,
ἔγχει ὀρεξάσθω.[125]

τῶν δὲ μειζόνων ἀβασανίστως δέχονται τὴν πίστιν, [28C] οἷα καὶ ταῦτ' ἐστὶν

δουλοῖ γὰρ ἄνδρα, κἂν θρασύσπλαγχνός τις ᾖ,
ὅταν συνειδῇ μητρὸς ἢ πατρὸς κακά,[126]

καὶ

σμικρὸν φρονεῖν χρὴ τὸν κακῶς πεπραγότα.[127]

κaίτοι ταῦτα τῶν ἠθῶν ἅπτεται καὶ τοὺς βίους διαταράττει, κρίσεις ἐμποιοῦντα φαύλας καὶ δόξας ἀγεννεῖς, ἂν μὴ πρὸς ἕκαστον αὐτῶν εἰθισμένοι λέγωμεν "διὰ τί σμικρὸν φρονεῖν χρὴ τὸν κακῶς πεπραγότα καὶ μὴ μᾶλλον ἀνταίρειν τῇ τύχῃ καὶ ποιεῖν ὑψηλὸν ἑαυτὸν καὶ ἀταπείνωτον; διὰ τί δέ, ἂν ἐκ πατρὸς φαύλου καὶ ἀνοήτου γεγονὼς αὐτὸς ᾧ χρηστὸς καὶ φρόνιμος, [28D] οὐ προσήκει μοι διὰ τὴν ἐμὴν ἀρετὴν μέγα φρονεῖν ἀλλὰ καταπεπλῆχθαι καὶ ταπεινὸν εἶναι διὰ τὴν τοῦ πατρὸς ἀμαθίαν;" ὁ γὰρ οὕτως ἀπαντῶν καὶ ἀντερείδων καὶ μὴ παντὶ λόγῳ πλάγιον ὥσπερ πνεύματι παραδιδοὺς ἑαυτὸν ἀλλ' ὀρθῶς ἔχειν νομίζων

[124]   Op. 744.
[125]   Il. 4.306.
[126]   E. Hipp. 424.
[127]   Fr. 957 en Nauck, Trag. Graec. Frag., Euripides.

como a pedagogos o legisladores, a menos que el tema tratado sea razonable. Y lo será, si es útil; pero, si es falso, parecerá a los ojos vacío y vano. No obstante, la mayoría requiere con agudeza las causas de tales asuntos e indaga sobre cómo ha sido narrado:

> No colocar nunca, mientras alguien bebe, la jarra de
> [escanciar vino
> sobre la crátera,

y

> el hombre, que desde su carro alcance el carro de otro,
> que tienda contra él su lanza;

en cambio, aceptan con credulidad otros asuntos mayores, sin comprobarlos, [28C] tal como los siguientes:

> Y se esclaviza a un hombre, aunque sea valiente,
> cuando conoce las desgracias de su madre o de su padre,

y

> debe ser de mente humilde el que progresa de mala manera.

Y, aun así, estas cosas afectan a nuestros caracteres y trastornan nuestras vidas, porque generan juicios perversos y opiniones mezquinas, a no ser que, ya acostumbrados, digamos a cada una de ellas: ¿por qué debe ser de mente humilde quien progresa de mala manera y no debe, más bien, alzarse contra su suerte y hacer de sí mismo alguien orgulloso y resuelto? Y, ¿por qué, aunque haya nacido de un padre perverso y necio, si yo mismo soy bueno y sensato, [28D] no me corresponde enorgullecerme por mi virtud, sino ser intimidado y humillado por culpa de la ignorancia de mi padre? Aquel, por tanto, que resiste de esta forma, se alza en contra y no se deja llevar por cualquier discur-

τὸ "βλὰξ ἄνθρωπος ἐπὶ παντὶ λόγῳ φιλεῖ ἐπτοῆσθαι",[128] πολλὰ διακρούσεται τῶν οὐκ ἀληθῶς οὐδ᾽ ὠφελίμως λεγομένων. ταῦτα μὲν οὖν ἀβλαβῆ παρέξει τὴν τῶν ποιημάτων ἀκρόασιν.

10
Ἐπεὶ δ᾽ ὥσπερ ἐν ἀμπέλου φύλλοις καὶ [28E] κλήμασιν εὐθαλοῦσι πολλάκις ὁ καρπὸς ἀποκρύπτεται καὶ λανθάνει κατασκιαζόμενος, οὕτως ἐν ποιητικῇ λέξει καὶ μυθεύμασι περικεχυμένοις πολλὰ διαφεύγει τὸν νέον ὠφέλιμα καὶ χρήσιμα (δεῖ δὲ τοῦτο μὴ πάσχειν μηδ᾽ ἀποπλανᾶσθαι τῶν πραγμάτων, ἀλλ᾽ ἐμφύεσθαι μάλιστα τοῖς πρὸς ἀρετὴν φέρουσι καὶ δυναμένοις πλάττειν τὸ ἦθος), οὐ χεῖρόν ἐστι καὶ περὶ τούτων διελθεῖν ἐν βραχέσιν, ἁψάμενον ὡς ἐν τύπῳ τῶν πραγμάτων, μήκη δὲ καὶ κατασκευὰς καὶ παραδειγμάτων ὄχλον ἐῶντα τοῖς ἐπιδεικτικώτερον γράφουσι. πρῶτον μὲν οὖν [28F] τὰ χρηστὰ καὶ τὰ φαῦλα γιγνώσκων ὁ νέος ἤθη καὶ πρόσωπα τοῖς λεγομένοις προσεχέτω καὶ ταῖς πράξεσιν ἃς ὁ ποιητὴς ἑκατέροις προσηκόντως ἀποδίδωσιν· οἷον ὁ Ἀχιλλεὺς πρὸς τὸν Ἀγαμέμνονα λέγει, καίπερ λέγων μετ᾽ ὀργῆς

οὐ γὰρ σοί ποτε ἶσον ἔχω γέρας, ὁππότ᾽ Ἀχαιοὶ
Τρώων ἐκπέρσωσ᾽ εὖ ναιόμενον πτολίεθρον,

ὁ δὲ Θερσίτης τῷ αὐτῷ λοιδορούμενος λέγει

πλεῖαί τοι χαλκοῦ κλισίαι, πολλαὶ δὲ γυναῖκες
εἰσὶν ἐνὶ κλισίῃς ἐξαίρετοι, ἅς τοι Ἀχαιοὶ
πρωτίστῳ δίδομεν, εὖτ᾽ ἂν πτολίεθρον ἕλωμεν,[129]

---

[128] Diels, *Fragmente der Vorsokratiker*, I p. 95.
[129] *Il.* 1.163 y *Il.* 2.226, respectivamente.

so, como por el viento, pero considera que es correcto el dicho: «un hombre estúpido se pone nervioso con cualquier palabra»,[91] rebatirá mucho de lo que se dice de forma falsa e incompetente. Y así, todo ello hará inofensiva la audición de la poesía.

10

Luego, tal como entre las hojas y ramas florecientes de la vid el fruto [28E] a menudo queda oculto y pasa desapercibido al estar en la sombra, del mismo modo en el estilo poético y en los cuentos muy difundidos en él, escapa al joven mucho de lo que es útil y beneficioso; pero no debería sucederle esto ni desviarse de los hechos, sino más bien aferrarse a aquellos que le llevan a la virtud y a los que pueden modelar el carácter. No es mala idea tratar sobre estos asuntos brevemente, apuntando la noción general de los hechos, pero dejando su desarrollo y desentrañamiento y la multitud de los ejemplos para quienes escriben con más presunción. Primero, [28F] al reconocer los caracteres y los personajes buenos de los malos, el joven debe dirigir su atención a las palabras y a las acciones que el poeta asigna a cada uno como corresponde. Como cuando Aquiles dice a Agamenón, aunque habla con ira:

Nunca obtengo yo un botín igual al tuyo, cuando los
[aqueos
destruyen alguna populosa ciudad de los troyanos,

Pero Tersites, cuando le reprocha, dice:

tus tiendas están llenas de bronce, y hay muchas mujeres
escogidas, que los aqueos te damos a ti el primero,
[cuando tomamos una ciudad,

---

[91]   Se trata de un fragmento de Heráclito, filósofo presocrático enigmático y oscuro del s. VI a. C., que Plutarco reutiliza en *De aud.* 41A (vid. siguiente tratado en este volumen).

[29A] καὶ πάλιν ὁ Ἀχιλλεὺς

αἴ κέ ποθι Ζεὺς
δῶσι πόλιν Τροίην εὐτείχεον ἐξαλαπάξαι,

ὁ δὲ Θερσίτης

ὅν κεν ἐγὼ δήσας ἀγάγω ἢ ἄλλος Ἀχαιῶν.[130]

πάλιν τοῦ Ἀγαμέμνονος ἐν τῇ ἐπιπωλήσει τὸν Διομήδην λοιδορήσαντος ὁ μὲν οὐδὲν ἀντεῖπεν

αἰδεσθεὶς βασιλῆος ἐνιπὴν αἰδοίοιο,

ὁ δὲ Σθένελος, οὗ μηδεὶς λόγος,

"Ἀτρείδη," φησί, "μὴ ψεύδε' ἐπιστάμενος σάφα εἰπεῖν.
ἡμεῖς τοι πατέρων μέγ' ἀμείνονες εὐχόμεθ' εἶναι".[131]

[29B] ἡ γὰρ τοιαύτη διαφορὰ μὴ παρορωμένη διδάξει τὸν νέον ἀστεῖον ἡγεῖσθαι τὴν ἀτυφίαν καὶ μετριότητα, τὴν δὲ μεγαλαυχίαν καὶ περιαυτολογίαν ὡς φαῦλον εὐλαβεῖσθαι. χρήσιμον δὲ καὶ τὸ τοῦ Ἀγαμέμνονος κατανοεῖν ἐνταῦθα· τὸν μὲν γὰρ Σθένελον ἀπροσαύδητον παρῆλθε, τοῦ δ' Ὀδυσσέως οὐκ ἠμέλησεν ἀλλ' ἠμείψατο καὶ προσηγόρευσεν,

ὡς γνῶ χωομένοιο· πάλιν δ' ὅ γε λάζετο μῦθον·[132]

τὸ μὲν γὰρ πᾶσιν ἀπολογεῖσθαι θεραπευτικὸν καὶ οὐκ ἀξιωματικόν· τὸ δὲ πάντων καταφρονεῖν ὑπερήφανον καὶ ἀνόητον. ἄριστα δ' ὁ Διομήδης ἐν μὲν τῇ μάχῃ σιωπᾷ κακῶς

---

[130]   *Il.* 1.128 y *Il.* 2.231, respectivamente.
[131]   *Il.* 4.402 y *Il.* 4.404, respectivamente.
[132]   *Il.* 4.357.

[29A] y Aquiles, a su vez:

> Si es que Zeus
> nos concede saquear la bienamurallada ciudad de Troya,

pero Tersites:

> a quien yo o algún otro de los aqueos, tras atarlo,
> [conduzca prisionero.

Y de nuevo, cuando Agamenón insultó a Diomedes en la inspección, este no le contesta nada:

> escuchando con respeto la reprimenda del respetado rey,

sin embargo, Esténelo, sin razón, le dice:

> Hijo de Atreo, no mientas, cuando sabes decir la verdad.
> Nosotros nos gloriamos de ser mucho mejores que
> [nuestros padres.

[29B] Tal diferencia, por tanto, si no se ignora, enseñará al joven a considerar como instrucción la falta de arrogancia y la moderación, y a ser cauto con la arrogancia y la vanagloria, porque es algo vil. De hecho, es útil prestar atención al comportamiento de Agamenón aquí. Pues, pasó de largo a Esténelo, sin hacerle caso, pero no se despreocupó de Odiseo, sino que le contestó y se dirigió a él:

> cuando percibió que estaba irritado; e intentó retractar
> [sus palabras;

ya que defenderse contra todos es cosa servil y no honorable; pero ignorar a todos es arrogante y necio. De manera excelente

ἀκούων ὑπὸ τοῦ βασιλέως, [29C] μετὰ δὲ τὴν μάχην παρρησίᾳ χρῆται πρὸς αὐτόν

ἀλκὴν μέν μοι πρῶτον ὀνείδισας ἐν Δαναοῖσιν.[133]

Εὖ δ' ἔχει καὶ φρονίμου διαφορὰν ἀνδρὸς καὶ μάντεως πανηγυρικοῦ μὴ παραλιπεῖν. ὁ μὲν γὰρ Κάλχας οὐ συνεῖδε τὸν καιρόν, ἀλλ' ἐν πλήθει παρ' οὐδὲν ἐποιήσατο κατηγορῆσαι τοῦ βασιλέως ὡς τὸν λοιμὸν αὐτοῖς ἐπαγαγόντος· ὁ δὲ Νέστωρ βουλόμενος ἐμβάλλειν λόγον ὑπὲρ τῶν πρὸς τὸν Ἀχιλλέα διαλλαγῶν, ἵνα μὴ διαβάλλειν δοκῇ τὸν Ἀγαμέμνονα πρὸς τὸ πλῆθος ὡς ἁμαρτόντα καὶ χρησάμενον ὀργῇ,

δαίνυ δαῖτα γέρουσιν· ἔοικέ τοι, οὔ τοι ἀεικές.
πολλῶν δ' ἀγρομένων τῷ πείσεαι [29D] ὅς κεν ἀρίστην
[βουλὴν βουλεύσῃ.[134]

καὶ μετὰ τὸ δεῖπνον ἐξαποστέλλει τοὺς πρέσβεις· τοῦτο γὰρ ἦν ἐπανόρθωσις ἁμαρτίας, ἐκεῖνο δὲ κατηγορία καὶ προπηλακισμός.

Ἔτι δὲ καὶ τὰς ἐν τοῖς γένεσι διαφορὰς σκεπτέον, ὧν [τοιοῦτός ἐστιν ὁ τρόπος. οἱ

μὲν Τρῶες ἐπίασι μετὰ κραυγῆς καὶ θράσους, οἱ δ' Ἀχαιοί

σιγῇ δειδιότες σημάντορας.[135]

---

[133] Il. 9.34.
[134] Il. 9.70 y 74-5.
[135] Il. 4.431.

mantuvo silencio Diomedes en el combate, pese a haber sido reprendido por el rey, [29C] pero tras el combate hace uso de su libertad de expresión[92] al dirigirse a él:

> Primero menospreciaste mi valor ante los danaos.

Y está bien no dejar de lado la diferencia entre un hombre prudente y un adivino pomposo. Por ejemplo, Calcante no tuvo en cuenta el momento oportuno, sino que hizo como si nada al acusar al rey ante una multitud de que les había traído la peste; pero Néstor, por su parte, que quería aportar una razón para la reconciliación con Aquiles, con el fin de no desacreditar a Agamenón ante la multitud, como si se hubiera equivocado y dejado dominar por la ira:

> ofrece un banquete a los ancianos; a ti te corresponde, no
> [es impropio para ti.
> Y, cuando estemos muchos [29D] reunidos, obedecerás a
> [aquel que ofrezca
> el mejor consejo,

y tras la comida envía a los embajadores. Pues esta era la forma de emendar el error, aquella, acusación e insolencia.

Más aún, uno debe tener en consideración también las diferencias entre los pueblos, cuya forma de ser es tal como sigue: los troyanos atacan entre gritos y temeridad, los aqueos, en cambio:

> En silencio, temiendo a sus comandantes.

---

[92]   Sobre el concepto de parresia, véase la nota 2, arriba.

τὸ γὰρ ἐν χερσὶ τῶν πολεμίων ὄντων φοβεῖσθαι τοὺς ἄρχοντας ἀνδρείας ἅμα καὶ πειθαρχίας σημεῖον. ὅθεν ὁ μὲν Πλάτων ἐθίζει τοὺς ψόγους φοβεῖσθαι καὶ τὰ αἰσχρὰ μᾶλλον ἢ τοὺς πόνους καὶ τοὺς κινδύνους, ὁ δὲ Κάτων ἔλεγε [29E] φιλεῖν τοὺς ἐρυθριῶντας μᾶλλον ἢ τοὺς ὠχριῶντας.

Ἔστι δὲ καὶ τῶν ἐπαγγελιῶν ἴδιος χαρακτήρ. ὁ μὲν γὰρ
[Δόλων ἐπαγγέλλεται
τόφρα γὰρ ἐς στρατὸν εἶμι διαμπερές, ὄφρ' ἂν ἵκωμαι
νῆ' Ἀγαμεμνονέην,[136]

ὁ δὲ Διομήδης ἐπαγγέλλεται μὲν οὐδέν, ἧττον δ' ἄν φησι φοβηθῆναι μεθ' ἑτέρου πεμπόμενος. Ἑλληνικὸν οὖν καὶ ἀστεῖον ἡ πρόνοια, βαρβαρικὸν δὲ καὶ φαῦλον ἡ θρασύτης· καὶ δεῖ τὸ μὲν ζηλοῦν τὸ δὲ δυσχεραίνειν. ἔχεται δέ τινος οὐκ ἀχρήστου θεωρίας καὶ τὸ περὶ τοὺς Τρῶας καὶ τὸν Ἕκτορα πάθος, τοῦ Αἴαντος αὐτῷ μονομαχεῖν μέλλοντος. [29F] ὁ μὲν γὰρ Αἰσχύλος Ἰσθμοῖ πύκτου πληγέντος εἰς τὸ πρόσωπον καὶ κραυγῆς γενομένης, "οἷον" εἶπεν "ἡ ἄσκησίς ἐστιν. οἱ θεώμενοι βοῶσιν, ὁ δὲ πληγεὶς σιωπᾷ." τοῦ δὲ ποιητοῦ λέγοντος ὅτι τὸν Αἴαντα τῶν ὅπλων ποιούντων λαμπρὸν οἱ μὲν [30A] Ἕλληνες ἔχαιρον ὁρῶντες,

Τρῶας δὲ τρόμος αἰνὸς ἐπήλυθε γυῖα ἕκαστον,
Ἕκτορί τ' αὐτῷ θυμὸς ἐνὶ στήθεσσι πάτασσε,[137]

---

[136] *Il.* 10.325.
[137] *Il.* 7.214.

Pues, el temer a sus líderes, cuando se está a manos de los enemigos, es indicio de valor a la vez que de obediencia. De ahí que Platón acostumbre a temer la crítica y lo censurable más que los trabajos y los peligros[93], y Catón decía [29E] amar más a quienes se sonrojan que a los que palidecen.[94]

Existe, además, un distintivo propio de estas promesas. Pues Dolón promete:

> Así pues, atravesaré de parte a parte el ejercito
> hasta que llegue
> a la nave de Agamenón,

Diomedes, en cambio, no promete nada, pero dice que tendrá menos miedo si es enviado con otro. La previsión, por tanto, es un rasgo griego y distinguido; la temeridad un rasgo bárbaro y vulgar.[95] Y conviene emular uno y rechazar el otro. Tampoco es vana la observación de la afectación de los troyanos y de Héctor, cuando Áyax iba a entablar un combate singular [29F] con aquel. Y Esquilo en los Juegos Ístmicos, tras ser golpeado en el rostro un boxeador y levantarse un clamor, dijo: «Lo que hace la práctica. Los espectadores gritan y el golpeado calla».[96] Igual cuando dice el poeta que los [30A] griegos se alegraban de ver a Áyax, avanzando deslumbrante en su armadura, pero:

> Un terrible temblor paralizó a los troyanos, a cada uno en
> [sus miembros,
> y al mismo Héctor le palpitó el corazón en el pecho.

---

[93]   *Ap.* 28e-f.
[94]   Véase *Vida de Catón* 9.
[95]   Encontramos de nuevo una alusión al racismo de corte étnico, para lo que remitimos a la nota 49, arriba.
[96]   Plutarco refiere esta anécdota también en *De prof. in virt.* 79D.

τίς οὐκ ἂν ἀγάσαιτο τὴν διαφοράν; τοῦ μὲν κινδυνεύοντος ἡ καρδία πηδᾷ μόνον, ὥσπερ παλαίειν νὴ Δί᾽ ἢ σταδιοδρομεῖν μέλλοντος, τῶν δὲ θεωμένων τρέμει καὶ πάλλεται τὸ σῶμα δι᾽ εὔνοιαν καὶ φόβον ὑπὲρ τοῦ βασιλέως. ἐνταῦθα δὲ καὶ τὴν τοῦ κρατίστου πρὸς τὸν κάκιστον διαφορὰν ἀποθεωρητέον. ὁ μὲν γὰρ Θερσίτης

ἔχθιστος δ᾽ Ἀχιλῆι μάλιστ᾽ ἦν ἠδ᾽ Ὀδυσῆι,[138]

ὁ δ᾽ Αἴας ἀεί τε τῷ Ἀχιλλεῖ προσφιλὴς καὶ πρὸς τὸν Ἕκτορα [30B] λέγει περὶ αὐτοῦ

νῦν μὲν δὴ σάφα εἴσεαι οἰόθεν οἶος
οἷοι καὶ Δαναοῖσιν ἀριστῆες μετέασι,
καὶ μετ᾽ Ἀχιλλῆα ῥηξήνορα θυμολέοντα.[139]

καὶ τοῦτο μὲν Ἀχιλλέως τὸ ἐγκώμιόν ἐστι, τὰ δ᾽ ἑξῆς ὑπὲρ ἁπάντων εἴρηται χρησίμως

ἡμεῖς δ᾽ εἰμὲν τοῖοι οἳ ἂν σέθεν ἀντιάσαιμεν καὶ πολέες,[140]

οὔτε μόνον οὔτ᾽ ἄριστον ἀποφαίνων ἑαυτὸν ἀλλὰ μετὰ πολλῶν ὁμοίως δυναμένων ἀμύνασθαι.

Ταῦτα μὲν οὖν ἱκανὰ περὶ διαφορᾶς, ἂν μὴ κἀκεῖνο βουλώμεθα προσλαβεῖν, [30C] ὅτι τῶν Τρώων ἑαλώκασι καὶ πολλοὶ ζῶντες, οὐδεὶς δὲ τῶν Ἀχαιῶν, καὶ τῶν μὲν ὑποπεπτώκασιν ἔνιοι τοῖς πολεμίοις, ὥσπερ ὁ Ἄδραστος, οἱ Ἀντιμάχου παῖδες, ὁ Λυκάων, αὐτὸς ὁ Ἕκτωρ δεόμενος περὶ ταφῆς τοῦ Ἀχιλλέως, ἐκείνων δ᾽ οὐδείς, ὡς βαρβαρικοῦ τοῦ ἱκετεύειν καὶ ὑποπίπτειν ἐν τοῖς ἀγῶσιν ὄντος, Ἑλληνικοῦ δὲ τοῦ νικᾶν μαχόμενον ἢ ἀποθνήσκειν.

---

138   *Il.* 2.220.
139   *Il.* 7. 226.
140   *Il.* 7.231.

¿Quién no admiraría la diferencia? Mientras que el corazón del que está en peligro solo palpita, como si, por Zeus, solo estuviera a punto de boxear o competir en una carrera; el cuerpo de los espectadores tiembla y se agita por solidaridad y temor por su rey. Aquí también es necesario observar la diferencia entre el más valeroso y el más cobarde. Pues Tersites:

> era odioso sobre todo para Aquiles y para Odiseo,

mientras que Áyax siempre fue muy querido para Aquiles [30B] y le dice a Héctor sobre él:

> Ahora solo tú sabrás claramente, de un hombre solo,
> qué clase de líderes tienen entre ellos los dánaos,
> incluso más allá de Aquiles, destructor de las filas de
> [guerreros, de corazón de león.

Y esto es un encomio de Aquiles; pero las líneas que siguen se han dicho para beneficio de todos:

> Pero tales somos nosotros, los que podríamos oponernos
> [a ti,
> y muchos,

no mostrándose a sí mismo como el único o el mejor, sino como uno entre muchos semejantes, que tienen la capacidad de defenderse.

Estas apreciaciones son suficientes acerca de las diferencias, [30C] a menos que queramos añadir también aquello de que, de los troyanos, muchos han sido cogidos vivos, pero de los aqueos, ninguno, y de aquellos unos pocos cayeron a los pies de los enemigos, como Adrasto, los hijos de Antímaco, Licaón, o el propio Héctor suplicando a Aquiles por su sepultura; pero de estos, ninguno, como si el suplicar y el arrojarse a los pies en los combates fuera una costumbre bárbara, mientras que el vencer luchando o morir fuera una costumbre griega.

11

Ἐπεὶ δ᾽ ὥσπερ ἐν ταῖς νομαῖς ἡ μὲν μέλιττα διώκει τὸ ἄνθος, ἡ δ᾽ αἴξ τὸν θαλλόν, ἡ δ᾽ ὗς τὴν ῥίζαν, ἄλλα δὲ ζῷα τὸ σπέρμα καὶ τὸν καρπόν, οὕτως ἐν ταῖς ἀναγνώσεσι τῶν ποιημάτων ὁ μὲν ἀπανθίζεται [30D] τὴν ἱστορίαν, ὁ δ᾽ ἐμφύεται τῷ κάλλει καὶ τῇ κατασκευῇ τῶν ὀνομάτων, καθάπερ ὁ Ἀριστοφάνης περὶ τοῦ Εὐριπίδου φησί

χρῶμαι γὰρ αὐτοῦ τοῦ στόματος τῷ στρογγύλῳ·[141]

οἳ δὲ τῶν πρὸς τὸ ἦθος εἰρημένων ὠφελίμως ἔχονται, πρὸς οὓς δὴ νῦν ἡμῖν ὁ λόγος ἐστίν, ὑπομιμνήσκωμεν αὐτοὺς ὅτι δεινόν ἐστι τὸν μὲν φιλόμυθον μὴ λανθάνειν τὰ καινῶς ἱστορούμενα καὶ περιττῶς, μηδὲ τὸν φιλόλογον ἐκφεύγειν τὰ [30E] καθαρῶς πεφρασμένα καὶ ῥητορικῶς, τὸν δὲ φιλότιμον καὶ φιλόκαλον καὶ μὴ παιγνίας ἀλλὰ παιδείας ἕνεκα ποιημάτων ἁπτόμενον ἀργῶς καὶ ἀμελῶς ἀκούειν τῶν πρὸς ἀνδρείαν ἢ σωφροσύνην ἢ δικαιοσύνην ἀναπεφωνημένων, οἷα καὶ ταῦτ᾽ ἐστὶ

Τυδείδη, τί παθόντε λελάσμεθα θούριδος ἀλκῆς;
ἀλλ᾽ ἄγε δεῦρο, πέπον, παρ᾽ ἔμ᾽ ἵστασο· δὴ γὰρ ἔλεγχος
ἔσσεται, εἴ κεν νῆας ἕλῃ κορυθαίολος Ἕκτωρ.[142]

τὸ γὰρ ἐν κινδύνῳ τοῦ διαφθαρῆναι καὶ ἀπολέσθαι μετὰ πάντων ὄντα τὸν φρονιμώτατον ὁρᾶν τὸ αἰσχρὸν δεδοικότα καὶ τὸ ἐπονείδιστον ἀλλὰ μὴ τὸν θάνατον, ἐμπαθῆ ποιήσει πρὸς ἀρετὴν τὸν νέον. καὶ τῷ

χαῖρε δ᾽ Ἀθηναίη πεπνυμένῳ ἀνδρὶ δικαίῳ[143]

τοιοῦτον ἐπιλογισμὸν δίδωσι, μήτε πλουσίῳ τινὶ μήτε καλῷ

---

[141] Kock, *Com. Att. Frag.* I p. 513.
[142] *Il.* 11.313.
[143] *Od.* 3.52.

11

Tal como en los pastos la abeja busca la flor, la cabra un brote joven, el cerdo la raíz y los otros animales la semilla y el fruto, así también en las lecturas de poesía, uno hace un florilegio a partir de la [30D] historia, otro crece con la belleza y la disposición de las palabras, como dice Aristófanes sobre Eurípides:

> Pues yo me sirvo de la redondez de su boca.

Pero quienes se preocupan de que lo que se ha dicho es de provecho para el carácter (precisamente para ellos es nuestro discurso ahora), debemos recordarles cuan extraño es que al amante de los mitos no le pase desapercibida ninguna historia novedosa y extraordinaria, y que al amante de las letras no se le escape ninguna expresión pura y retórica; pero que el amante del honor y de la belleza y que se dedica a la poesía no por [30E] diversión sino para su educación, escuche con pereza y abandono las declaraciones sobre el valor, la prudencia o la justicia, como son las que siguen:

> Tídida, ¿qué hemos sufrido nosotros que nos hemos
> [olvidado de nuestro impetuoso valor?
> Mas ven aquí, amigo mío, colócate junto a mí, pues
> [ciertamente será una vergüenza
> si Héctor, el de tremolante casco, se apodera de las naves.

Y es que observar que el hombre más sensato, cuando está en peligro de ser destruido o de sucumbir junto a todos, teme la humillación y la deshonra pero no la muerte, hará al joven emocionarse ante la virtud. Y con el verso:

> Y Atenea se alegró por el hombre inteligente y justo,

ofrece una reflexión similar, al hacer que la diosa se alegre, no

τὸ σῶμα μήτ᾿ ἰσχυρῷ τὴν θεὸν χαίρουσαν ἀλλὰ φρονίμῳ καὶ δικαίῳ ποιήσας. καὶ πάλιν τὸν Ὀδυσσέα φάσκουσα [30F] μὴ περιορᾶν μηδὲ προλείπειν

οὕνεκ᾿ ἐπητής ἐστι καὶ ἀγχίνοος καὶ ἐχέφρων,[144]

ἐνδείκνυται μόνον εἶναι τῶν ἡμετέρων θεοφιλὲς καὶ θεῖον ἀρετήν, εἴγε δὴ τὰ ὅμοια χαίρειν τοῖς ὁμοίοις πέφυκεν.

Ἐπεὶ δὲ μεγάλου δοκοῦντος εἶναι καὶ ὄντος [31Α] τοῦ κρατεῖν ὀργῆς μεῖζόν ἐστιν ἡ φυλακὴ καὶ ἡ πρόνοια τοῦ μὴ περιπεσεῖν ὀργῇ μηδ᾿ ἁλῶναι, καὶ ταῦτα δεῖ τοῖς ἀναγιγνώσκουσιν ὑποδεικνύειν μὴ παρέργως, ὅτι τὸν Πρίαμον ὁ Ἀχιλλεὺς οὐκ ἀνασχετικὸς ὢν οὐδὲ πρᾶος ἡσυχίαν ἄγειν κελεύει καὶ μὴ παροξύνειν αὐτόν, οὕτως

μηκέτι νῦν μ᾿ ἐρέθιζε, γέρον (νοέω δὲ καὶ αὐτὸς
Ἕκτορά τοι λῦσαι, Διόθεν δέ μοι ἄγγελος ἦλθε)
μή σε, γέρον, οὐδ᾿ αὐτὸν ἐνὶ κλισίῃσιν ἐάσω,
καὶ ἱκέτην περ ἐόντα, Διὸς δ᾿ ἀλίτωμαι ἐφετμάς,[145]

[31Β] καὶ τὸν Ἕκτορα λούσας καὶ περιστείλας αὐτὸς ἐπὶ τὴν ἀπήνην τίθησι, πρὶν ᾐκισμένον ὑπὸ τοῦ πατρὸς ὀφθῆναι,

μὴ ὁ μὲν ἀχνυμένη κραδίῃ χόλον οὐκ ἐρύσαιτο,
παῖδα ἰδών, Ἀχιλῆι δ᾿ ὀρινθείη φίλον ἦτορ
καί ἑ κατακτείνειε, Διὸς δ᾿ ἀλίτηται ἐφετμάς.[146]

τὸ γὰρ ἐπισφαλῶς πρὸς ὀργὴν ἔχοντα καὶ φύσει τραχὺν ὄντα καὶ θυμοειδῆ μὴ λανθάνειν ἑαυτὸν ἀλλ᾿ ἐξευλαβεῖσθαι καὶ φυλάττεσθαι τὰς αἰτίας καὶ προκαταλαμβάνειν τῷ λογισμῷ πόρρωθεν ὅπως οὐδ᾿ ἄκων τῷ πάθει περιπεσεῖται, θαυμαστῆς

---

[144] Od. 13.332.
[145] Il. 24.560-1 y 569-570.
[146] Il. 24.584-6.

a causa de un hombre rico ni de cuerpo bello ni fuerte, sino prudente y justo. Y, otra vez, cuando ella dice que no subestima [30F] ni abandona a Odiseo:

porque es noble, sagaz y sensato,

demuestra que el único atributo entre los nuestros que es apreciado por los dioses y algo divino es la virtud, si es verdad que por naturaleza lo igual se alegra con lo igual.

Y puesto que parece ser importante, y de hecho lo es, [31A] el controlar la ira, más importante es el cuidado y la previsión de no refugiarse en la ira ni ser arrastrado por ella; es necesario indicar a los lectores, y no como una digresión, que Aquiles, sin ser paciente ni tranquilo, ordena a Príamo mantener la calma y no irritarlo, así:

no me irrites más ahora, anciano; también yo mismo
[pienso
entregarte a Héctor, pues me vino un mensajero de Zeus,
no sea que, oh anciano, ni a ti mismo te deje en mi tienda,
aunque seas un suplicante, y viole las órdenes de Zeus.

[31B] Y tras haber lavado y vestido a Héctor con un sudario él mismo, lo coloca en el carro antes de que su cuerpo ultrajado sea reconocido por el padre,

no fuera que en su corazón afligido no pudiese contener
[la cólera
al ver a su hijo, y que Aquiles se irritara en su corazón
y lo matase, violando así las ordenes de Zeus.

Pues es una previsión admirable que quien tiene un control incierto de su ira y que es de naturaleza inflexible e irascible no se desconozca a sí mismo, sino que se cuide y vigile las causas

ἐστι προνοίας. [31C] οὕτω δὲ δεῖ καὶ πρὸς μέθην τὸν φίλοινον ἔχειν καὶ πρὸς ἔρωτα τὸν ἐρωτικόν· ὥσπερ ὁ Ἀγησίλαος οὐχ ὑπέμεινεν ὑπὸ τοῦ καλοῦ φιληθῆναι προσιόντος, ὁ δὲ Κῦρος οὐδ᾽ ἰδεῖν τὴν Πάνθειαν ἐτόλμησε, τῶν ἀπαιδεύτων τοὐναντίον ὑπεκκαύματα τοῖς πάθεσι συλλεγόντων καὶ πρὸς ἃ μάλιστα κακῶς καὶ ὀλισθηρῶς ἔχουσιν αὐτοὺς προϊεμένων. ὁ δ᾽ Ὀδυσσεὺς οὐ μόνον ἑαυτὸν ἀνέχει θυμούμενον, ἀλλὰ καὶ τὸν Τηλέμαχον ἐκ τοῦ λόγου συνιδὼν χαλεπὸν ὄντα καὶ μισοπόνηρον ἀμβλύνει καὶ παρασκευάζει πόρρωθεν ἡσυχίαν ἄγειν καὶ ἀνέχεσθαι, κελεύων

εἰ δέ μ᾽ ἀτιμήσουσι δόμον κάτα, σὸν δὲ φίλον κῆρ
τετλάτω [31D] ἐν στήθεσσι κακῶς πάσχοντος ἐμεῖο,
ἤν περ καὶ διὰ δῶμα ποδῶν ἕλκωσι θύραζε
ἢ βέλεσιν βάλλωσι· σὺ δ᾽ εἰσορόων ἀνέχεσθαι.[147]

ὥσπερ γὰρ τοὺς ἵππους οὐκ ἐν τοῖς δρόμοις χαλινοῦσιν ἀλλὰ πρὸ τῶν δρόμων, οὕτω τοὺς δυσκαθέκτους πρὸς τὰ δεινὰ καὶ θυμοειδεῖς προκαταλαμβάνοντες τοῖς λογισμοῖς καὶ προκαταρτύοντες ἐπὶ τοὺς ἀγῶνας ἄγουσιν. Δεῖ δὲ μηδὲ τῶν ὀνομάτων ἀμελῶς ἀκούειν, ἀλλὰ τὴν μὲν Κλεάνθους παιδιὰν παραιτεῖσθαι· κατειρωνεύεται γὰρ ἔστιν ὅτε προσποιούμενος ἐξηγεῖσθαι τὸ

Ζεῦ πάτερ Ἴδηθεν μεδέων·

καὶ τὸ

Ζεῦ ἄνα Δωδωναῖε[148]

---

147 Od. 16.274.
148 Il. 3.320 y 16.233.

y las anticipe de lejos con la lógica, de manera que no caiga, ni siquiera involuntariamente, en esa afección. [31C] Así también conviene que actúe el aficionado al vino con la bebida y quien es apasionado con el amor. Igual que Agesilao no permitió ser besado por el bello joven que se le acercaba y Ciro no se atrevió ni a mirar a Pantea; aquellos sin educación, al contrario, acumulan materiales que inflaman las pasiones y se lanzan ellos mismos de cabeza a aquellas que son en mayor medida malas y resbaladizas. Y Odiseo no solo se controla a sí mismo cuando se irrita, sino que, viendo por sus palabras que también Telémaco está molesto y lleno de odio contra los villanos, lo tranquiliza y lo prepara con antelación para que mantenga la calma y se contenga, ordenándole:

> Incluso si estos me ultrajan en mi hogar, que tu corazón soporte [31D] en tu pecho el que yo sufra malos tratos, aunque me arrastren por los pies a través del palacio hasta
> [la puerta,
> o me hieran con flechas. Tú, observando, sopórtalo.

Y, tal como a los caballos no se les pone la brida en las carreras, sino antes de las carreras, de la misma forma a quienes son temperamentales frente a los peligros e irascibles se les guía hacia las dificultades dominándolos de antemano con razonamientos y entrenándolos con antelación. Y es preciso que no escuchen sin prestar atención a las palabras, y aún que rechacen la infantilidad de Cleantes:[97] pues hay ocasiones en las que usa la ironía, como cuando pretende interpretar:

> Padre Zeus, que gobiernas desde el Ida,

y

> Zeus, señor de Dodona,

---

97   Filósofo estoico del s. III a. C.

[31E] κελεύων ἀναγιγνώσκειν ὑφ' ἕν, ὡς τὸν ἐκ τῆς γῆς ἀναθυμιώμενον ἀέρα διὰ τὴν ἀνάδοσιν ἀναδωδωναῖον ὄντα. καὶ Χρύσιππος δὲ πολλαχοῦ γλίσχρος ἐστίν, οὐ παίζων ἀλλ' εὑρησιλογῶν ἀπιθάνως, καὶ παραβιαζόμενος εὐρύοπα Κρονίδην εἶναι τὸν δεινὸν ἐν τῷ διαλέγεσθαι καὶ διαβεβηκότα τῇ δυνάμει τοῦ λόγου.

Βέλτιον δὲ ταῦτα τοῖς γραμματικοῖς παρέντας ἐκεῖνα μᾶλλον πιέζειν οἷς ἅμα τὸ χρήσιμον καὶ πιθανὸν ἔνεστιν

οὐδέ με θυμὸς ἄνωγεν, ἐπεὶ μάθον ἔμμεναι ἐσθλὸς[149]

καὶ

πᾶσιν γὰρ ἐπίστατο μείλιχος εἶναι.[150]

[31F] τήν τε γὰρ ἀνδρείαν ἀποφαίνων μάθημα καὶ τὸ προσφιλῶς ἅμα καὶ κεχαρισμένως ἀνθρώποις ὁμιλεῖν ἀπ' ἐπιστήμης καὶ κατὰ λόγον γίγνεσθαι νομίζων προτρέπει μὴ ἀμελεῖν ἑαυτῶν, ἀλλὰ μανθάνειν τὰ καλὰ καὶ προσέχειν τοῖς διδάσκουσιν, ὡς καὶ τὴν σκαιότητα καὶ τὴν δειλίαν ἀμαθίαν καὶ ἄγνοιαν οὖσαν. σφόδρα δὲ τούτοις κἀκεῖνα σύμφωνά ἐστιν ἃ λέγει περὶ τοῦ Διὸς καὶ τοῦ Ποσειδῶνος

[32A] ἦ μὰν ἀμφοτέροισιν ὁμὸν γένος ἠδ' ἴα πάτρη,
ἀλλὰ Ζεὺς πρότερος γεγόνει καὶ πλείονα ᾔδει.[151]

[149] *Il.* 6.444.
[150] *Il.* 17.671.
[151] *Il.* 13.354.

[31E] recomendando leer las dos últimas palabras como una (anadodonaion), como si el aire que emana de la tierra, fuera «anadodonaion» a causa de una emanación (anadidosin).[98] Y también Crisipo[99] es a menudo algo cruel, sin estar de broma, cuando inventa argumentos ingeniosos, pero poco convincentes, y fuerza el sentido de que Cronida «longividente» es el «hábil en el conversar», a saber, que es superior en el poder de la palabra.[100]

No obstante, es mejor, dejando estos temas a los gramáticos, insistir más en aquellos en los que hay a la vez utilidad y verosimilitud, como:

Ni mi corazón me impulsa a ello, pues aprendí a ser
[valiente

y

pues sabía ser amable con todos.

[31F] Así pues, sugiriendo que la valentía es algo que se aprende y pensando que ofrecer una compañía a la vez agradable y complaciente para los hombres surge del conocimiento y está en concordancia con la razón, el poeta urge a no despreocuparse de uno mismo, sino a aprender el bien y prestar atención a los instructores, en la idea de que tanto la rudeza como la cobardía son desconocimiento e ignorancia. Con estas ideas está muy en concordancia aquello que dice sobre Zeus y Poseidón:

[32A] Ciertamente, para ambos el linaje era el mismo y
[una misma la patria,
pero Zeus nació primero y sabía mucho más.

---

[98]   Intricado juego de palabras que unifica «ἄνα Δωδωναῖε», de la cita homérica, para formar un neologismo que significaría «un donativo que se eleva».
[99]   Como Cleantes, filósofo estoico del s. III a. C.
[100]   *Il.* 1.498.

θειότατον γὰρ ἀποφαίνει τὴν φρόνησιν καὶ βασιλικώτατον, ἐν ᾗ τίθεται τὴν μεγίστην ὑπεροχὴν τοῦ Διός, ἅτε δὴ καὶ τὰς ἄλλας ἀρετὰς ἕπεσθαι ταύτῃ νομίζων. Ἐθιστέον δ' ἅμα καὶ τούτων ἐγρηγορότως τὸν νέον ἀκούειν

ψεῦδος δ' οὐκ ἐρέει· μάλα γὰρ πεπνυμένος ἐστὶ[152]

καὶ

Ἀντίλοχε, πρόσθεν πεπνυμένε, ποῖον ἔρεξας;
ᾔσχυνας μὲν ἐμὴν ἀρετήν, βλάψας δέ μοι ἵππους[153]

καὶ

Γλαῦκε, τίη δὲ σὺ τοῖος ἐὼν ὑπέροπλον ἔειπας;
ὦ πέπον, ἦ τ' ἐφάμην σε περὶ φρένας [32B] ἔμμεναι
[ἄλλων,[154]

ὡς οὔτε ψευδομένων τῶν φρονίμων οὔτε κακομαχούντων ἐν τοῖς ἀγῶσιν οὔτε παρ' ἀξίαν ἑτέροις ἐγκαλούντων. καὶ τὸν Πάνδαρον δὲ πεισθῆναι λέγων διὰ τὴν ἀφροσύνην τὰ ὅρκια συγχέαι δῆλός ἐστιν οὐκ ἂν ἀδικῆσαι τὸν φρόνιμον ἡγούμενος. ὅμοια δ' ἔστι καὶ περὶ σωφροσύνης ὑποδεικνύειν ἐφιστάντα τοῖς οὕτω λεγομένοις

τῷ δὲ γυνὴ Προίτου ἐπεμήνατο, δῖ' Ἄντεια,
κρυπταδίῃ φιλότητι μιγήμεναι· ἀλλὰ τὸν οὔ τι [32C]
πεῖθ' ἀγαθὰ φρονέοντα, δαΐφρονα Βελλεροφόντην[155]

καὶ

---

152   *Od.* 3.20.
153   *Il.* 23.570.
154   *Il.* 17.170.
155   *Il.* 6.160.

Porque declara el pensamiento como lo más divino y más regio, donde reposa la extraordinaria superioridad de Zeus, precisamente porque considera que las demás virtudes derivan de esta. Al mismo tiempo, debe acostumbrarse el joven a escuchar estas cosas con una mente despierta:

No dirá una mentira, pues es muy sensato

y

Antíloco, tú que antes eras sensato, ¿qué has hecho?
Has afrentado mi valor, dañando a mis caballos,

y

Glauco, ¿por qué, un hombre como tú, hablaste con
[insolencia?
Amigo mío, es verdad, yo pensaba que aventajabas [32B]
[a los demás en sentido común,

en la idea de que los hombres sensatos no mienten, ni juegan sucio en los combates, ni acusan a los demás sin merecerlo. Y cuando dice que Pándaro se dejó persuadir por su insensatez a violar los juramentos, es evidente que opina que el sensato no comete estas faltas. Ideas similares acerca de la moderación es posible mostrar al compararlas con afirmaciones así:

Con un deseo loco la mujer de Preto, la excelente Antea,
de unirse en amor clandestino; pero no convenció a este,
que pensaba cosas sensatas, al prudente Belerofonte,

y

ἡ δ᾽ ἤτοι τὸ πρὶν μὲν ἀναίνετο ἔργον ἀεικές,
δῖα Κλυταιμνήστρη· φρεσὶ γὰρ κέχρητ᾽ ἀγαθῇσιν·[156]

ἐν μὲν οὖν τούτοις τῇ φρονήσει τὴν τοῦ σωφρονεῖν αἰτίαν
ἀποδίδωσιν, ἐν δὲ ταῖς παρὰ τὰς μάχας κελεύσεσιν ἑκάστοτε
λέγων

αἰδώς, ὦ Λύκιοι. πόσε φεύγετε; νῦν θοοὶ ἔστε[157]

καὶ

ἀλλ᾽ ἐν φρεσὶ θέσθε ἕκαστος
αἰδῶ καὶ νέμεσιν· δὴ γὰρ μέγα νεῖκος ὄρωρεν[158]

ἀνδρείους ἔοικε ποιεῖν τοὺς σώφρονας διὰ τὸ αἰδεῖσθαι τὰ
αἰσχρὰ καὶ [32D] τὰς ἡδονὰς δυναμένους ὑπερβαίνειν καὶ τοὺς
κινδύνους ὑφίστασθαι. ἀφ᾽ ὧν καὶ Τιμόθεος ὁρμηθεὶς οὐ κακῶς
ἐν τοῖς Πέρσαις τοὺς Ἕλληνας παρεκάλει

σέβεσθ᾽ αἰδῶ συνεργὸν ἀρετᾶς δοριμάχου,[159]

Αἰσχύλος δὲ καὶ τὸ πρὸς δόξαν ἔχειν ἀτύφως καὶ μὴ διασοβεῖσθαι
μηδ᾽ ἐπαίρεσθαι τοῖς παρὰ τῶν πολλῶν ἐπαίνοις ἐν τῷ φρονεῖν
τίθεται περὶ τοῦ Ἀμφιαράου γράφων

οὐ γὰρ δοκεῖν ἄριστος ἀλλ᾽ εἶναι θέλει,
βαθεῖαν ἄλοκα διὰ φρενὸς καρπούμενος,
ἀφ᾽ ἧς τὰ κεδνὰ βλαστάνει βουλεύματα.[160]

---

[156] *Od.* 3.265.
[157] *Il.* 16.422.
[158] *Il.* 13.121.
[159] Bergk, *Poet. Lyr. Gr.* III, 622.
[160] *Th.* 599.

y esta, al principio, rechazaba el hecho infame, [32C]
la divina Clitemnestra, pues tenía buenos sentimientos.

En efecto, en estos versos atribuye al pensamiento la causa
de la moderación; y en sus exhortaciones a la batalla, diciendo
en cada caso:

Qué vergüenza, licios, ¿hacia dónde huis? Sed ahora
[impetuosos

y

Pero poned cada uno en vuestro pecho
vergüenza e indignación. Pues ya ha surgido una gran
[contienda,

parece que hace a los prudentes valientes por avergonzarse de la
infamia y capaces de superar [32D] los placeres y de enfrentarse
a los peligros. A partir de estas ideas, también Timoteo, no in-
oportunamente, exhorta a los griegos en *Los Persas*:

honrad al pudor, auxilio para la virtud del combatiente.

También Esquilo asienta en la moderación el no dejar que se
suban los humos con la fama, ni vanagloriarse, ni exaltarse con
las alabanzas de la multitud, al escribir sobre Anfiarao:

Él no quiere parecer el mejor, sino serlo,
cosechando un profundo surco en su mente,
de la cual brotan prudentes consejos.

τὸ γὰρ ἐφ' ἑαυτῷ καὶ τῇ διαθέσει τῇ περὶ αὐτὸν [32Ε] οὔσῃ κρατίστῃ μεγαλοφρονεῖν νοῦν ἔχοντος ἀνδρός ἐστι. πάντων οὖν ἀναγομένων εἰς τὴν φρόνησιν ἀποδείκνυται πᾶν εἶδος ἀρετῆς ἐπιγιγνόμενον ἐκ λόγου καὶ διδασκαλίας.

12

Ἡ μὲν οὖν μέλιττα φυσικῶς ἐν τοῖς δριμυτάτοις ἄνθεσι καὶ ταῖς τραχυτάταις ἀκάνθαις ἐξανευρίσκει τὸ λειότατον μέλι καὶ χρηστικώτατον, οἱ δὲ παῖδες, ἂν ὀρθῶς ἐντρέφωνται τοῖς ποιήμασιν, καὶ ἀπὸ τῶν φαύλους καὶ ἀτόπους ὑποψίας ἐχόντων ἕλκειν τι χρήσιμον ἁμωσγέπως μαθήσονται καὶ ὠφέλιμον. αὐτίκα γοῦν ὕποπτός ἐστιν ὁ Ἀγαμέμνων ὡς διὰ δωροδοκίαν ἀφεὶς τῆς στρατείας τὸν πλούσιον ἐκεῖνον τὸν τὴν Αἴθην χαρισάμενον αὐτῷ

δῶρ', ἵνα μή οἱ ἕποιθ' ὑπὸ Ἴλιον ἠνεμόεσσαν [32F]
ἀλλ' αὐτοῦ τέρποιτο μένων· μέγα γάρ οἱ ἔδωκεν
Ζεὺς ἄφενος.[161]

ὀρθῶς δέ γ' ἐποίησεν, ὡς Ἀριστοτέλης φησίν, ἵππον ἀγαθὴν ἀνθρώπου τοιούτου προτιμήσας· οὐδὲ γὰρ κυνὸς ἀντάξιος οὐδ' ὄνου μὰ Δία δειλὸς ἀνὴρ καὶ ἄναλκις, ὑπὸ πλούτου καὶ μαλακίας διερρυηκώς. πάλιν αἴσχιστα δοκεῖ τὸν υἱὸν ἡ Θέτις [33Α] ἐφ' ἡδονὰς παρακαλεῖν καὶ ἀναμιμνήσκειν ἀφροδισίων. ἀλλὰ κἀνταῦθα δεῖ παραθεωρεῖν τὴν τοῦ Ἀχιλλέως ἐγκράτειαν, ὅτι τῆς Βρισηίδος ἐρῶν ἡκούσης πρὸς αὐτόν, εἰδὼς τὴν τοῦ βίου τελευτὴν ἐγγὺς οὖσαν οὐ σπεύδει τῶν ἡδονῶν πρὸς ἀπόλαυσιν οὐδ' ὥσπερ οἱ πολλοὶ πενθεῖ τὸν φίλον ἀπραξίᾳ καὶ παραλείψει τῶν καθηκόντων, ἀλλὰ τῶν μὲν ἡδονῶν διὰ τὴν λύπην ἀπέχεται, ταῖς δὲ πράξεσι καὶ ταῖς στρατηγίαις ἐνεργός ἐστι. πάλιν ὁ Ἀρχίλοχος οὐκ ἐπαινεῖται λυπούμενος μὲν ἐπὶ τῷ ἀνδρὶ τῆς

---

[161] Il. 23.297.

Y es que el estar orgulloso de uno mismo y de la disposición de su ánimo, cuando [32E] es la mejor para sí mismo, es propio de un hombre que tiene sentido común. Por ello, puesto que todas estas cosas conducen al conocimiento, se demuestra que toda forma de virtud surge a consecuencia de la razón y del aprendizaje.

12

Ahora bien, por naturaleza la abeja encuentra entre las flores más acres y los espinos más ásperos la miel más delicada y más beneficiosa; y los jóvenes, si se les educa correctamente en la poesía, aprenderán a extraer de alguna manera entre los pasajes que tienen sospechas de ser malos y absurdos algo bueno y útil. Por ejemplo, Agamenón es sospechoso, por corrupción, de haber despachado de la expedición a aquel rico que le había regalado a Ete:

un regalo para no seguirle hasta la borrascosa Ilión, [32F]
sino para regocijarse, al quedarse allí; pues grandes
                                                    [riquezas
le concedió Zeus.

Pero hizo lo correcto, como afirma Aristóteles, al preferir a una buena yegua antes que a un hombre de tal clase, pues un hombre cobarde y débil, consumido por la riqueza y la indulgencia, no vale, por Zeus, lo que un perro o un asno.[101] Y de nuevo parece lo más vergonzoso que Tetis anime a [33A] su hijo a los placeres y le recuerde las pasiones amorosas. Pero incluso aquí es necesario tener en cuenta el autocontrol de Aquiles, quien, pese a amar a Briseida, que vuelve a él, y pese a saber que el final de su vida está cerca, no se apresura al disfrute de los placeres ni, como la mayoría, llora a su amigo con pasividad y negligencia con respecto a sus deberes, sino que se mantiene alejado de los placeres a causa de su aflicción, pero se mantiene activo en sus funciones y en el mando del ejército. Y, a su vez,

---

[101] Posiblemente en *Quaestiones Homericas,* fr. 165.

ἀδελφῆς διεφθαρμένῳ κατὰ θάλατταν, οἴνῳ δὲ καὶ παιδιᾷ πρὸς τὴν λύπην μάχεσθαι διανοούμενος. [33Β] αἰτίαν μέντοι λόγον ἔχουσαν εἴρηκεν

οὔτε τι γὰρ κλαίων ἰήσομαι οὔτε κάκιον
θήσω τερπωλὰς καὶ θαλίας ἐφέπων.[162]

εἰ γὰρ ἐκεῖνος οὐδὲν ἐνόμιζεν ποιήσειν κάκιον τερπωλὰς καὶ θαλίας ἐφέπων, πῶς ἡμῖν τὰ παρόντα χεῖρον ἕξει φιλοσοφοῦσι καὶ πολιτευομένοις καὶ προιοῦσιν εἰς ἀγορὰν καὶ καταβαίνουσιν εἰς Ἀκαδήμειαν καὶ γεωργίαν ἐφέπουσιν; ὅθεν οὐδ' αἱ παραδιορθώσεις φαύλως ἔχουσιν [33C] αἷς καὶ Κλεάνθης ἐχρήσατο καὶ Ἀντισθένης, ὁ μὲν εὖ μάλα τοὺς Ἀθηναίους ἰδὼν θορυβήσαντας ἐν τῷ θεάτρῳ

τί δ' αἰσχρὸν εἰ μὴ τοῖσι χρωμένοις δοκεῖ;[163]

παραβάλλων εὐθὺς

αἰσχρὸν τό γ' αἰσχρόν, κἂν δοκῇ κἂν μὴ δοκῇ,

ὁ δὲ Κλεάνθης περὶ τοῦ πλούτου

φίλοις τε δοῦναι σῶμά τ' εἰς νόσους πεσὸν
δαπάναισι σῶσαι[164]

μεταγράφων οὕτω

---

[162]   Bergk, *Poet. Lyr. Gr.* II, 687.
[163]   Fr. 17 en Nauck, *Trag. Graec. Frag., Euripides*.
[164]   E. *El.* 428.

Arquíloco no es elogiado cuando, al sufrir por la desaparición del marido de su hermana en alta mar, piensa combatir su pena con vino y distracciones. Sin embargo, ha alegado una causa [33B] que tiene su razón:

> Pues llorando no remediaré nada, ni nada haré peor entregándome a los placeres y a las fiestas.

Porque si aquel pensaba no empeorar nada «entregándose a los placeres y a las fiestas», ¿cómo nuestra presente condición será peor si estudiamos filosofía, participamos en la vida pública, vamos al foro, bajamos a la Academia y trabajamos nuestro cultivo? De ahí que las correcciones [33C] marginales de las que hacían uso Cleantes y Antístenes[102] no sean inadecuadas; uno, viendo que los atenienses creaban alboroto en el teatro con:

> ¿qué es vergonzoso, si no lo parece a quienes lo usan?,

lo reemplaza al punto por:

> lo vergonzoso es vergonzoso, ya lo parezca o no lo parezca,

y Cleantes, acerca de la riqueza:

> Ser generoso con los amigos, y al cuerpo que ha caído en
> [la enfermedad
> salvarlo con gastos,

lo reescribe así:

---

[102] Ambos filósofos: sobre el primero, véase nota 99, arriba; Antístenes fue seguidor de Sócrates, en los ss. V-IV a. C.

πόρναις τε δοῦναι σῶμά τ' εἰς νόσους πεσὸν
δαπάναις ἐπιτρῖψαι.

[33D] καὶ ὁ Ζήνων ἐπανορθούμενος τὸ τοῦ Σοφοκλέους

ὅστις δὲ πρὸς τύραννον ἐμπορεύεται,
κείνου 'στὶ δοῦλος, κἂν ἐλεύθερος μόλη[165]

μετέγραφεν

οὐκ ἔστι δοῦλος, ἢν ἐλεύθερος μόλη,

τῷ ἐλευθέρῳ νῦν συνεκφαίνων τὸν ἀδεᾶ καὶ μεγαλό φρονα καὶ
ἀταπείνωτον. τί δὴ κωλύει καὶ ἡμᾶς ταῖς τοιαύταις ὑποφωνήσεσι
τοὺς νέους παρακαλεῖν πρὸς τὸ βέλτιον, οὕτω πως χρωμένους
τοῖς λεγομένοις;

τόδ' ἐστὶ τὸ ζηλωτὸν ἀνθρώποις, ὅτῳ
τόξον μερίμνης εἰς ὃ βούλεται πέση.[166]

οὔκ, ἀλλ'

ὅτῳ

τόξον μερίμνης εἰς ὃ συμφέρει πέση.
τὸ γὰρ ἃ μὴ δεῖ βουλόμενον λαμβάνειν καὶ τυγχάνειν οἰκτρόν
ἐστι καὶ ἄζηλον. καὶ

οὐκ ἐπὶ πᾶσίν σ' ἐφύτευσ' ἀγαθοῖς,
Ἀγάμεμνον, Ἀτρεύς. [33Ε]
δεῖ δέ σε χαίρειν καὶ λυπεῖσθαι.[167]

---

[165]   Fr. 789 en Nauck, *Trag. Graec. Frag., Sophocles.*
[166]   Fr. 354 en Nauck, *Trag. Graec. Frag., adesp.*
[167]   E. *IA* 29.

Ser generoso con las prostitutas, y al cuerpo que ha caído
[en la enfermedad
empeorarlo con gastos.

[33D] Y Zenón,[103] cuando enmienda el verso de Sófocles:

Quien entra en relaciones con un tirano,
es esclavo de este, aunque llegara libre,

lo reescribió:

no es esclavo, si ha llegado libre,

desvelando ahora con «libre» al intrépido, magnánimo y que no
se rebaja. Entonces, ¿qué nos impide, con tales contrargumentos, motivar a los jóvenes hacia lo que es mejor, haciendo uso de
las citas tal que así?:

Es objeto de envidia para los hombres,
aquel cuya flecha de su deseo cae en lo que quiere,

no tal cual, sino:

aquel cuya flecha de su deseo cae en lo que conviene,

Pues resulta lamentable y nada envidiable obtener y encontrar aquello que, aun queriéndolo, no conviene tener. Y:

No te engendró para toda clase de bienes,
Agamenón, Atreo; [33E]
sino que es preciso que te regocijes y te entristezcas.

---

103   Filósofo de los ss. IV-III a. C., creador de la escuela estoica.

μὰ Δία, φήσομεν, ἀλλὰ δεῖ σε χαίρειν, μὴ λυπεῖσθαι, τυγχάνοντα μετρίων·

οὐ γὰρ ἐπὶ πᾶσίν σ' ἐφύτευσ' ἀγαθοῖς
Ἀγάμεμνον, Ἀτρεύς.
αἰαῖ τόδ' ἤδη θεῖον ἀνθρώποις κακόν,
ὅταν τις εἰδῇ τἀγαθόν, χρῆται δὲ μή.[168]

θηριῶδες μὲν οὖν καὶ ἄλογον καὶ οἰκτρὸν εἰδότα τὸ βέλτιον ὑπὸ τοῦ χείρονος ἐξ ἀκρασίας καὶ μαλακίας ἄγεσθαι.

τρόπος ἔσθ' ὁ πείθων τοῦ λέγοντος, οὐ λόγος.[169]

[33F] καὶ τρόπος μὲν οὖν καὶ λόγος ἢ τρόπος διὰ λόγου, καθάπερ ἱππεὺς διὰ χαλινοῦ καὶ διὰ πηδαλίου κυβερνήτης, οὐδὲν οὕτω φιλάνθρωπον οὐδὲ συγγενὲς ἐχούσης τῆς ἀρετῆς ὄργανον ὡς τὸν λόγον.

[34A] πρὸς θῆλυ νεύει μᾶλλον ἢ 'πὶ τἄρρενα;
ὅπου προσῇ τὸ κάλλος, ἀμφιδέξιος.[170]

ἦν δὲ βέλτιον εἰπεῖν

ὅπου προσῇ τὸ σῶφρον, ἀμφιδέξιος

ὡς ἀληθῶς καὶ ἰσόρροπος· ὁ δ' ὑφ' ἡδονῆς καὶ ὥρας ὧδε κἀκεῖ μετοιακιζόμενος ἐπαρίστερος καὶ ἀβέβαιος.

φόβος τὰ θεῖα τοῖσι σώφροσιν βροτῶν.[171]

καὶ μὴν οὐδαμῶς, ἀλλὰ

---

168 Fr. 841 en Nauck, *Trag. Graec. Frag., Euripides.*
169 Kock, *Com. Att. Frag.* III p. 135.
170 Fr. 355 en Nauck, *Trag. Graec. Frag., adesp.*
171 Fr. 356 en Nauck, *Trag. Graec. Frag., adesp.*

Diremos, por Zeus, antes bien: «es preciso que te regocijes, no te entristezcas, si encuentras moderación»,

> pues, no te engendró para toda clase de bienes,
> Agamenón, Atreo.
> ¡Ay de mí!, para los hombres este mal procede de los
> [dioses,
> cuando uno conoce el bien, pero no hace uso de él,

Más bien es algo salvaje, irracional y lamentable que un hombre que conoce qué es mejor se deje arrastrar por lo peor debido a su descontrol y su indulgencia. Y:

> El carácter del orador es lo que convence, no su palabra.

[33F] En realidad, es tanto el carácter como la palabra, o el carácter a través de la palabra, igual que el jinete por medio de las riendas y el piloto por medio del timón, puesto que la virtud no tiene ninguna herramienta tan humana ni apropiada como la palabra.

> [34A] ¿Se inclina más hacia la mujer que al varón?,
> donde existe la belleza, ambas opciones le valen.

Era mejor decir:

> donde existe la sensatez, ambas opciones le valen,

como que, en realidad, es alguien equilibrado; pero quien por el placer y las apariencias cambia el curso de su vida de aquí para allá es inepto y poco fiable.

> Los asuntos divinos dan miedo a los hombres prudentes,

para nada es así, sino:

θάρσος τὰ θεῖα τοῖσι σώφροσιν βροτῶν,

φόβος δὲ τοῖς ἄφροσι καὶ ἀνοήτοις καὶ ἀχαρίστοις, [34B] ὅτι καὶ τὴν παντὸς αἰτίαν ἀγαθοῦ δύναμιν καὶ ἀρχὴν ὡς βλάπτουσαν ὑφορῶνται καὶ δεδίασι. τὸ μὲν οὖν τῆς ἐπανορθώσεως γένος τοιοῦτόν ἐστι.

13

Τὴν δ' ἐπὶ πλέον τῶν λεγομένων χρῆσιν ὑπέδειξεν ὀρθῶς ὁ Χρύσιππος, ὅτι δεῖ μετάγειν καὶ διαβιβάζειν ἐπὶ τὰ ὁμοειδῆ τὸ χρήσιμον. ὅ τε γὰρ Ἡσίοδος εἰπὼν

οὐδ' ἂν βοῦς ἀπόλοιτ', εἰ μὴ γείτων κακὸς εἴη[172]

καὶ περὶ κυνὸς ταὐτὸ καὶ περὶ ὄνου λέγει καὶ περὶ πάντων ὁμοίως τῶν ἀπολέσθαι δυναμένων. καὶ πάλιν τοῦ Εὐριπίδου λέγοντος

τίς δ' ἐστὶ δοῦλος τοῦ θανεῖν ἄφροντις ὤν;[173]

ὑπακουστέον ὅτι καὶ περὶ πόνου καὶ νόσου ταὐτὰ εἴρηκεν. ὡς γὰρ φαρμάκου πρὸς ἓν ἁρμόσαντος νόσημα τὴν δύναμιν καταμαθόντες οἱ ἰατροὶ μετάγουσι καὶ χρῶνται πρὸς ἅπαν τὸ παραπλήσιον, [34C] οὕτω καὶ λόγον κοινοῦν καὶ δημοσιεύειν τὴν χρείαν δυνάμενον οὐ χρὴ περιορᾶν ἑνὶ πράγματι συνηρτημένον ἀλλὰ κινεῖν ἐπὶ πάντα τὰ ὅμοια, καὶ τοὺς νέους ἐθίζειν τὴν κοινότητα συνορᾶν καὶ μεταφέρειν ὀξέως τὸ οἰκεῖον, ἐν πολλοῖς παραδείγμασι ποιουμένους μελέτην καὶ ἄσκησιν ὀξυηκοΐας, ἵνα τοῦ Μενάνδρου λέγοντος

---

[172] Op. 348.
[173] Fr. 958 en Nauck, Trag. Graec. Frag., Euripides.

los asuntos divinos dan seguridad a los hombres
[prudentes,

pero miedo a los estúpidos, [34B] irreflexivos y desagradecidos, porque desconfían y temen la causa, poder y principio de todo bien, como si fuera algo perjudicial. Pues bien, tal es el tipo de corrección sugerido.

13
En cuanto a una aplicación más amplia de lo que se dice, Crisipo ha mostrado acertadamente que conviene transferir y trasladar lo que es útil a situaciones semejantes. Así, cuando Hesíodo dice:

Ni un buey desaparecería, si el vecino no fuera malo,

dice lo mismo también sobre el perro y sobre el asno y sobre todo lo que puede desaparecer de forma similar. Y, de nuevo, cuando Eurípides dice:

¿Qué hombre, despreocupándose por la muerte, es
[esclavo?,

hay que entender que ha dicho lo mismo acerca del trabajo y la enfermedad. Igual que los médicos, [34C] cuando han aprendido la eficacia de un fármaco bien adaptado a una enfermedad, lo trasladan y utilizan con toda enfermedad parecida, así también una afirmación que tiene la capacidad de generalizar y popularizar su eficacia, no debe limitarse a participar de un único asunto, sino que hay que destinarla a todos los similares, y acostumbrar a los jóvenes a prestar atención a su valor universal y a emplear rápidamente lo que resulta apropiado, creando con muchos ejemplos un ejercicio y una práctica aplicada; a fin de que, cuando Menandro dice:

μακάριος ὅστις οὐσίαν καὶ νοῦν ἔχει[174]

τοῦτο καὶ περὶ δόξης καὶ περὶ ἡγεμονίας καὶ περὶ λόγου δυνάμεως εἰρῆσθαι νομίζωσι, [34D] τὴν δὲ πρὸς τὸν Ἀχιλλέα τὸν ἐν Σκύρῳ καθήμενον ἐν ταῖς παρθένοις γεγενημένην ἐπίπληξιν ὑπὸ τοῦ Ὀδυσσέως

σὺ δ', ὦ τὸ λαμπρὸν φῶς ἀποσβεννὺς γένους,
ξαίνεις, ἀρίστου πατρὸς Ἑλλήνων γεγώς;[175]

καὶ πρὸς τὸν ἄσωτον οἴωνται λέγεσθαι καὶ πρὸς τὸν αἰσχροκερδῆ καὶ πρὸς τὸν ἀμελῆ καὶ ἀπαίδευτον πίνεις, ἀρίστου πατρὸς Ἑλλήνων γεγώς, ἢ κυβεύεις ἢ ὀρτυγοκοπεῖς ἢ καπηλεύεις ἢ τοκογλυφεῖς, μηδὲν μέγα φρονῶν μηδ' ἄξιον τῆς εὐγενείας;

μὴ πλοῦτον εἴπῃς. οὐχὶ θαυμάζω θεὸν
ὃν χὠ κάκιστος ῥᾳδίως ἐκτήσατο.[176]

[34E] οὐκοῦν μηδὲ δόξαν εἴπῃς μηδὲ σώματος εὐμορφίαν μηδὲ στρατηγικὴν χλαμύδα μηδ' ἱερατικὸν στέφανον, ὧν καὶ τοὺς κακίστους ὁρῶμεν τυγχάνοντας.

τῆς δειλίας γὰρ αἰσχρὰ γίγνεται τέκνα[177]

καὶ ναὶ μὰ Δία τῆς ἀκολασίας καὶ τῆς δεισιδαιμονίας καὶ τοῦ φθόνου καὶ τῶν ἄλλων νοσημάτων ἁπάντων. ἄριστα δ' εἰρηκότος Ὁμήρου τὸ

Δύσπαρι εἶδος ἄριστε

καὶ τὸ

---

[174]   Kock, *Com. Att. Frag.* III p. 114.
[175]   Fr. 9 en Nauck, *Trag. Graec. Frag., adesp.*
[176]   Fr. 20 en Nauck, *Trag. Graec. Frag., Euripides.*
[177]   Fr. 357 en Nauck, *Trag. Graec. Frag., adesp.*

Bienaventurado quien posee riqueza y entendimiento,

piensen que esto se ha dicho también acerca de la fama, el liderazgo y el poder de la palabra; y con [34D] la reprimenda de Odiseo contra Aquiles, cuando está sentado en Esciro entre las doncellas:

> Y tú, ¿apagando la resplandeciente luz de tu linaje,
> cardas la lana, tú que has nacido del padre más noble
> [entre los griegos?,

crean que se dice también contra el despilfarrador, el tacaño, y el negligente sin educación; como «¿bebes, tú que has nacido del padre más noble entre los griegos, o te das al juego, o apuestas en luchas de codornices, o traficas, o practicas la usura, sin tener una preocupación noble o digna por tu ilustre linaje?»

> No hables de riqueza. Yo no admiro a un dios
> al que incluso el peor hombre consigue fácilmente,

[34E] Por tanto, no hables tampoco de la fama ni de la belleza simétrica del cuerpo ni de la clámide del general ni de la corona del sacerdote, las cuales vemos que incluso los peores las consiguen;

> Pues vergonzosos son los hijos de la cobardía,

sí, por Zeus, y lo mismo del libertinaje, de la superstición, de la envidia y de todos los demás vicios. Como dice Homero magníficamente:

> Infeliz Paris, distinguido en su figura
y

Ἕκτορ εἶδος ἄριστε[178]

ψόγου γὰρ ἀποφαίνει καὶ λοιδορίας ἄξιον ᾧ μηδέν ἐστιν ἀγαθὸν εὐμορφίας κάλλιον ἐφαρμοστέον τοῦτο [34F] καὶ τοῖς ὁμοίοις, κολούοντα τοὺς μεγαλοφρονοῦντας ἐπὶ τοῖς μηδενὸς ἀξίοις, καὶ διδάσκοντα τοὺς νέους ὄνειδος ἡγεῖσθαι καὶ λοιδορίαν τὸ "χρήμασιν ἄριστε" καὶ "δείπνοις ἄριστε" καὶ "παισὶν ἢ ὑποζυγίοις ἄριστε" καὶ νὴ Δία τὸ λέγειν ἐφεξῆς "ἄριστε." [35A] δεῖ γὰρ ἐκ τῶν καλῶν διώκειν τὴν ὑπεροχὴν καὶ περὶ τὰ πρῶτα πρῶτον εἶναι καὶ μέγαν ἐν τοῖς μεγίστοις· ἡ δ' ἀπὸ μικρῶν δόξα καὶ φαύλων ἄδοξός ἐστι καὶ ἀφιλότιμος.

Τοῦτο δ' ἡμᾶς εὐθὺς ὑπομιμνήσκει τὸ παράδειγμα τὸ τοὺς ψόγους ἀποθεωρεῖν καὶ τοὺς ἐπαίνους ἐν τοῖς Ὁμήρου μάλιστα ποιήμασιν· ἔμφασις γὰρ γίγνεται μεγάλη τοῦ τὰ σωματικὰ καὶ τυχηρὰ μὴ μεγάλης ἄξια σπουδῆς νομίζειν. πρῶτον μὲν γὰρ ἐν ταῖς δεξιώσεσι καὶ ἀνακλήσεσιν οὐ καλοὺς οὐδὲ πλουσίους οὐδ' ἰσχυροὺς προσαγορεύουσιν, ἀλλὰ τοιαύταις εὐφημίαις χρῶνται

διογενὲς Λαερτιάδη, πολυμήχαν' Ὀδυσσεῦ

καὶ [35B]

Ἕκτορ υἱὲ Πριάμοιο, Διὶ μῆτιν ἀτάλαντε

καὶ

ὦ Ἀχιλεῦ Πηλέος υἱέ, μέγα κῦδος Ἀχαιῶν

καὶ

δῖε Μενοιτιάδη, τῷ ἐμῷ κεχαρισμένε θυμῷ.[179]

---

178   Il. 3.39 y 17.142.
179   Il. 2.173; 7.47; 19.216 y 11.608.

Héctor distinguido en su figura,

porque muestra que es digno de crítica y de censura aquel que no posee ninguna cualidad [34F] más bella que la buena figura, y esto corresponde aplicarlo en casos similares, limitando a quienes se enorgullecen con cosas de ningún valor y enseñando a los jóvenes a juzgar como una desgracia y un reproche afirmaciones como: «el mejor por sus riquezas», «el mejor por sus banquetes» y «el mejor por sus hijos o por sus rebaños» y, por Zeus, incluso el decir una y otra vez «el mejor». En definitiva, de entre las cosas buenas, se debe perseguir [35A] la superior, y ser el primero entre las cosas principales, y excelente entre las más importantes. Y es que la gloria derivada de cosas pequeñas y malas es ignominiosa y deshonrosa.

Al momento, este ejemplo nos recuerda considerar los reproches y los elogios, sobre todo en los poemas de Homero: hay un gran énfasis en no considerar las cualidades del cuerpo y de la fortuna dignas de mucha seriedad. Porque, en primer lugar, en los saludos y las cortesías no se llaman entre sí bellos, ni ricos, ni fuertes, sino que hacen uso de tales encomios:

Laertiada del linaje de Zeus, Odiseo, fecundo en ardides

y [35B]

Héctor, hijo de Príamo, igual a Zeus en sabiduría

y

Aquiles, hijo de Peleo, gran gloria de los aqueos

y

Divino Menecíada, queridísimo a mi corazón.

ἔπειτα λοιδοροῦσιν οὐδὲν ἐφαπτόμενοι τῶν σωματικῶν, ἀλλὰ τοῖς ἁμαρτήμασι τοὺς ψόγους ἐπιφέροντες

οἰνοβαρές, κυνὸς ὄμματ' ἔχων, κραδίην δ' ἐλάφοιο

καὶ

Αἶαν νεῖκος ἄριστε, κακοφραδὲς

καὶ

Ἰδομενεῦ, τί πάρος λαβρεύεαι; οὐδέ τί σε χρὴ λαβραγόρην ἔμεναι

καὶ

Αἶαν ἁμαρτοεπὲς βουγάιε.[180]

[35C] καὶ τέλος ὁ Θερσίτης ὑπὸ τοῦ Ὀδυσσέως οὐ χωλὸς οὐ φαλακρὸς οὐ κυρτὸς ἀλλ' ἀκριτόμυθος λοιδορεῖται, τὸν δ' Ἥφαιστον ἡ τεκοῦσα φιλοφρονουμένη προσηγόρευσεν ἀπὸ τῆς χωλότητος

ὄρσεο κυλλοπόδιον, ἐμὸν τέκος.[181]

οὕτως Ὅμηρος καταγελᾷ τῶν αἰσχυνομένων ἐπὶ χωλότησιν ἢ τυφλότησιν, οὔτε ψεκτὸν ἡγούμενος τὸ μὴ αἰσχρὸν οὔτ' αἰσχρὸν τὸ μὴ δι' ἡμᾶς ἀλλ' ἀπὸ τύχης γιγνόμενον.

Δύο δὴ περιγίγνεται μεγάλα τοῖς τῶν ποιημάτων ἐπιμελῶς ἐθιζομένοις ἀκούειν, τὸ μὲν εἰς μετριότητα, μηδενὶ τύχην ἐπαχθῶς καὶ ἀνοήτως ὀνειδίζειν, τὸ δ' εἰς μεγαλοφροσύνην,

---

180   Il. 1.225 (citado arriba, nota 41); 23.483; 23.474-8, y 23.824.
181   Il. 21.331.

En segundo lugar, se insultan sin mencionar las cualidades del cuerpo, sino destinando sus críticas a los vicios:

Borracho, que tienes ojos de perro y corazón de ciervo

y

Áyax, excelente en la disputa, mal consejero

e

Idomeneo, ¿por qué alardeas antes de tiempo? No te
[corresponde
ser un charlatán desvergonzado,

y

Áyax, el de palabras embusteras, charlatán.

[35C] Y, en último lugar, Tersites es insultado por Odiseo no por ser cojo, ni calvo, ni jorobado, sino por charlatán incoherente; mientras que la madre de Hefesto, se dirige a él con cariño por su cojera:

Levántate, patizambo, hijo mío.

Así, Homero se burla de quienes se avergüenzan de su cojera o ceguera, al no considerar reprochable lo que no es vergonzoso, ni vergonzoso lo que no depende de nosotros sino de la suerte.

Claramente, dos grandes ventajas se imponen para quienes se acostumbran a escuchar con atención obras de poesía: una conduce a la moderación (al no reprochar con severidad y necedad a nadie por su suerte), otra a la magnanimidad (cuando uno sufre diferentes suertes, al no sentirse humillado ni conmocionado, sino

αὐτοὺς χρησαμένους τύχαις μὴ ταπεινοῦσθαι μηδὲ ταράττεσθαι, [35D] φέρειν δὲ πράως καὶ σκώμματα καὶ λοιδορίας καὶ γέλωτας, μάλιστα μὲν τὸ τοῦ Φιλήμονος ἔχοντας πρόχειρον

ἥδιον οὐδὲν οὐδὲ μουσικώτερον
ἔστ᾽ ἢ δύνασθαι λοιδορούμενον φέρειν.[182]

ἂν δὲ φαίνηταί τις ἐπιλήψεως δεόμενος, τῶν ἁμαρτημάτων καὶ τῶν παθῶν ἐπιλαμβάνεσθαι, ὥσπερ ὁ τραγικὸς Ἄδραστος, τοῦ Ἀλκμέωνος εἰπόντος πρὸς αὐτὸν

ἀνδροκτόνου γυναικὸς ὁμογενὴς ἔφυς,

ἀπεκρίνατο

σὺ δ᾽ αὐτόχειρ γε μητρὸς ἥ σ᾽ ἐγείνατο.[183]

καθάπερ γὰρ οἱ τὰ ἱμάτια μαστιγοῦντες οὐχ ἅπτονται [35E] τοῦ σώματος, οὕτως οἱ δυστυχίας τινὰς ἢ δυσγενείας ὀνειδίζοντες εἰς τὰ ἐκτὸς ἐντείνονται κενῶς καὶ ἀνοήτως, τῆς ψυχῆς δ᾽ οὐ θιγγάνουσιν οὐδὲ τῶν ἀληθῶς ἐπανορθώσεως δεομένων καὶ δήξεως.

14

Καὶ μὴν ὥσπερ ἐπάνω πρὸς τὰ φαῦλα καὶ βλαβερὰ ποιήματα λόγους καὶ γνώμας ἀντιτάττοντες ἐνδόξων καὶ πολιτικῶν ἀνδρῶν ἐδοκοῦμεν ἀφιστάναι καὶ ἀνακρούειν τὴν πίστιν, οὕτως ὅ τι ἂν ἀστεῖον εὕρωμεν παρ᾽ αὐτοῖς καὶ χρηστόν, ἐκτρέφειν χρὴ καὶ αὔξειν ἀποδείξεσι καὶ μαρτυρίαις φιλοσόφοις, ἀποδιδόντας τὴν εὕρεσιν ἐκείνοις. [35F] καὶ γὰρ δίκαιον καὶ ὠφέλιμον, ἰσχὺν τῆς πίστεως καὶ ἀξίωμα προσλαμβανούσης, ὅταν τοῖς ἀπὸ σκηνῆς λεγομένοις καὶ πρὸς λύραν ᾀδομένοις καὶ μελετωμένοις

182 Kock, *Com. Att. Frag.* II p. 484.
183 Fr. 358 en Nauck, *Trag. Graec. Frag., adesp.*

soportar con calma las burlas, [35D] los insultos y las bromas), teniendo especialmente presente las palabras de Filemón:[104]

> Nada hay más agradable ni más delicado
> que poder soportar ser injuriado.

Ahora bien, si alguien parece necesitar de una crítica, mejor atacar sus vicios y pasiones, como el personaje trágico Adrasto, cuando Alcmeón le dijo:

> Tu eres de la misma estirpe de la mujer que mató a su
> [marido,

contestó:

> Y tú eres el asesino de la madre que te engendró.

Y de la misma forma que los que azotan las prendas no tocan [35E] el cuerpo, también los que critican la mala suerte o la baja cuna se tensan de manera vana e ignorante con cosas externas, sin siquiera rozar el alma, ni las que requieren de verdad una corrección y remordimiento.

14

Además, igual que se dijo líneas arriba, si contraponiendo a los poemas malos y dañinos otros dichos y máximas de hombres ilustres y de gobernantes, nos parecía poder distanciar e impedir la convicción en ellos, en la misma idea, si encontramos algo refinado y beneficioso entre ellos, es importante nutrirlo y potenciarlo con pruebas y testimonios de filósofos, atribuyendo el mérito a aquellos [35F]. Pues es lo justo y útil, y nuestra convicción crece en fuerza y dignidad, cuando las doctrinas de Pitágoras y Platón coinciden con lo que se dice en escena, se canta al

---

[104] Poeta cómico de los ss. IV-III a. C.

ἐν διδασκαλείῳ τὰ Πυθαγόρου δόγματα καὶ τὰ Πλάτωνος ὁμολογῇ, καὶ τὰ Χίλωνος παραγγέλματα καὶ τὰ Βίαντος ἐπὶ τὰς αὐτὰς ἄγῃ γνώμας ἐκείνοις τοῖς παιδικοῖς ἀναγνώσμασιν. ὅθεν οὐ παρέργως ὑποδεικτέον [36Α] ὅτι τὸ μὲν

τέκνον ἐμόν, οὔ τοι δέδοται πολεμήια ἔργα,
ἀλλὰ σύ γ᾽ ἱμερόεντα μετέρχεο ἔργα γάμοιο[184]

καὶ τὸ

Ζεὺς γάρ τοι νεμεσᾷ, ὅτ᾽ ἀμείνονι φωτὶ μάχοιο[185]

οὐδὲν διαφέρει τοῦ "γνῶθι σαυτόν," ἀλλὰ τὴν αὐτὴν ἔχει διάνοιαν ἐκείνῳ· τὸ δὲ

νήπιοι, οὐδ᾽ ἴσασιν ὅσῳ πλέον ἥμισυ παντός[186]

καὶ τὸ

ἡ δὲ κακὴ βουλὴ τῷ βουλεύσαντι κακίστη[187]

ταὐτόν ἐστι τοῖς Πλάτωνος ἐν Γοργίᾳ καὶ Πολιτείᾳ δόγμασι περὶ τοῦ "τὸ ἀδικεῖν κάκιον εἶναι τοῦ ἀδικεῖσθαι" καὶ τοῦ "κακῶς πάσχειν τὸ ποιεῖν κακῶς βλαβερώτερον".[188] ἐπιρρητέον δὲ καὶ τῷ τοῦ Αἰσχύλου [36Β]

θάρσει· πόνου γὰρ ἄκρον οὐκ ἔχει χρόνον[189]

---

[184] *Il.* 5.428.
[185] Si bien este verso no se encuentra en los mss. de Homero, se ha incorporado en las ediciones como *Il.* 11.543. Ver n. 118 arriba.
[186] *Op.* 40.
[187] *Op.* 265.
[188] Pl. *Grg.* 473a y *R.* I y IV.
[189] Fr. 352 en Nauck, *Trag. Graec. Frag., Aeschylus.*

son de la lira y se estudia en la escuela, y cuando las enseñanzas de Quilón y las de Bias conducen a los mismos resultados que aquellas lecturas de la infancia. Por ello es conveniente señalar, y no de casualidad, [36A] que los versos:

> Hija mía, no te han sido otorgadas las obras de la guerra;
> Antes bien, dedícate a las cautivadoras obras del
> [matrimonio

y

> Pues Zeus se irritaba contigo, cuando luchabas con un
> [guerrero mejor

en nada se diferencian de «conócete a ti mismo,» sino que tienen el mismo propósito que aquella máxima. Y los versos:

> Insensatos, no saben cuánto más vale la mitad que el todo

y

> El consejo malo es especialmente malo para el que
> [aconseja

son iguales a las ideas de Platón en *Gorgias* y en la *Republica* de que «traicionar es peor que ser traicionado» y que «es más perjudicial hacer el mal que sufrirlo». Y hay que decir, con respecto a la línea de Esquilo [36B]:

> Ánimo: ya que la intensidad del dolor no dura mucho
> [tiempo,

ὅτι τοῦτ' ἐστὶ τὸ παρ' Ἐπικούρου θρυλούμενον ἀεὶ καὶ θαυμαζόμενον, ὡς "οἱ μεγάλοι πόνοι συντόμως ἐξάγουσιν, οἱ δὲ χρόνιοι μέγεθος οὐκ ἔχουσιν." ὧν τὸ μὲν εἴρηκεν ὁ Αἰσχύλος ἐναργῶς, τὸ δὲ τῷ εἰρημένῳ παρακείμενόν ἐστιν· εἰ γὰρ ὁ μέγας καὶ σύντονος οὐ παραμένει πόνος, οὐκ ἔστι μέγας ὁ παραμένων οὐδὲ δυσκαρτέρητος. τὰ δὲ τοῦ Θέσπιδος ταυτί

> ὁρᾷς ὅτι Ζεὺς τῷδε πρωτεύει θεῶν,
> οὐ ψεῦδος οὐδὲ κόμπον οὐ μῶρον γέλων
> ἀσκῶν· τὸ δ' ἡδὺ μοῦνος οὐκ ἐπίσταται[190]

[36C] τί διαφέρει τοῦ "πόρρω γὰρ ἡδονῆς καὶ λύπης ἵδρυται τὸ θεῖον," ὡς Πλάτων ἔλεγε;[191] τὸ δὲ

> φάσω μέγιστον
> κῦδος ἔχειν ἀρετάν· πλοῦ –
> τος δὲ καὶ δειλοῖσιν ἀνθρώπων ὁμιλεῖ[192]

λεγόμενον ὑπὸ τοῦ Βακχυλίδου καὶ πάλιν ὑπὸ τοῦ Εὐριπίδου παραπλησίως

> ἐγὼ δ'
> οὐδὲν πρεσβύτερον νομί –
> ζω τᾶς σωφροσύνας, ἐπεὶ
> τοῖς ἀγαθοῖς ἀεὶ ξύνεστι

καὶ τὸ

---

[190] Fr. 833 en Nauck, *Trag. Graec. Frag.*
[191] *Ep.* 3 (315c).
[192] B. 1.21.

que esta es la línea que se repite y se admira siempre de Epicuro, es decir, «los grandes dolores se disipan con rapidez y los que perduran no tienen magnitud».[105] De estas dos ideas, una la ha dicho Esquilo de manera manifiesta y la otra es un anexo al verso citado; porque, si el dolor fuerte e intenso no perdura, el que sí perdura no es grande ni insoportable. Y estos versos de Tespis:[106]

> Ves que en esto Zeus es el primero entre los dioses,
> porque no practica la mentira, la arrogancia ni la risa
> [boba,
> solo él no conoce el placer,

[36C] ¿en qué se diferencian de «lejos del placer y del dolor se asienta la divinidad», como decía Platón? Y:

> Diré que la virtud tiene
> la fama más grande; pero la riqueza
> acompaña también las miserias de los hombres,

dicho por Baquílides,[107] y, a su vez, también por Eurípides, en la misma idea:

> Nada estimo yo
> más digno de respeto
> que la prudencia, pues
> siempre está junto a los buenos,

y también:

---

[105]   D.L. 10.140. Epicuro de Samos fue el fundador de la escuela filosófica epicúrea, en el s. III a. C.
[106]   Poeta trágico del s. VI a. C., considerado como el primer actor de la historia.
[107]   Poeta lírico que vivió entre los ss. VI-V a. C.

τί μάταν πέπασθε, πλούτῳ δ' ἀρετὰν κατεργά-
σεσθαι δοκεῖτ'; ἐν ἐσθλοῖς δὲ καθήσεσθ' ἂν ολβοι[193]

ἆρ' οὐκ ἀπόδειξίς ἐστιν ὧν οἱ φιλόσοφοι [36D] λέγουσι περὶ
πλούτου καὶ τῶν ἐκτὸς ἀγαθῶν, ὡς χωρὶς ἀρετῆς ἀνωφελῶν
ὄντων καὶ ἀνονήτων τοῖς ἔχουσι;
    Τὸ γὰρ οὕτω συνάπτειν καὶ συνοικειοῦν τοῖς δόγμασιν
ἐξάγει τὰ ποιήματα τοῦ μύθου καὶ τοῦ προσωπείου, καὶ σπουδὴν
περιτίθησιν αὖ τοῖς χρησίμως λεγομένοις· ἔτι δὲ προανοίγει
καὶ προκινεῖ τὴν τοῦ νέου ψυχὴν τοῖς ἐν φιλοσοφίᾳ λόγοις.
ἔρχεται γὰρ οὐκ ἄγευστος αὐτῶν παντάπασιν οὐδ' ἀνήκοος,
οὐδ' ἀκρίτως ἀνάπλεως ὧν ἤκουε τῆς μητρὸς ἀεὶ καὶ τίτθης
καὶ νὴ Δία τοῦ πατρὸς καὶ τοῦ παιδαγωγοῦ, τοὺς πλουσίους
εὐδαιμονιζόντων καὶ σεβομένων, [36E] φριττόντων δὲ τὸν
θάνατον καὶ τὸν πόνον, ἄζηλον δὲ τὴν ἀρετὴν καὶ τὸ μηδὲν ἄνευ
χρημάτων καὶ δόξης ἀγόντων. οἷς ἀντίφωνα τὰ τῶν φιλοσόφων
ἀκούοντας αὐτοὺς τὸ πρῶτον ἔκπληξις ἴσχει καὶ ταραχὴ καὶ
θάμβος, οὐ προσιεμένους οὐδ' ὑπομένοντας, ἂν μὴ καθάπερ
ἐκ σκότους πολλοῦ μέλλοντες ἥλιον ὁρᾶν ἐθισθῶσιν οἷον ἐν
νόθῳ φωτὶ κεκραμένης μύθοις ἀληθείας αὐγὴν ἔχοντι μαλακὴν
ἀλύπως διαβλέπειν τὰ τοιαῦτα καὶ μὴ φεύγειν. προακηκοότες
γὰρ ἐν τοῖς ποιήμασι καὶ προανεγνωκότες

    τὸν φύντα θρηνεῖν εἰς ὅσ' ἔρχεται κακά,
    τὸν δ' αὖ θανόντα καὶ πόνων πεπαυμένον
    χαίροντας εὐφημοῦντας ἐκπέμπειν δόμων[194]

[36F] καὶ

---

[193]   Fr. 959 y 960 en Nauck, *Trag. Graec. Frag., Euripides.*
[194]   Fr. 449 en Nauck, *Trag. Graec. Frag., Euripides.*

¿Por qué tenéis posesiones en vano? ¿Creéis obtener virtud
con la riqueza? Desdichados entre vuestros bienes os
[sentaréis.

¿Acaso no es una muestra de lo que dicen [36D] los filósofos
sobre la riqueza y los bienes externos, en la idea de que sin virtud son inútiles y vanos para quienes los tienen?

Pues bien, el unificar y relacionar así lo anterior con las doctrinas filosóficas libera a la poesía del mito y de la máscara teatral, y aporta, además, seriedad a los dichos que son útiles. Y
más aún, abre y promueve el alma del joven hacia los discursos
filosóficos. Pues los alcanza no sin haber probado o sin haber
oído nada en absoluto previamente, ni atiborrado indiscrimina-
damente de lo que oía siempre de su madre, su nodriza, y, por
Zeus, de su padre y su profesor, quienes beatifican y veneran a
los ricos, tiemblan ante la muerte y el esfuerzo, [36E] y consideran la virtud sin riquezas ni gloria como algo indeseable y como
una carencia. Pero cuando oyen las doctrinas de los filósofos,
contrarias a estas, los apresa primero una consternación, una
perturbación, un asombro, al no admitirlas ni soportarlas; a no
ser que, como si estuviesen a punto de ver el sol tras una obscuri-
dad profunda, se hayan acostumbrado, por así decirlo, en una luz
adulterada que tiene un rayo tenue de veracidad mezclada con
mitos, a fijar su mirada sin sufrir y a no rehuir tales ideas. Pues
quienes han escuchado y leído previamente en la poesía:

Llorar al que nace por los males a los que llega,
pero, por el contrario, al que ha muerto y ha descansado
[de sus padecimientos,
sacarlo de la casa con alegría y honores

[36F] y

223

ἐπεὶ τί δεῖ βροτοῖσι πλὴν δυεῖν μόνον,
Δήμητρος ἀκτῆς πώματός θ' ὑδρηχόου;[195]

καὶ

ἰὼ τυραννὶ βαρβάρων ἀνδρῶν φίλη

[37A] καὶ

ἡ βροτῶν τ' εὐπραξία
τῶν τἀλάχιστα γίγνεται λυπουμένων,[196]

ἧττον ταράττονται καὶ δυσκολαίνουσι παρὰ τοῖς φιλοσόφοις ἀκούοντες ὡς "ὁ θάνατος οὐδὲν πρὸς ἡμᾶς" καὶ "ὁ τῆς φύσεως πλοῦτος ὥρισται" καὶ "τὸ εὔδαιμον καὶ μακάριον οὐ χρημάτων πλῆθος οὐδὲ πραγμάτων ὄγκος οὐδ' ἀρχαί τινες ἔχουσιν οὐδὲ δυνάμεις, ἀλλ' ἀλυπία καὶ πραότης παθῶν καὶ διάθεσις ψυχῆς τὸ κατὰ φύσιν ὁρίζουσα."

Διὸ καὶ τούτων ἕνεκα καὶ τῶν προειρημένων ἁπάντων ἀγαθῆς δεῖ τῷ νέῳ κυβερνήσεως περὶ τὴν ἀνάγνωσιν, ἵνα μὴ προδιαβληθεὶς ἀλλὰ μᾶλλον προπαιδευθεὶς εὐμενὴς καὶ φίλος καὶ οἰκεῖος ὑπὸ ποιητικῆς [37B] ἐπὶ φιλοσοφίαν προπέμπηται.

---

[195] Fr. 892 en Nauck, *Trag. Graec. Frag., Euripides.*
[196] Fr. 359 y 360 en Nauck, *Trag. Graec. Frag., adesp.*

porque, ¿qué necesitan los mortales, excepto solo dos
                                                [cosas:
el trigo de Deméter y la bebida de agua que se derrama?

y

¡Oh tiranía!, amiga de los hombres bárbaros

[37A] y

la buena fortuna de los mortales
la consiguen los que menos se afligen

se perturban e irritan menos con los filósofos al escuchar que «la muerte no es nada para nosotros» y «la riqueza es limitada por naturaleza» y «la felicidad y la dicha no las poseen la abundancia de bienes ni la importancia de las acciones, ni ciertos cargos o poderes, sino la ausencia de dolor, una calma en las afecciones y la disposición del alma, que establece sus límites en concordancia con la naturaleza».[108]

Por tanto, no solo por estas cosas, sino también por todas las que se ha dicho antes, se necesita para el joven un buen conductor en la lectura, para que sea acompañado por la poesía hacia la filosofía sin plantear juicios preconcebidos, sino más bien yendo ya preparado, [37B] con un ánimo predispuesto, benevolente y familiar.

---

[108] Principios de la filosofía de Epicuro; véase Diógenes Laercio 10, 139, 141 y 144.

SOBRE CÓMO SE DEBE ESCUCHAR

SOBRE CÓMO SE DEBE ESCUCHAR

1. Título

El título de este opúsculo es ilustrativo de su tema central. Y, si bien en el primer testimonio que conservamos, el Catálogo de Lamprias, aparece como Περὶ τοῦ ἀκούειν τῶν φιλοσόφων, queda simplificado a partir de los manuscritos medievales en Περὶ τοῦ ἀκούειν (*De audiendo* en latín). El propio Plutarco, en la primera línea del tratado, menciona su charla «sobre cómo se debe escuchar,» lo que parece indicar que la especificación del objeto (i.e. las charlas de los filósofos) suponía una aclaración innecesaria para el interesado en el tema.

2. Dedicatoria

La obra abre con unas palabras al receptor, Nicandro. Plutarco le envía, tras ponerla por escrito, una charla que dio en el pasado y que considera será de gran ayuda para este joven que abandona la niñez y se adentra en el estudio serio de la filosofía (37BC).

Según indica Puech (1992: 4849 y 4863), este joven podría ser el hijo de Eutidamo, compañero sacerdote de Apolo en Delfos, al que se menciona en las *Quaestiones convivales* 7.2

(700E). Nicandro, además de en nuestro tratado, aparece brevemente en *De sollertia animalium* 965C.

3.Estructura y Contenido

El comienzo de *De audiendo* evidencia cierta continuidad
con *De audiendis poetis*: si aquel se ocupaba del uso de la poesía
como propedéutica de la filosofía, este se centra en cómo debe el
joven atender las conferencias filosóficas.

Los primeros apartados son introductorios (capítulos 1-3).
De hecho, lo primero que Plutarco advierte a Nicandro es que
el paso de la juventud a la adultez no supone una escapatoria al
control, sino un cambio de quién ejerce el control –a saber, ahora
lo ejerce uno mismo–. Por suerte, según parece, Nicandro está
familiarizado con la filosofía (37F). No obstante, Plutarco aprovecha estos apartados introductorios para recalcar la relevancia
del oído, la importancia de lo que se aprende escuchando, pero
también del silencio; concluyendo con una imagen excelente:
«dicen que la naturaleza nos ha dado a cada uno de nosotros
dos orejas y una lengua porque deberíamos hablar menos que
escuchar» (39B).

Continua (capítulos 4-9) con el comportamiento que debe
mantener el oyente cuando se encuentra en una charla. Estos
apartados revelan una asombrosa actualidad y tanto las actitudes de los jóvenes oyentes como los consejos que se ofrecen
no sorprenden a conferenciantes, profesores y académicos en
general de nuestra sociedad actual. Plutarco alerta contra comportamientos como interrumpir al orador, tener una actitud en-
vidiosa y llamar la atención sobre uno mismo, o la impaciencia.
Asimismo, insiste en tener una buena disposición y valorar el
esfuerzo que lleva a cabo el orador, por haber aprendido sobre
una cuestión, y haberla elaborado y compartido de la mejor manera posible. También recomienda tomarse un momento para
reflexionar al acabar la charla. Ahora bien, acoger al orador con

buena disposición no implica creer ciegamente en lo que dice: «hay que conceder generosamente el elogio a los oradores, pero dar fe a sus palabras con precaución» (41A). Es más, advierte contra dejarse engatusar por la apariencia del orador, por el estilo atrayente del discurso, o por el entorno entusiasta que lo rodea. Lo que debe interesar es el contenido, que es lo que tiene el poder de impactar para bien o para mal el alma. Resultan claves algunas recomendaciones, como aprovechar cuando se percibe un error en otros, para ver si lo cometemos también, porque «hacer objeciones a un discurso que ya ha sido pronunciado no es difícil, sino muy fácil; pero proponer otro mejor supone una tarea muy laboriosa» (40E).

Los capítulos 10-12 sugieren las cuestiones que se pueden tratar en una charla. Las recomendaciones que Plutarco ofrece a este respecto son: no abordar temas que no han sido acordados de antemano, para no desestabilizar al orador; plantear preguntas que se adecúen al nivel de competencia y a la especialización del orador; y, finalmente, no importunar al orador con preguntas constantes y numerosas –en la idea de que con ello se pretende alardear de conocimientos más que aprender de las respuestas–.

Una vez finalizada la charla, y tras las pertinentes dudas, Plutarco refiere el tema del aplauso y los elogios (13-15). Como no es de extrañar, opta por un término medio entre el exceso y la deficiencia, pero recalca que siempre hay algo, en cualquier discurso, digno de elogio, y si no se expresa con palabras, al menos «mostrar una mirada dulce y un rostro tranquilo, y una actitud predispuesta y libre de irritación» (45BC). Plutarco aprovecha la mención a la expresión corporal para incidir en cuestiones no menos destacadas: sentarse derecho, mirar al orador, etc., y recrimina a aquellos que «sin consideración alguna y despreocupados de sus deberes se sientan, como si llegaran a un banquete sin más, a pasarlo bien mientras trabajan otros» (45D).

El capítulo 16, por su parte, reflexiona sobre las críticas y la manera apropiada de recibirlas e integrarlas de cara a mejorar.

De nuevo, Plutarco opta por una mesurada vía intermedia: ni hay que creer toda crítica que se recibe ni hay que ofenderse por cualquier atisbo de censura. Y, sobre todo, recomienda no huir de la filosofía por los juicios en contra de uno ni las dificultades iniciales, pues «el sufrimiento de la filosofía que se instala en los jóvenes de buena disposición por naturaleza, lo cura la misma palabra que ha causado la herida» (47A).

Los últimos capítulos (17-18) se centran en el valor de la filosofía y sirven a Plutarco para resumir los puntos principales tratados a lo largo de la obra: la buena disposición ante las dificultades filosóficas, la constancia, y la adecuación en la interacción con el orador.

El aprendizaje y la práctica del arte de escuchar tienen un propósito que va más allá de lo meramente utilitario; Plutarco nos indica en los últimos párrafos que escuchar a los demás no pretende llenar el alma de contenidos sino prender en ella pensamientos originales y propios: «la inteligencia no necesita de relleno, como un recipiente, sino de combustible solo, como la madera, que produce un impulso de indagación y anhelo por la verdad» (48C).

En el estilo coloquial y cercano propio de una carta como esta, Plutarco deja clara su intención ético-pedagógica a través de numerosos ejemplos del día a día. López Salvá (2005: 360) ya advertía que «con estas imágenes concretas de lo cotidiano, como son la salud, el cuerpo, el juego o los banquetes, que no son sino metáforas de vida, apunta nuestro autor a estados y acontecimientos psicológicos y sociales más complejos, como son el bienestar social e individual, el lustre y la ligereza del alma.» Y es que, si bien nos habla de la escucha, en el fondo el autor se interesa por la mejora constante del ser humano: del aprender a comportarse, del control de las emociones y del perfeccionamiento del alma.

De ahí que resulte innovadora su aportación sobre el tema del saber escuchar, cuando se compara con otros autores con-

temporáneos (Séneca, Epicteto, Plinio): Plutarco incide en la importancia del aprendizaje activo –frente a una escucha pasiva–, de una colaboración activa entre orador y oyente, de una práctica constante y de automejora.

En este sentido, la escucha tiene dos componentes: uno interno, en el que el oyente debe cuestionar su grado de conocimiento y de comprensión así como su estado de ánimo, y uno externo, que debe centrarse en el estilo y contenido de lo que se dice.

Para cerrar este resumen, parafraseando lo que indica de manera acertada y divertida Kidd (1992: 25-26), *De audiendo* es una producción literaria altamente pulida que irónicamente corre el riesgo, pese a la explícita advertencia de Plutarco, de ser apreciada por el entretenimiento que ofrece antes que por su contenido; pero, al fin y al cabo, una obra debería poder instruir y divertir a partes iguales.

ΠΕΡΙ ΤΟΥ ΑΚΟΥΕΙΝ

1

Τὴν γενομένην μοι σχολὴν περὶ τοῦ ἀκούειν, [37C] ὦ Νίκανδρε, ἀπέσταλκά σοι γράψας, ὅπως εἰδῇς τοῦ πείθοντος ὀρθῶς ἀκούειν, ὅτε τῶν προσταττόντων ἀπήλλαξαι τὸ ἀνδρεῖον ἀνειληφὼς ἱμάτιον. ἀναρχία μὲν γάρ, ἣν ἔνιοι τῶν νέων ἐλευθερίαν ἀπαιδευσίᾳ νομίζουσι, [37D] χαλεπωτέρους ἐκείνων τῶν ἐν παισὶ διδασκάλων καὶ παιδαγωγῶν δεσπότας ἐφίστησι τὰς ἐπιθυμίας ὥσπερ ἐκ δεσμῶν λυθείσας· καὶ καθάπερ Ἡρόδοτός φησιν ἅμα τῷ χιτῶνι συνεκδύεσθαι τὴν αἰδῶ τὰς γυναῖκας, οὕτως ἔνιοι τῶν νέων ἅμα τῷ τὸ παιδικὸν ἱμάτιον ἀποθέσθαι συναποθέμενοι τὸ αἰδεῖσθαι καὶ φοβεῖσθαι καὶ λύσαντες τὴν κατασχηματίζουσαν αὐτοὺς περιβολὴν εὐθὺς ἐμπίπλανται τῆς ἀναγωγίας. σὺ δὲ πολλάκις ἀκηκοὼς ὅτι ταὐτόν ἐστι τὸ ἕπεσθαι θεῷ καὶ τὸ πείθεσθαι λόγῳ, νόμιζε τὴν εἰς ἄνδρας ἐκ παίδων ἀγωγὴν οὐκ ἀρχῆς εἶναι τοῖς εὖ φρονοῦσιν ἀποβολήν, [37E] ἀλλὰ μεταβολὴν ἄρχοντος, ἀντὶ μισθωτοῦ τινος ἢ ἀργυρωνήτου

SOBRE CÓMO SE DEBE ESCUCHAR

1

La charla que di sobre cómo se debe escuchar, [37C] querido Nicandro,[109] te la envío tras ponerla por escrito, para que sepas escuchar a quien intente convencerte de manera correcta, ahora que eres libre de no recibir ya órdenes por haber vestido la toga viril. Pues, la falta de autoridad, que algunos de los jóvenes consideran libertad por una carencia en su formación, [37D] permite que se establezcan unos déspotas más severos que aquellos maestros y pedagogos de la infancia: las pasiones, liberadas, por así decirlo, de sus cadenas. Y tal como dice Heródoto[110] que junto con sus prendas las mujeres se desprenden del pudor,[111] del mismo modo algunos jóvenes, al abandonar la toga infantil, prescinden del respeto y temor, y al deshacerse de la vestimenta que los envolvía, al momento se llenan de indisciplina. Pero tú has oído a menudo que es lo mismo seguir a la divinidad y obedecer a la razón; pues considera que, para las personas sensatas, el paso de niños a hombres no es una escapatoria al control, [37E] sino un cambio de quien ejerce el control: en vez de una persona remunerada o un esclavo comprado con dinero, toman

---

[109] Sobre la dedicatoria, ver Introducción.
[110] Historiador del s. V a. C., considerado el padre de la Historiografía.
[111] Hdt. 1.8; Plutarco refiere la anécdota de nuevo en *Con. praec.* 139C.

θεῖον ἡγεμόνα τοῦ βίου λαμβάνουσι τὸν λόγον, ᾧ τοὺς ἑπομένους ἄξιόν ἐστι μόνους ἐλευθέρους νομίζειν. μόνοι γὰρ ἃ δεῖ βούλεσθαι μαθόντες, ὡς βούλονται ζῶσι· ταῖς δ' ἀπαιδεύτοις καὶ παραλόγοις ὁρμαῖς καὶ πράξεσιν ἀγεννὲς ἔνεστί τι καὶ μικρὸν ἐν πολλῷ τῷ μετανοοῦντι τὸ ἑκούσιον.

2

Ἐπεὶ δ' ὥσπερ τῶν ἐγγραφομένων εἰς τὰς πολιτείας οἱ μὲν ἀλλοδαποὶ καὶ ξένοι κομιδῇ πολλὰ μέμφονται καὶ δυσκολαίνουσι τῶν γιγνομένων, [37F] οἱ δ' ἐκ μετοίκων σύντροφοι καὶ συνήθεις τῶν νόμων ὄντες οὐ χαλεπῶς προσδέχονται τὰ ἐπιβάλλοντα καὶ στέργουσιν, οὕτω σε δεῖ πολὺν χρόνον ἐν φιλοσοφίᾳ παρατρεφόμενον καὶ πᾶν μάθημα καὶ ἄκουσμα παιδικὸν ἀπ' ἀρχῆς ἐθισθέντα προσφέρεσθαι λόγῳ φιλοσόφῳ μεμιγμένον, εὐμενῆ καὶ οἰκεῖον ἥκειν εἰς φιλοσοφίαν, ἢ μόνη τὸν ἀνδρεῖον καὶ τέλειον ὡς ἀληθῶς ἐκ λόγου τοῖς νέοις περιτίθησι κόσμον.

Οὐκ ἂν ἀηδῶς δ' οἶμαί σε προακοῦσαι περὶ τῆς ἀκουστικῆς αἰσθήσεως, [38A] ἣν ὁ Θεόφραστος παθητικωτάτην εἶναί φησι πασῶν. οὔτε γὰρ ὁρατὸν οὐδὲν οὔτε γευστὸν οὔθ' ἁπτὸν ἐκστάσεις ἐπιφέρει καὶ ταραχὰς καὶ πτοίας τηλικαύτας ἡλίκαι κατὰ λαμβάνουσι τὴν ψυχὴν κτύπων τινῶν καὶ πατάγων καὶ ἤχων τῇ ἀκοῇ προσπεσόντων. ἔστι δὲ λογικωτέρα μᾶλλον ἢ παθητικωτέρα. τῇ μὲν γὰρ κακίᾳ πολλὰ χωρία καὶ μέρη τοῦ σώματος παρέχει δι' αὐτῶν ἐνδῦσαν ἅψασθαι τῆς ψυχῆς, [38B] τῇ δ' ἀρετῇ μίαλαβὴ τὰ ὦτα τῶν νέων ἐστίν, ἂν ᾖ καθαρὰ καὶ ἄθρυπτα κολακείᾳ καὶ λόγοις ἄθικτα φαύλοις ἀπ' ἀρχῆς φυλάττηται.

la razón como guía divino de la vida, a cuyos discípulos únicamente es justo considerar como libres. Pues solo ellos, que han aprendido a desear lo necesario, viven como desean; pero en los impulsos y acciones desenfrenados e irracionales hay algo innoble y en el cambiar de idea con frecuencia hay poca voluntad propia.

2

Y es que, al igual que ocurre con los que se inscriben como ciudadanos, los forasteros y los extranjeros protestan y se quejan bastante por muchas de las cosas que ocurren, mientras que [37F] los que han sido criados por metecos y están familiarizados con las leyes aceptan sin dificultad lo que les rodea y se contentan, también es necesario que tú, que durante mucho tiempo te has instruido en la filosofía y estás acostumbrado desde el principio a cualquier aprendizaje e instrucción infantil, combinados con un razonamiento filosófico, llegues bien dispuesto y familiarizado a la filosofía, única en otorgar a los jóvenes un orden viril y realmente completo que procede de la razón.

Creo que no sin placer escucharías algunas cuestiones preliminares sobre el sentido del oído, [38A] el cual dice Teofrasto que es el más sensible de todos los sentidos.[112] Pues ni la vista ni el gusto ni el tacto causan distracciones, disturbios y emociones tales como las que se apoderan del alma al sobrevenirle al oído golpes, estruendos y ecos. Aun así, este es mucho más racional que sensible. Porque muchos lugares y partes del cuerpo consienten que el mal acceda a través de ellos y se apodere del alma, en cambio para la virtud la única [38B] oportunidad es a través de los oídos de los jóvenes, en caso de que sean puros e inalterables por la adulación y permanezcan desde el principio intactos en lo que respecta a discursos despreciables. Por eso también Jenócrates aconsejaba poner protectores de ore-

---

[112] Referencia desconocida. Teofrasto fue un filósofo peripatético de los ss. IV-III a. C.

διὸ καὶ Ξενοκράτης τοῖς παισὶ μᾶλλον ἢ τοῖς ἀθληταῖς ἐκέλευε περιάπτειν ἀμφωτίδας, ὡς ἐκείνων μὲν τὰ ὦτα ταῖς πληγαῖς, τούτων δὲ τοῖς λόγοις τὰ ἤθη διαστρεφομένων, οὐκ ἀνηκοΐαν οὐδὲ κωφότητα προμνώμενος, ἀλλὰ τῶν λόγων τοὺς φαύλους φυλάττεσθαι παραινῶν, πρὶν ἑτέρους χρηστούς, ὥσπερ φύλακας ἐντραφέντας ὑπὸ φιλοσοφίας τῷ ἤθει, τὴν μάλιστα κινουμένην αὐτοῦ καὶ ἀναπειθομένην χώραν κατασχεῖν. καὶ Βίας ὁ παλαιὸς Ἀμάσιδι, κελευσθεὶς τὸ χρηστότατον ὁμοῦ καὶ φαυλότατον ἐκπέμψαι κρέας τοῦ ἱερείου, τὴν γλῶτταν ἐξελὼν ἀπέπεμψεν, ὡς καὶ βλάβας καὶ ὠφελείας τοῦ λέγειν ἔχοντος μεγίστας. [38C] οἵ τε πολλοὶ τὰ μικρὰ παιδία καταφιλοῦντες αὐτοί τε τῶν ὤτων ἅπτονται κἀκεῖνα τοῦτο ποιεῖν κελεύουσιν, αἰνιττόμενοι μετὰ παιδιᾶς ὅτι δεῖ φιλεῖν μάλιστα τοὺς διὰ τῶν ὤτων ὠφελοῦντας. ἐπεὶ ὅτι γε πάσης ἀκροάσεως ἀπειργόμενος ὁ νέος καὶ λόγου μηδενὸς γευόμενος οὐ μόνον ἄκαρπος ὅλως καὶ ἀβλαστὴς διαμένει πρὸς ἀρετήν, ἀλλὰ καὶ διαστρέφοιτ' ἂν πρὸς κακίαν, ὥσπερ ἐκ χώρας ἀκινήτου καὶ ἀργῆς ἄγρια πολλὰ τῆς ψυχῆς ἀνα διδούς, δῆλόν ἐστι. τὰς γὰρ ἐφ' ἡδονὴν ὁρμὰς [38D] καὶ πρὸς πόνον ὑποψίας (οὐ θυραίους οὐδ' ὑπὸ λόγων ἐπεισάκτους, ἀλλ' ὥσπερ αὐτόχθονας οὔσας μυρίων παθῶν καὶ νοσημάτων πηγάς) ἂν ἐᾷ τις ἀφέτους ᾗ πεφύκασι χωρεῖν καὶ μὴ λόγοις χρηστοῖς ἀφαιρῶν ἢ παρατρέπων καταρτύῃ τὴν φύσιν, οὐκ ἔστιν ὃ τῶν θηρίων οὐκ ἂν ἡμερώτερον ἀνθρώπου φανείη.

jas a los niños antes que a los atletas, en tanto que aquellos se desfiguran las orejas con los golpes, pero estos, el carácter con los discursos, y no es que pidiera negligencia o sordera, pero aconsejaba vigilancia contra los discursos indignos, hasta que otros más beneficiosos, como guardianes entrenados en carácter por la filosofía, se apoderaran de aquel lugar suyo más influenciable y persuasible.[113] También Bías el antiguo, como recibió la orden de enviar a Amasis el trozo de carne sacrificial a la vez mejor y peor, tras cortar la lengua se la envió, en la idea de que el hablar causa tanto los mayores daños como los mayores beneficios.[114] [38C] La mayoría cuando da un beso a sus hijos pequeños les cogen las orejas y les piden hacer esto mismo, dando a entender de forma amena que hay que querer sobre todo a quienes ofrecen su atención por las orejas. Por cierto, que está claro que el joven que se ve alejado de toda audición y que no prueba de ningún discurso no sólo permanece completamente improductivo y sin desarrollar en cuanto a virtud, sino que además podría degenerar hacia el vicio, produciendo del alma, como de un terreno en barbecho y sin cultivar, mucha maleza. Puesto que los impulsos hacia el placer [38D] y los recelos hacia el trabajo (que no son externos ni importados de fuera con discursos, sino, por así decirlo, fuentes autóctonas de mil afecciones y enfermedades), si uno consiente que estén a su libre albedrío, como son por naturaleza, y no los lleva de lado con discursos útiles ni cambia su naturaleza con disciplina, no existe entre los animales salvajes uno que no pareciera más civilizado que el hombre.

---

[113]   Referido también en *Quaest. conv.* 706C. Jenócrates fue un filósofo platónico, discípulo de Platón, del s. IV. a. C.
[114]   También en *Sept. sap. conv.* 146F; en *De gar.* 506C, Plutarco atribuye la anécdota a otro personaje, Pítaco. Considerado uno de los siete sabios de la Antigua Grecia.

3

Διὸ δὴ μεγάλην μὲν ὠφέλειαν οὐκ ἐλάττω δὲ κίνδυνον τοῖς νέοις τοῦ ἀκούειν ἔχοντος, οἶμαι καλῶς ἔχειν καὶ πρὸς αὐτὸν ἀεὶ καὶ πρὸς ἕτερον διαλέγεσθαι περὶ τοῦ ἀκούειν. [38E] ἐπεὶ καὶ τούτῳ κακῶς τοὺς πλείστους χρωμένους ὁρῶμεν, οἳ λέγειν ἀσκοῦσι πρὶν ἀκούειν ἐθισθῆναι· καὶ λόγων μὲν οἴονται μάθησιν εἶναι καὶ μελέτην, κροάσει δὲ καὶ τοὺς ὁπωσοῦν χρωμένους ὠφελεῖσθαι. καίτοι τοῖς μὲν σφαιρίζουσιν ἅμα τοῦ βαλεῖν καὶ τοῦ λαβεῖν τὴν σφαῖραν ἡ μάθησις· ἐν δὲ τῇ τοῦ λόγου χρείᾳ τὸ δέξασθαι καλῶς τοῦ προέσθαι πρότερόν ἐστιν, ὥσπερ τοῦ τεκεῖν τὸ συλλαβεῖν καὶ κατασχεῖν τι τῶν γονίμων. ταῖς μὲν οὖν ὄρνισι τὰς ὑπηνεμίους λοχείας καὶ ὠδῖνας ἀτελῶν τινων καὶ ἀψύχων ὑπολειμμάτων ὀχείας λέγουσιν εἶναι· τῶν δ' ἀκούειν μὴ δυναμένων νέων μηδ' ὠφελεῖσθαι [38F] δι' ἀκοῆς ἐθισθέντων ὑπηνέμιος ὄντως ὁ λόγος ἐκπίπτων

ἀκλειὴς ἀίδηλος ὑπαὶ νεφέεσσι κεδάσθη.

τὰ μὲν γὰρ ἀγγεῖα πρὸς τὴν ὑποδοχὴν τῶν ἐγχεομένων ἐπικλίνουσι καὶ συνεπιστρέφουσιν, ἵν' ἔγχυσις ἀληθῶς, μὴ ἔκχυσις γένηται, αὐτοὺς δὲ τῷ λέγοντι παρέχειν καὶ συναρμόττειν τῇ προσοχῇ τὴν ἀκρόασιν, ὡς μηδὲν ἐκφύγῃ τῶν χρησίμως λεγομένων, οὐ μανθάνουσιν, [39A] ἀλλ' ὃ πάντων καταγελαστότατόν ἐστιν, ἂν μέν τινι προστύχωσι διηγουμένῳ δεῖπνον ἢ πομπὴν ἢ ὄνειρον ἢ λοιδορίαν γεγενημένην αὐτῷ πρὸς ἄλλον, ἀκροῶνται σιωπῇ καὶ προσλιπαροῦσιν· ἂν δέ τις αὐτοὺς ἐπισπασάμενος διδάσκῃ τι τῶν χρησίμων ἢ παραινῇ τῶν δεόντων ἢ νουθετῇ πλημμελοῦντας ἢ καταπραΰνῃ χαλεπαίνοντας, οὐχ ὑπομένουσιν, ἀλλ' ἂν μὲν δύνωνται, περιγενέσθαι φιλοτιμούμενοι διαμάχονται πρὸς τὸν λόγον· εἰ δὲ μή, φεύγοντες ἀπίασι πρὸς ἑτέρους λόγους καὶ φλυάρους, ὡς ἀγγεῖα φαῦλα καὶ σαθρὰ τὰ ὦτα πάντων μᾶλλον ἢ τῶν ἀναγκαίων ἐμπιπλάντες. [39B] τοὺς μὲν οὖν ἵππους οἱ καλῶς τρέφοντες εὐστόμους τῷ χαλινῷ, τοὺς δὲ παῖδας εὐηκόους τῷ λόγῳ παρέχουσι, πολλὰ μὲν ἀκούειν μὴ

3

Por ello, dado que escuchar proporciona a los jóvenes un gran beneficio y un peligro no menor, creo que es bueno dialogar sobre cómo se debe escuchar tanto con uno mismo como con otros siempre. [38E] Y es que observamos que la mayoría hace mal uso de esto mismo: quienes practican el hablar antes de acostumbrarse a escuchar creen que en los discursos hay un aprendizaje y una práctica, pero, con la acción de escuchar, que se saca beneficio usándola de cualquier manera. Bien es cierto que para los que juegan a la pelota el aprendizaje de lanzar y coger la pelota ocurre a la vez, pero en el uso del discurso el recibirlo correctamente va antes que el emitirlo, igual que el recibir y guardar algo de esperma precede al parto. En efecto, dicen que las aves tienen partos de huevos vacíos fruto de unas fecundaciones imperfectas y sin vida;[115] y si los jóvenes no tienen la capacidad de escuchar ni de beneficiarse del acto de escuchar, también el discurso que produzcan [38F] estará, en realidad, vacío y:

Se esparce bajo las nubes ignominioso e ignorado.[116]

Y aunque inclinan y giran las vasijas para la recepción de lo vertido, de manera que realmente haya una recogida y no una derrama, ellos mismos no aprenden a centrarse en el orador y a adecuarse a lo escuchado con atención, de modo que ninguna de las cosas útiles que se dicen les pasen inadvertidas. Pero lo [39A] que es más ridículo de todo es que si se encuentran por casualidad con alguien relatando una cena, una procesión, un sueño o un altercado que ha tenido con otra persona, lo escuchan en silencio y se quedan cerca atendiéndolo; pero si alguien, intentando atraerlos, les enseña algo útil, o les aconseja cosas necesarias, o les reprocha cuando se equivocan, o les tranquiliza cuando se irritan, no lo aguantan, sino que, si pueden, intentando demostrar ser superiores, luchan contra su palabra; y si no lo consiguen, huyendo

---

[115]   Arist. *HA* 6.2.
[116]   Hexámetro dactílico de autor desconocido.

πολλὰ δὲ λέγειν διδασκομένους. καὶ γὰρ τὸν Ἐπαμεινώνδαν ὁ Σπίνθαρος ἐπαινῶν ἔφη μήτε πλείονα γιγνώσκοντι μήτ' ἐλάττονα φθεγγομένῳ ῥᾳδίως ἐντυχεῖν ἑτέρῳ. καὶ τὴν φύσιν ἡμῶν ἑκάστῳ λέγουσι δύο μὲν ὦτα δοῦναι, μίαν δὲ γλῶτταν, ὡς ἐλάττονα λέγειν ἢ ἀκούειν ὀφείλοντι.

4

Πανταχοῦ μὲν οὖν τῷ νέῳ κόσμος ἀσφαλής ἐστιν ἡ σιωπή, μάλιστα δ' ὅταν ἀκούων ἑτέρου [39C] μὴ συνταράττηται μηδ' ἐξυλακτῇ πρὸς ἕκαστον, ἀλλὰ κἂν ὁ λόγος ᾖ μὴ λίαν ἀρεστός, ἀνέχηται καὶ περιμένῃ παύσασθαι τὸν διαλεγόμενον, καὶ παυσαμένου μὴ εὐθέως ἐπιβάλλῃ τὴν ἀντίρρησιν, ἀλλ' ὡς Αἰσχίνης φησί, διαλείπῃ χρόνον, εἴτε προσθεῖναί τι βούλοιτο τοῖς λελεγμένοις ὁ εἰρηκώς, εἴτε μεταθέσθαι καὶ ἀφελεῖν. οἱ δ' εὐθὺς ἀντικόπτοντες, οὔτ' ἀκούοντες οὔτ' ἀκουόμενοι λέγοντες δὲ πρὸς λέγοντας, ἀσχημονοῦσιν· ὁ δ' ἐγκρατῶς καὶ μετ' αἰδοῦς ἀκούειν ἐθισθεὶς τὸν μὲν ὠφέλιμον λόγον ἐδέξατο καὶ κατέσχε, τὸν δ' ἄχρηστον ἢ ψευδῆ μᾶλλον διεῖδε καὶ κατεφώρασε, φιλαλήθης φανείς, οὐ φιλόνεικος οὐδὲ προπετὴς καὶ δύσερις. [39D] ὅθεν οὐ κακῶς ἔνιοι λέγουσιν ὅτι δεῖ τῶν νέων μᾶλλον ἐκπνευματοῦν τὸ οἴημα καὶ τὸν τῦφον ἢ τῶν ἀσκῶν τὸν ἀέρα τοὺς ἐγχέαι τι βουλομένους χρήσιμον· εἰ δὲ μή, γέμοντες ὄγκου καὶ φυσήματος οὐ προσδέχονται.

cambian a otras conversaciones y naderías, llenando sus oídos, como si se fueran vasijas sin valor ni calidad, de todo excepto de lo necesario. Como los buenos criadores [39B] aportan caballos con una buena boca para el freno, los buenos educadores aportan niños con buen oído para el discurso, enseñándoseles a escuchar mucho, pero no a hablar mucho. De hecho, Espíntaro, encomiando a Epaminondas, decía que no era fácil encontrar a otro que supiera tanto y hablara menos.[117] Y dicen que la naturaleza nos ha dado a cada uno de nosotros dos orejas y una lengua porque deberíamos hablar menos que escuchar.[118]

4

En cualquier caso, el silencio es un adorno seguro para un joven, sobre todo cuando al escuchar a otro ni [39C] se perturba ni se enrabieta por cada cosa, sino que, incluso si el discurso no es particularmente agradable, aguanta y espera a que el orador acabe, y cuando cesa, no se lanza en seguida con su objeción, sino que, como dice Esquines, deja pasar un tiempo, por si quien ha hablado quisiera a lo dicho añadir, cambiar y quitar algo.[119] En cambio, los que objetan inmediatamente, sin escuchar ni ser escuchados, y hablando a los que ya están hablando, actúan de manera impropia; mientras que quien está acostumbrado a escuchar con moderación y con respeto recibe y atesora el discurso beneficioso, y el inútil o falso más fácilmente lo discierne y descubre, mostrándose así como amante de la verdad y no como amante de la discordia ni como alguien incontrolable o conflictivo. De ahí que algunos digan, no equivocadamente, que es más necesario sacar de los jóvenes los aires presuntuosos y esos humos que tienen, que sacar el aire de los odres, si se quiere llenarlos de algo [39D] útil; si no, no permiten recibir nada, al estar ya llenos de prepotencia y vanidad.

---

[117] *De genio Socr*. 592F. Sobre Epaminondas, véase nota 29, arriba.
[118] De nuevo, en *Animine an corp*. 501C.
[119] Posiblemente de *De falsa legatione* 7 o de una obra perdida. Orador ático enfrentado a Demóstenes.

5

Φθόνος οἴνυν μετὰ βασκανίας καὶ δυσμενείας οὐδενὶ μὲν ἔργῳ παρὼν ἀγαθόν, ἀλλὰ πᾶσιν ἐμπόδιος τοῖς αλοῖς, κάκιστος δ' ἀκροωμένῳ πάρεδρος καὶ σύμβουλος, ἀνιαρὰ καὶ ἀηδῆ καὶ δυσπρόσδεκτα ποιῶν τὰ ὠφέλιμα διὰ τὸ πᾶσι μᾶλλον ἥδεσθαι τοὺς φθονοῦντας ἢ τοῖς εὖ λεγομένοις. καίτοι πλοῦτος μὲν ὄντινα δάκνει καὶ δόξα καὶ κάλλος, ἑτέροις ὑπάρχοντα, φθονερός ἐστι μόνον· ἄχθεται γὰρ ἄλλων εὐτυχούντων· [39E] ὁ δὲ λόγῳ καλῶς λεγομένῳ δυσχεραίνων ὑπὸ τῶν ἰδίων ἀγαθῶν ἀνιᾶται. ὡς γὰρ τὸ φῶς τῶν βλεπόντων, καὶ ὁ λόγος τῶν ἀκουόντων ἀγαθόν ἐστιν, ἂν βούλωνται δέχεσθαι.

Τὸν μὲν οὖν ἐφ' ἑτέροις φθόνον ἄλλαι τινὲς ἀπαίδευτοι καὶ κακαὶ διαθέσεις ἐμποιοῦσιν, ὁ δὲ πρὸς τοὺς λέγοντας ἐκ φιλοδοξίας ἀκαίρου καὶ φιλοτιμίας ἀδίκου γεννώμενος οὐδὲ προσέχειν ἐᾷ τοῖς λεγομένοις τὸν οὕτω διακείμενον, ἀλλὰ θορυβεῖ καὶ περισπᾷ τὴν διάνοιαν, ἅμα μὲν τὴν ἑαυτῆς ἕξιν ἐπισκοποῦσαν εἰ λείπεται τῆς τοῦ λέγοντος, ἅμα δὲ τοὺς ἄλλους ἐπιβλέπουσαν εἰ ἄγανται καὶ θαυμάζουσιν, ἐκπληττομένην τε ὑπὸ τῶν ἐπαίνων καὶ ἀγριαίνουσαν πρὸς τοὺς παρόντας ἂν ἀποδέχωνται τὸν λέγοντα, [39F] τῶν δὲ λόγων τοὺς μὲν εἰρημένους ἐῶσαν καὶ προϊεμένην, ὅτι λυποῦσι μνημονευόμενοι, πρὸς δὲ τοὺς λείποντας ταραττομένην καὶ τρέμουσαν μὴ τῶν εἰρημένων βελτίονες γένωνται, σπεύδουσαν δὲ τάχιστα παύσασθαι τοὺς λέγοντας ὅταν κάλλιστα λέγωσι, [40A] λυθείσης δὲ τῆς ἀκροάσεως πρὸς οὐδενὶ τῶν εἰρημένων οὖσαν ἀλλὰ τὰς φωνὰς καὶ διαθέσεις τῶν παρόντων ἐπιψηφίζουσαν, καὶ τοὺς μὲν ἐπαινοῦντας ὥσπερ ἐμμανῆ φεύγουσαν καὶ ἀποπηδῶσαν, προστρέχουσαν δὲ καὶ συναγελαζομένην τοῖς ψέγουσι τὰ εἰρημένα καὶ διαστρέφουσιν· ἂν δὲ μηδὲν ᾖ διαστρέψαι, παραβάλλουσαν ἑτέρους τινὰς ὡς ἄμεινον εἰρηκότας εἰς ταὐτὸ καὶ δυνατώτερον, ἕως διαφθείρασα καὶ λυμηναμένη τὴν ἀκρόασιν ἀχρεῖον ἑαυτῇ καὶ ἀνόνητον ἀπεργάσηται.

5

Y, además, cuando la envidia aparece junto con la mezquindad y la malevolencia no es buena para ninguna tarea, sino que es un impedimento para todo lo bueno y para quien escucha una conferencia es el peor guía y consejero, porque convierte lo que es útil en molesto, desagradable e intolerable, ya que los envidiosos se complacen con todo antes que con lo que está bien dicho. Ahora bien, al que le irrita la riqueza, la gloria y la belleza que poseen otros, es simplemente un envidioso: pues sufre porque los demás son afortunados; en cambio, quien [39E] se irrita con un discurso bien expresado se aflige con cosas para su propio bien. En verdad, tal como la luz es un bien para los que ven, también la palabra lo es para los que oyen, si están dispuestos a recibirla.

En todo caso, en otras cuestiones, ciertas disposiciones insoportables y odiosas son las que generan los celos; pero aquellos contra los oradores, que surgen de un inoportuno deseo de llamar la atención y de un injusto deseo de ambición, ni siquiera permiten a quien está así dispuesto prestar atención a lo que se dice, sino que confunde y distrae su pensamiento, que inspecciona su propia condición por si es inferior a la del orador a la vez que observa a los demás, por si disfrutan y muestran admiración; y queda desconcertado por los elogios y se indigna con los presentes si encuentran al orador aceptable; deja pasar y descarta los discursos [39F] ya pronunciados, porque recordarlos le apena, pero se inquieta y teme por los que quedan por venir, no vayan a resultar mejores que los que ya se han pronunciado, impaciente por que los oradores terminen lo más rápido posible cuando [40A] dicen las cosas más bellas y, terminada la conferencia, no está a favor de nada de lo que se ha dicho, sino que somete a votación las voces y las actitudes de los presentes, y de los que hacen elogios huye y se aparta, como si estuvieran poseídos, pero corre hacia los que critican y distorsionan lo que se ha dicho y se une a ellos. Y si no hay nada que se pueda distorsionar, lo compara con otros, como si estos hubiesen hablado mejor y con más vigor sobre el mismo tema, hasta que, destruyendo y desacreditando la conferencia, la convierte en algo inútil e improductivo en sí misma.

6

[40B] Διὸ δεῖ τῇ φιληκοΐᾳ πρὸς τὴν φιλοδοξίαν σπεισάμενον ἀκροᾶσθαι τοῦ λέγοντος ἵλεων καὶ πρᾷον, ὥσπερ ἐφ' ἑστίασιν ἱερὰν καὶ θυσίας ἀπαρχὴν παρειλημμένον, ἐπαινοῦντα μὲν ἐν οἷς ἐπιτυγχάνει τὴν δύναμιν, ἀγαπῶντα δὲ τὴν προθυμίαν αὐτὴν τοῦ φέροντος εἰς μέσον ἃ γιγνώσκει καὶ πείθοντος ἑτέρους δι' ὧν αὐτὸς πέπεισται. τοῖς μὲν οὖν κατορθουμένοις ἐπιλογιστέον ὡς οὐκ ἀπὸ τύχης οὐδ' αὐτομάτως ἀλλ' ἐπιμελείᾳ καὶ πόνῳ καὶ μαθήσει κατορθοῦνται, καὶ μιμητέον γε ταῦτα θαυμάζοντάς γε δὴ καὶ ζηλοῦντας· τοῖς δ' ἁμαρτανομένοις ἐφιστάναι χρὴ τὴν διάνοιαν, ὑφ' ὧν αἰτιῶν καὶ ὅθεν ἡ παρατροπὴ γέγονεν. [40C] ὡς γὰρ ὁ Ξενοφῶν φησι τοὺς οἰκονομικοὺς καὶ ἀπὸ τῶν φίλων ὀνίνασθαι καὶ ἀπὸ τῶν ἐχθρῶν, οὕτω τοὺς ἐγρηγορότας καὶ προσέχοντας οὐ μόνον κατορθοῦντες ἀλλὰ καὶ διαμαρτάνοντες ὠφελοῦσιν οἱ λέγοντες· καὶ γὰρ διανοήματος εὐτέλεια καὶ ῥήματος κενότης καὶ σχῆμα φορτικὸν καὶ πτόησις μετὰ χαρᾶς ἀπειροκάλου πρὸς ἔπαινον καὶ ὅσα τοιαῦτα μᾶλλον ἀκροωμένοις ἐφ' ἑτέρων ἢ λέγουσιν ἐφ' ἑαυτῶν καταφαίνεται. διὸ δεῖ μεταφέρειν τὴν εὔθυναν ἐφ' ἑαυτοὺς ἀπὸ τοῦ λέγοντος, ἀνασκοποῦντας εἴ τι τοιοῦτο λανθάνομεν ἁμαρτάνοντες. ῥᾷστον γάρ ἐστι τῶν ὄντων τὸ μέμψασθαι τὸν πλησίον, ἀχρήστως τε καὶ κενῶς γιγνόμενον,

6

Por eso, [40B] es necesario que, tras concluir un acuerdo entre el deseo de escuchar y el deseo de reputación, uno escuche al orador de modo animado y favorable, como si fuera un invitado en un banquete sagrado y en las primeras ofrendas de un sacrificio, alabándolo en aquellas partes donde encuentra vigor, disfrutando de la buena voluntad, al menos, de quien comparte en público aquello que conoce e intenta convencer a los demás con los argumentos con los que él mismo ha sido convencido. En verdad, aquello en lo que se ha tenido éxito, hay que considerar que no se ha conseguido por casualidad ni por accidente, sino con cuidado, esfuerzo y aprendizaje, y debemos imitarlo, con admiración y emulación; en cambio, donde ha habido errores hay que dirigir la inteligencia a ver por qué causas y dónde se origina la confusión. [40C] Porque, como dice Jenofonte que los administradores de una vivienda obtienen beneficio tanto de los amigos como de los enemigos,[120] así también los oradores, no sólo cuando lo hacen correctamente sino también cuando se equivocan, son útiles a quienes están atentos y les prestan atención. Pues también la mediocridad de pensamiento, la pobreza de expresión, la forma grosera, la agitación mezclada con un placer vulgar hacia el elogio y otras cosas del estilo nos parecen más evidentes en otros cuando escuchamos, que en nosotros mismos cuando hablamos. Por eso, es necesario desplazar ese examen del que está hablando hacia nosotros mismos, examinando si cometemos algún error similar sin darnos cuenta. Pues es lo más fácil del mundo criticar al vecino, si bien inútil y sin fundamento, a no ser que conlleve una rectificación y [40D] observación de errores similares. Y no debemos dudar en aplicarnos a nosotros mismos aquello de Platón al ver a los que cometen errores: «¿No seré acaso yo también así?»[121] En efecto, tal

---

[120] *Oec.* 1.15. Se trata de un historiador, filósofo y militar del s. IV a. C., discípulo de Sócrates y el tercero de la tríada canónica de historiadores, junto con Heródoto y Tucídides.
[121] Similar en *Mor.* 88E, 129D y 463E.

[40D] ἂν μὴ πρός τινα διόρθωσιν ἢ φυλακὴν ἀναφέρηται τῶν ὁμοίων. καὶ τὸ τοῦ Πλάτωνος οὐκ ὀκνητέον ἀεὶ πρὸς αὑτὸν ἐπὶ τῶν ἁμαρτανόντων ἀναφθέγγεσθαι, "μή που ἄρ' ἐγὼ τοιοῦτος;" ὡς γὰρ ἐν τοῖς ὄμμασι τῶν πλησίον ἐλλάμποντα τὰ ἑαυτῶν ὁρῶμεν, οὕτως ἐπὶ τῶν λόγων δεῖ τοὺς ἑαυτῶν ἐνεικονίζεσθαι τοῖς ἑτέρων, ἵνα μήτ' ἄγαν θρασέως καταφρονῶμεν ἄλλων, αὐτοῖς τε προς ἔχωμεν ἐν τῷ λέγειν ἐπιμελέστερον. [40E] χρήσιμον δὲ πρὸς τοῦτο καὶ τὸ τῆς παραβολῆς, ὅταν γενόμενοι καθ' αὑτοὺς ἀπὸ τῆς ἀκροάσεως καὶ λαβόντες τι τῶν μὴ καλῶς ἢ μὴ ἱκανῶς εἰρῆσθαι δοκούντων ἐπιχειρῶμεν εἰς ταὐτὸ καὶ προάγωμεν αὐτοὺς τὰ μὲν ὥσπερ ἀναπληροῦν, τὰ δ' ἐπανορθοῦσθαι, τὰ δ' ἑτέρως φράζειν, τὰ δ' ὅλως ἐξ ὑπαρχῆς εἰσφέρειν πειρώμενοι πρὸς τὴν ὑπόθεσιν. ὃ καὶ Πλάτων ἐποίησε πρὸς τὸν Λυσίου λόγον. τὸ μὲν γὰρ ἀντειπεῖν οὐ χαλεπὸν ἀλλὰ καὶ πάνυ ῥάδιον εἰρημένῳ λόγῳ· τὸ δ' ἕτερον ἀνταναστῆσαι βελτίονα παντάπασιν ἐργῶδες. ὥσπερ ὁ Λακεδαιμόνιος ἀκούσας ὅτι Φίλιππος Ὄλυνθον κατέσκαψεν "ἀλλ' οὐκ ἀναστῆσαί γε τοιαύτην" ἔφη "πόλιν ἐκεῖνος ἂν δυνηθείη." [40F] ὅταν οὖν ἐν τῷ διαλέγεσθαι πρὸς τὴν τοιαύτην ὑπόθεσιν μὴ πολὺ φαινώμεθα τῶν εἰρηκότων διαφέροντες, πολὺ τοῦ καταφρονεῖν ἀφαιροῦμεν, καὶ τάχιστα κολούεται τὸ αὔθαδες ἡμῶν καὶ φίλαυτον ἐν ταῖς τοιαύταις ἐλεγχόμενον ἀντιπαραβολαῖς.

7

Τῷ τοίνυν καταφρονεῖν τὸ θαυμάζειν ἀντικείμενον εὐγνωμονεστέρας μέν ἐστι δήπου καὶ ἡμερωτέρας φύσεως, δεῖταί γε μὴν οὐδ' αὐτὸ μικρᾶς εὐλαβείας, τάχα δὲ καὶ μείζονος· οἱ μὲν γὰρ καταφρονητικοὶ καὶ θρασεῖς [41A] ἧττον ὠφελοῦνται ὑπὸ τῶν λεγόντων, οἱ δὲ θαυμαστικοὶ καὶ ἄκακοι μᾶλλον βλάπτονται, καὶ τὸν Ἡράκλειτον οὐκ ἐλέγχουσιν εἰπόντα "βλὰξ ἄνθρωπος ἐπὶ παντὶ λόγῳ ἐπτοῆσθαι φιλεῖ".[197] δεῖ δὲ τὸν μὲν ἔπαινον ἀφελῶς τοῖς λέγουσι τὴν δὲ πίστιν εὐλαβῶς προΐεσθαι τοῖς λόγοις, καὶ τῆς μὲν λέξεως καὶ προφορᾶς τῶν ἀγωνιζομένων

197   Diels, *Fragmente der Vorsokratiker*, I, 95.

como vemos que brillan los nuestros propios en los ojos de los que están cerca, así también con los discursos es necesario que se reflejen los nuestros en los de los demás, para que no menospreciemos demasiado severamente a los demás y pongamos mayor cuidado al hablar nosotros mismos. [40E] Para este asunto también resulta útil la comparación, cuando nos quedamos solos tras la conferencia y tomamos alguna de las partes que parece no haber sido expresada de manera elegante o adecuada, echamos mano al mismo tema y nos animamos a nosotros mismos, ensayando unas veces cómo subsanar un fallo, otras cómo emendar, en otras ocasiones a decir lo mismo de otra forma o reelaborar por completo el tema desde la base. Esto es lo que hizo Platón con el discurso de Lisias.[122] Porque hacer objeciones a un discurso que ya ha sido pronunciado no es difícil, sino muy fácil; pero proponer otro mejor supone una tarea muy laboriosa. Como el lacedemonio que, tras oír que Filipo había arrasado por completo Olinto, dijo: «Pero ni siquiera él tendría la capacidad de levantar una ciudad semejante».[123] [40F] Por consiguiente, cuando en una conversación sobre determinado tema no parece que nos diferenciemos mucho de los que ya han hablado, nos cuidamos mucho de menospreciarlos, y rápidamente nuestra arrogancia y autoestima quedan refutadas, al ser puestas a prueba con tales comparaciones.

7

Ahora bien, admirar, que es la antítesis de despreciar, evidentemente es la actitud propia de una naturaleza más noble y pacífica, pero hasta esto mismo en realidad necesita de una precaución no pequeña, quizá incluso mayor. Y es que los desdeñosos y presuntuosos obtienen menos [41A] beneficios de los oradores, pero los entusiastas e ingenuos, en cambio, sufren más daño y no desmien-

---

[122] *Phdr.* 237b y siguientes.
[123] Plutarco narra la historia en otros pasajes: *Mor.* 215B y 458B. Se trata de Agesípolis II, hijo del rey de Esparta. Filipo II de Macedonia, quien destruyó Olinto, ciudad del norte de Grecia, en 348 a. C.

εὐμενῆ καὶ ἁπλοῦν εἶναι θεατήν, τῆς δὲ χρείας καὶ τῆς ἀληθείας τῶν λεγομένων ἀκριβῆ καὶ πικρὸν ἐξεταστήν, [41B] ἵν' οἱ μὲν λέγοντες μὴ μισῶσιν, οἱ δὲ λόγοι μὴ βλάπτωσιν· ὡς πολλὰ ψευδῆ καὶ πονηρὰ δόγματα λανθάνομεν εὐνοίᾳ καὶ πίστει τῇ πρὸς τοὺς λέγοντας ἐνδεχόμενοι. οἱ μὲν οὖν Λακεδαιμονίων ἄρχοντες ἀνδρὸς οὐκ εὖ βεβιωκότος γνώμην δοκιμάσαντες ἑτέρῳ προσέταξαν εἰπεῖν εὐδοκιμοῦντι περὶ τὸν βίον καὶ τὸ ἦθος, ὀρθῶς πάνυ καὶ πολιτικῶς ἐθίζοντες τὸν δῆμον ὑπὸ τοῦ τρόπου μᾶλλον ἢ τοῦ λόγου τῶν συμβουλευόντων ἄγεσθαι. τοὺς δ' ἐν φιλοσοφίᾳ λόγους ἀφαιροῦντα χρὴ τὴν τοῦ λέγοντος δόξαν αὐτοὺς ἐφ' ἑαυτῶν ἐξετάζειν. ὡς γὰρ πολέμου, καὶ ἀκροάσεως πολλὰ τὰ κενά ἐστι. καὶ γὰρ πολιὰ τοῦ λέγοντος καὶ πλάσμα καὶ ὀφρῦς καὶ περιαυτολογία, μάλιστα [41C] δ' αἱ κραυγαὶ καὶ οἱ θόρυβοι καὶ τὰ πηδήματα τῶν παρόντων συνεκπλήττει τὸν ἄπειρον ἀκροατὴν καὶ νέον ὥσπερ ὑπὸ ῥεύματος παραφερόμενον. ἔχει δέ τι καὶ ἡ λέξις ἀπατηλόν, ὅταν ἡδεῖα καὶ πολλὴ καὶ μετ' ὄγκου τινὸς καὶ κατασκευῆς ἐπιφέρηται τοῖς πράγμασιν. ὡς γὰρ τῶν ὑπ' αὐλοῖς ᾀδόντων αἱ πολλαὶ τοὺς ἀκούοντας ἁμαρτίαι διαφεύγουσιν, οὕτω περιττὴ καὶ σοβαρὰ λέξις ἀντιλάμπει τῷ ἀκροατῇ πρὸς τὸ δηλούμενον. [41D] ὁ μὲν γὰρ Μελάνθιος, ὡς ἔοικε, περὶ τῆς Διογένους τραγῳδίας ἐρωτηθεὶς οὐκ ἔφη κατιδεῖν αὐτὴν ὑπὸ τῶν ὀνομάτων ἐπιπροσθουμένην· αἱ δὲ τῶν πολλῶν διαλέξεις καὶ μελέται σοφιστῶν οὐ μόνον τοῖς ὀνόμασι παραπετάσμασι χρῶνται τῶν διανοημάτων, ἀλλὰ καὶ τὴν φωνὴν ἐμμελείαις τισὶ καὶ μαλακότησι καὶ παρισώσεσιν ᾀδύνοντες ἐκβακχεύουσι

ten a Heráclito cuando dice: «un hombre estúpido se pone nervioso con cualquier palabra».[124] Hay que conceder generosamente el elogio a los oradores, pero dar fe a sus palabras con precaución; y que el espectador tenga una buena disposición y sencillez en lo que a la expresión y a la elocución de los intérpretes respecta, pero que sea un crítico exacto y agudo sobre la utilidad y verdad de lo que se dice, [41B] para que los oradores no sientan odio, pero sus palabras no lleguen a hacer daño. Porque recibimos sin darnos cuenta opiniones falsas y nocivas por nuestra buena disposición y confianza en los oradores. Por ejemplo, los jefes de los lacedemonios, tras haber aprobado la propuesta de un hombre que no había llevado una vida decente ordenaron a otro, que tenía buena reputación sobre su vida y su carácter, que la anunciara –de manera correcta y en beneficio del Estado, acostumbrando al pueblo a dejarse guiar más por el comportamiento que por el discurso de los consejeros.[125] En los discursos filosóficos, dejando a un lado la reputación del orador, hay que examinarlos por sí mismos. Y es que, como en la guerra, también en las conferencias hay mucha necedad. Pues las canas del orador, su imagen, su ceño, su asertividad y, sobre todo [41C], los gritos, el tumulto y los saltos de los presentes desconciertan por completo al oyente joven e inexperto, que se ve como arrastrado por una corriente de agua. También tiene algo de engañoso el estilo, cuando es dulce y abundante y se aplica a los temas con cierta dignidad e ingenio. Como muchas equivocaciones de los que cantan al son de las flautas escapan a los oyentes, del mismo modo un estilo extraordinario y grandilocuente ciega a la audiencia ante lo que se está demostrando. [41D] Melantio dijo, al parecer, al preguntársele por la tragedia de Diógenes,[126] que no llegaba a discernirla al quedar oscurecida por las palabras; y las conversaciones y ejercicios de muchos sofistas no sólo hacen uso de las palabras para disimular sus ideas, sino que, además, endulzando su voz con ciertas armo-

[124]   Citado en *De aud. poet. 28D. Ver nota* 91, arriba.
[125]   Referido de nuevo en *Mor*. 233B y 801B.
[126]   Tragediógrafos ambos del s. V a. C.

καὶ παραφέρουσι τοὺς ἀκροωμένους, κενὴν ἡδονὴν διδόντες καὶ κενοτέραν δόξαν ἀντι λαμβάνοντες. ὥστ' αὐτοῖς συμβαίνει τὸ ὑπὸ Διονυσίου ῥηθέν. ἐκεῖνος γάρ, ὡς ἔοικεν, εὐδοκιμοῦντι κιθαρῳδῷ [41E] παρὰ τὴν θέαν ἐπαγγειλάμενος δωρεάς τινας μεγάλας ὕστερον οὐδὲν ἔδωκεν ὡς ἀποδεδωκὼς τὴν χάριν· "ὅσον γάρ," ἔφη, "χρόνον εὔφραινες ᾄδων, τοσοῦτον ἔχαιρες ἐλπίζων." τοῦτον δὲ τὸν ἔρανον αἱ τοιαῦται πληροῦσιν ἀκροάσεις τοῖς λέγουσι· θαυμάζονται γὰρ ἐφ' ὅσον τέρπουσιν, εἶθ' ἅμα τῆς ἀκοῆς ἐξερρύη τὸ ἡδὺ κἀκείνους προλέλοιπεν ἡ δόξα, καὶ μάτην τοῖς μὲν ὁ χρόνος τοῖς δὲ καὶ ὁ βίος ἀνάλωται.

8

Διὸ δεῖ τὸ πολὺ καὶ κενὸν ἀφαιροῦντα τῆς λέξεως [41F] αὐτὸν διώκειν τὸν καρπὸν καὶ μιμεῖσθαι μὴ τὰς στεφανηπλόκους ἀλλὰ τὰς μελίττας. αἱ μὲν γὰρ ἐπιοῦσαι τὰ ἀνθηρὰ καὶ εὐώδη τῶν φύλλων συνείρουσι καὶ διαπλέκουσιν ἡδὺ μὲν ἐφήμερον δὲ καὶ ἄκαρπον ἔργον· αἱ δὲ πολλάκις ἴων καὶ ῥόδων καὶ ὑακίνθων διαπετόμεναι λειμῶνας ἐπὶ τὸν τραχύτατον καὶ δριμύτατον θύμον καταίρουσι
καὶ τούτῳ προσκάθηνται

ξανθὸν μέλι μηδόμεναι,[198]

καὶ λαβοῦσαί τι τῶν χρησίμων ἀποπέτονται πρὸς τὸ οἰκεῖον ἔργον. οὕτως οὖν δεῖ τὸν φιλότεχνον καὶ καθαρὸν ἀκροατὴν τὰ μὲν ἀνθηρὰ καὶ τρυφερὰ [42A] τῶν ὀνομάτων καὶ τῶν πραγμάτων τὰ δραματικὰ καὶ πανηγυρικὰ κηφήνων βοτάνην σοφιστιώντων ἡγούμενον ἐᾶν, αὐτὸν δὲ τῇ προσοχῇ καταδυόμενον εἰς τὸν νοῦν τοῦ λόγου καὶ τὴν διάθεσιν τοῦ λέγοντος ἕλκειν ἀπ' αὐτῆς τὸ χρήσιμον καὶ ὠφέλιμον, μεμνημένον ὡς οὐκ εἰς θέατρον οὐδ' ᾠδεῖον ἀλλ' εἰς σχολὴν καὶ διδασκαλεῖον ἀφῖκται, τῷ λόγῳ τὸν βίον ἐπανορθωσόμενος. ὅθεν δὴ καὶ ποιητέον ἐπίσκεψιν καὶ κρίσιν τῆς ἀκροάσεως ἐξ αὐτοῦ καὶ τῆς περὶ αὐτὸν διαθέσεως,

---

198   Cita de Simónides (Bergk, *Poet. Lyr. Gr.* III, 411).

nías tenues y equilibradas, enloquecen y conmueven a sus oyentes, aportándoles un placer vano y obteniendo a cambio una fama aún más vana. De modo que les ocurre lo contado por Dionisio.[127] Pues aquél, según parece, prometiéndole durante un espectáculo a un famoso intérprete de cítara [41E] grandes regalos, después no le dio nada, en la idea de que ya le había devuelto el favor, y dijo: «Cuanto tiempo nos alegrabas cantando, tanto tiempo te alegrabas esperando». Y ese es el premio que proporcionan tales conferencias a los oradores; pues son admirados mientras entretienen, pero luego, a la vez que el placer por la audición desaparece, también a ellos les abandona la fama, y en vano unos han malgastado el tiempo y otros, la vida.

8

Por eso, es necesario, tras quitar lo superfluo y lo vano del estilo, [41F] buscar el fruto mismo e imitar no a las que trenzan coronas, sino a las abejas. Las primeras, revisando las flores y hojas perfumadas, las unen y trenzan, trabajo agradable pero efímero y sin fruto. En cambio, las abejas, revoloteando con frecuencia sobre prados de violetas, rosas y jacintos, llegan al tomillo más áspero y punzante y en él se posan:

Preocupándose por la rubia miel,[128]

y cuando obtienen algo de utilidad vuelan de vuelta a su trabajo particular. También así, es conveniente permitir que el oyente que aprecia la técnica y es sincero considere lo florido y delicado de los nombres y lo teatral y ostentoso [42A] de las acciones como pasto de zánganos que practican la sofística; y que él mismo, dejándolo a un lado, se sumerja con interés en la comprensión del discurso y en la disposición del orador y extraiga de ello lo útil y

---

[127] La anécdota aparece también en *De Al. Magn. fort.* 333F. Tirano de Siracusa en los ss. V-IV a. C.
[128] Esta cita aparece también en *Moralia* 79C y 494A.

ἀναλογιζόμενον εἴ τι τῶν παθῶν γέγονε μαλακώτερον, εἴ τι τῶν ἀνιαρῶν κουφότερον, εἰ θάρσος εἰ φρόνημα βέβαιον, εἰ πρὸς ἀρετὴν καὶ τὸ καλὸν ἐνθουσιασμός. [42B] οὐ γὰρ ἐκ κουρείου μὲν ἀναστάντα δεῖ τῷ κατόπτρῳ παραστῆναι καὶ τῆς κεφαλῆς ἅψασθαι, τὴν περικοπὴν τῶν τριχῶν ἐπισκοποῦντα καὶ τῆς κουρᾶς τὴν διαφοράν, ἐκ δὲ ἀκροάσεως ἀπιόντα καὶ σχολῆς οὐκ εὐθὺς ἀφορᾶν χρὴ πρὸς ἑαυτόν, καταμανθάνοντα τὴν ψυχὴν εἴ τι τῶν ὀχληρῶν ἀποτεθειμένη καὶ περιττῶν ἐλαφροτέρα γέγονε καὶ ἡδίων. "οὔτε γὰρ βαλανείου," φησὶν ὁ Ἀρίστων, "οὔτε λόγου μὴ καθαίροντος ὄφελός ἐστιν".[199]

9

[42C] Ἡδέσθω μὲν οὖν ὑπὸ λόγων ὠφελούμενος ὁ νέος· οὐ δεῖ δὲ τὸ ἡδὺ τῆς ἀκροάσεως ποιεῖσθαι τέλος, οὐδ' οἴεσθαι δεῖν ἐκ σχολῆς ἀπιέναι φιλοσόφου μινυρίζοντα καὶ γεγανωμένον, οὐδὲ ζητεῖν μυρίζεσθαι δεόμενον ἐμβροχῆς καὶ καταπλάσματος, ἀλλὰ χάριν ἔχειν, ἄν τις ὥσπερ καπνῷ σμῆνος λόγῳ δριμεῖ τὴν διάνοιαν ἀχλύος πολλῆς καὶ ἀμβλύτητος γέμουσαν ἐκκαθήρῃ. καὶ γὰρ εἰ τοῖς λέγουσι προσήκει μὴ παντάπασιν ἡδονὴν ἐχούσης καὶ πιθανότητα λέξεως παραμελεῖν, ἐλάχιστα τούτου φροντιστέον τῷ νέῳ, τό γε πρῶτον. ὕστερον δέ που, καθάπερ οἱ πίνοντες, ὅταν παύσωνται διψῶντες, τότε τὰ τορεύματα τῶν ἐκπωμάτων ὑποθεωροῦσι καὶ στρέφουσιν, οὕτως ἐμπλησθέντι δογμάτων καὶ ἀναπνεύσαντι δοτέον τὴν λέξιν εἴ τι κομψὸν ἔχει καὶ περιττὸν ἐπισκοπεῖν. [42D] ὁ δ' εὐθὺς ἐξ ἀρχῆς μὴ τοῖς πράγμασιν ἐμφυόμενος ἀλλὰ τὴν λέξιν Ἀττικὴν ἀξιῶν εἶναι καὶ ἰσχνὴν ὅμοιός ἐστι μὴ βουλομένῳ πιεῖν ἀντίδοτον, ἂν μὴ τὸ ἀγγεῖον ἐκ τῆς Ἀττικῆς κωλιάδος ᾖ κεκεραμευμένον, μηδ' ἱμάτιον περιβαλέσθαι χειμῶνος, εἰ μὴ προβάτων Ἀττικῶν εἴη τὸ ἔριον, ἀλλ' ὥσπερ ἐν τρίβωνι Λυσιακοῦ λόγου λεπτῷ καὶ ψιλῷ καθήμενος ἄπρακτος καὶ ἀκίνητος. [42E] ταῦτα γὰρ τὰ νοσήματα πολλὴν μὲν ἐρημίαν νοῦ καὶ φρενῶν ἀγαθῶν, πολλὴν δὲ τερθρείαν καὶ στωμυλίαν ἐν ταῖς σχολαῖς πεποίηκε, τῶν

[199]   Von Arnim, Stoicorum Veterum Fragmenta, I, 385.

provechoso, recordando que no ha asistido a un teatro ni a un recital sino a una escuela y a una lección, para enderezar su vida con el discurso. De ahí que precisamente se debe hacer una indagación y un juicio de la conferencia empezando por uno mismo y por el propio estado de ánimo: reflexionando si alguna de sus emociones se ha mitigado, si alguna de sus penas se ha hecho más ligera, si su confianza y su criterio, más firmes, si se siente entusiasmado en favor de la virtud y el bien. [42B] Pues al levantarse del barbero, uno debe colocarse ante el espejo y tocarse la cabeza, para observar el corte de pelo y la diferencia al recortarlo; cómo no va a deber entonces, al partir de una conferencia o de la escuela, volver la vista hacia sí mismo, observando con atención su alma por si, desprendida de alguna de sus cargas y excesos, se ha vuelto más ligera y afable. Como dice Aristón: «Ni un baño ni un discurso es de provecho si no limpian».[129]

9

[42C] Por consiguiente, que disfrute el joven al obtener provecho de los discursos; pero no se debe hacer del placer de la conferencia un fin en sí, ni creer que hay que salir de la escuela del filósofo tarareando y dichoso, como tampoco hay que buscar perfumes, cuando lo que se necesita es un bálsamo y una cataplasma; sino que el joven debe mostrar agradecimiento, en caso de que alguien con un discurso mordaz limpie su pensamiento, que está lleno de mucha neblina y estupidez, como una colmena se limpia gracias al humo. Pues, si a los oradores les corresponde no desatender por completo el placer y la persuasión de su estilo, lo menos posible debe preocuparse de eso el joven, por lo menos al principio. Más tarde, sin duda, sí; igual que los que beben, cuando ya han saciado su sed, entonces observan los grabados de las copas y las giran, así también el joven, cuando está lleno de doctrinas y toma un respiro, debe poder examinar el estilo, por si tiene algo de elegante y excepcional. [42D] Pero

---

[129]   Probablemente Aristón de Quíos: filósofo estoico del s. III a. C.

μειρακίων οὔτε βίον οὔτε πρᾶξιν οὔτε πολιτείαν φιλοσόφου παραφυλαττόντων ἀνδρός, ἀλλὰ λέξεις καὶ ῥήματα καὶ τὸ καλῶς ἀπαγγέλλειν ἐν ἐπαίνῳ τιθεμένων, τὸ δ᾽ ἀπαγγελλόμενον εἴτε χρήσιμον εἴτ᾽ ἄχρηστον εἴτ᾽ ἀναγκαῖον εἴτε κενόν ἐστι καὶ περιττὸν οὐκ ἐπισταμένων οὐδὲ βουλομένων ἐξετάζειν.

10
Ἀκολουθεῖ δὲ τούτοις τὸ περὶ τῶν προβλημάτων παράγγελμα. δεῖ γὰρ τὸν ἐπὶ δεῖπνον ἥκοντα τοῖς παρακειμένοις χρῆσθαι καὶ μηδὲν αἰτεῖν ἄλλο μηδ᾽ ἐξελέγχειν· ὁ δ᾽ ἐπὶ λόγων ἀφιγμένος ἑστίασιν, ἂν μὲν ἐπὶ ῥητοῖς, ἀκροάσθω σιωπῇ τοῦ λέγοντος (οἱ γὰρ εἰς ἄλλας ὑποθέσεις ἐξάγοντες καὶ παρεμβάλλοντες ἐρωτήματα καὶ προσδιαποροῦντες, [42F] οὐχ ἡδεῖς οὐδ᾽ εὐσυνάλλακτοι πρὸς ἀκρόασιν ὄντες, ὠφελοῦνται μὲν οὐδέν, τὸν δὲ λέγοντα καὶ τὸν λόγον ὁμοῦ συνταράττουσιν)· ὅταν δὲ τοὺς ἀκούοντας ὁ λέγων ἐρωτᾶν καὶ προβάλλειν κελεύσῃ, χρήσιμόν τι δεῖ καὶ ἀναγκαῖον ἀεὶ προβάλλοντα φαίνεσθαι. ὁ μὲν γὰρ Ὀδυσσεὺς καταγελᾶται παρὰ τοῖς μνηστῆρσιν

αἰτίζων ἀκόλους, οὐκ ἄορας [43A] οὐδὲ λέβητας·[200]

---

[200] Homero, Od., XVII, 222.

quien al momento desde el principio no se fundamenta en los contenidos sino que reclama un estilo ático y llano, es semejante a quien no quiere beberse el antídoto, a no ser que el recipiente sea de arcilla de la colina Colias del Ática, ni llevar una capa en invierno, a no ser que la lana sea de ovejas del Ática, sino que permanece sentado inactivo e inmóvil, como con un manto fino y sencillo de la lengua de Lisias. [42E] Y es que todos estos vicios han causado bastante penuria de inteligencia y de buen sentido, además de mucha pedantería y verborrea en las escuelas, porque los jóvenes no se rigen por la vida ni las acciones ni la actuación ciudadana del hombre que se comporta como filósofo, sino que establecen su apoyo al estilo, vocabulario y a una bella exposición, y si lo que se ha expuesto es útil o inútil, necesario o vano y superfluo, ni lo saben ni quieren averiguarlo.

10

A esto sigue la propuesta de problemas a tratar. Sin duda es preciso que quien llega a una comida se sirva de aquellos alimentos dispuestos sobre la mesa, y no pida ningún otro ni los critique; también quien llega a un banquete de discursos, si son sobre temas acordados, que escuche en silencio al que habla –pues quienes los desvían hacia otros temas e insertan preguntas y suscitan cuestiones adicionales, sin ser agradables para la audición ni [42F] fáciles de lidiar, no obtienen ninguna utilidad y confunden tanto al orador como a su discurso–; en cambio, cuando el orador recomienda a sus oyentes preguntar y plantear cuestiones, debe evidentemente plantear siempre algo útil y necesario. En efecto, Odiseo es ridiculizado por los pretendientes:

Pidiendo mendrugos de pan, no espadas [43A] ni calderos
[de bronce,

pues consideran que es una señal de magnanimidad tanto dar algo grande como pedirlo. Pero más ridiculizaría uno al oyente que empuja a su interlocutor hacia cuestiones pequeñas e in-

μεγαλοψυχίας γὰρ ἡγοῦνται σημεῖον, ὡς τὸ διδόναι τι τῶν μεγάλων, καὶ τὸ αἰτεῖν. μᾶλλον δ᾽ ἄν τις ἀκροατοῦ καταγελάσειεν εἰς μικρὰ καὶ γλίσχρα προβλήματα τὸν διαλεγόμενον κινοῦντος, οἷα τερθρευόμενοί τινες τῶν νέων καὶ παρεπιδεικνύμενοι διαλεκτικὴν ἢ μαθηματικὴν ἕξιν εἰώθασι προβάλλειν περὶ τῆς τῶν ἀορίστων τομῆς, καὶ τίς ἡ κατὰ πλευρὰν ἢ κατὰ διάμετρον κίνησις. πρὸς οὓς ἔστιν εἰπεῖν τὸ ὑπὸ Φιλοτίμου πρὸς τὸν ἔμπυον καὶ φθισιῶντα ῥηθέν. [43B] ἐπεὶ γὰρ ἐλάλησεν αὐτῷ φαρμάκιον αἰτῶν πρὸς παρωνυχίαν, αἰσθόμενος ἀπὸ τῆς χρόας καὶ τῆς ἀναπνοῆς τὴν διάθεσιν "οὐκ ἔστι σοι," φησίν, "ὦ βέλτιστε, περὶ παρωνυχίας ὁ λόγος." οὐδὲ σοὶ τοίνυν, ὦ νεανία, περὶ τοιούτων ζητημάτων ὥρα σκοπεῖν, ἀλλὰ πῶς οἰήματος καὶ ἀλαζονείας ἐρώτων τε καὶ φλυαρίας ἀπολυθεὶς εἰς βίον ἄτυφον καὶ ὑγιαίνοντα καταστήσεις σαυτόν.

11
Εὖ μάλα δὲ χρὴ καὶ πρὸς τὴν τοῦ λέγοντος ἐμπειρίαν ἢ φυσικὴν δύναμιν ἡρμοσμένον, ἐν οἷς αὐτὸς ἑαυτοῦ κράτιστός ἐστι, ποιεῖσθαι τὰς ἐρωτήσεις, [43C] καὶ μὴ παραβιάζεσθαι τὸν μὲν ἠθικώτερον φιλοσοφοῦντα φυσικὰς ἐπάγοντα καὶ μαθηματικὰς ἀπορίας, τὸν δὲ τοῖς φυσικοῖς σεμνυνόμενον εἰς συνημμένων ἐπικρίσεις ἕλκοντα καὶ ψευδομένων λύσεις. ὡς γὰρ ὁ τῇ κλειδὶ τὰ ξύλα σχίζειν τῇ δ᾽ ἀξίνῃ τὴν θύραν ἀνοίγειν πειρώμενος οὐκ ἐκεῖνα δόξειεν ἂν ἐπηρεάζειν, ἀλλ᾽ αὑτὸν ἀποστερεῖν τῆς ἑκατέρου χρείας καὶ δυνάμεως, οὕτως οἱ παρὰ τοῦ λέγοντος ὃ μὴ πέφυκε μηδ᾽ ἤσκηκεν αἰτοῦντες, ὃ δ᾽ ἔχει καὶ δίδωσι μὴ δρεπόμενοι μηδὲ λαμβάνοντες, οὐ τοῦτο βλάπτονται [43D] μόνον ἀλλὰ καὶ κακοήθειαν καὶ δυσμένειαν προσοφλισκάνουσι.

significantes, como las de algunos jóvenes, quienes usando sutilezas y alardeando de su habilidad dialéctica y matemática, acostumbran a plantear la división de (proposiciones) indeterminadas y cuál es el movimiento según el lado o según el diámetro. [43B] A éstos hay que decirles lo que le dijo Filótimo a uno que moría purulento y tuberculoso.[130] Porque después de que le hablara, pidiéndole un remedio para un absceso en el dedo, al observar éste su condición por su color y su respiración, le dijo: «estimado, tu problema no está en el absceso». Y para ti tampoco, estimado joven, es hora de indagar sobre dichas cuestiones, sino sobre cómo, tras deshacerte de tu arrogancia y soberbia, de tus amoríos y sandeces, te asentarás en una vida modesta y sana.

11

También se hace muy necesario hacer preguntas adaptándose a la experiencia y a la capacidad natural del orador, [43C] sobre los temas en los que sobresale y no limitar al que se dedica más a la parte ética de la filosofía trayéndole preguntas de ciencia natural y matemáticas, ni arrastrando a quien se tiene por eminencia en ciencia natural a juicios sobre proposiciones hipotéticas y a soluciones para el «problema del mentiroso».[131] Pues, igual que no se consideraría que quien intenta con una llave cortar madera y con un hacha abrir una puerta maltrata aquellas cosas, sino que él mismo se priva de la utilidad y la eficacia de cada una, del mismo modo quienes solicitan del orador aquello que ni ha adquirido por naturaleza ni ha practicado, sin obtener satisfacción ni aceptar lo que tiene y da, [43D] no sólo se dañan con ello, sino que además se ganan la fama de maldad y mala voluntad.

---

[130] De nuevo en *De ad. et am.* 73B.

[131] Plutarco hace referencia aquí a las diferentes disciplinas teóricas de la Antigüedad, donde sigue a su maestro Platón: las ciencias centradas en la causa natural, donde encontramos aritmética, geometría y astronomía, y aquellas superiores, centradas en la causa final y divina, que conducen al conocimiento de la verdad trascendente, la filosofía y la teología (Opsomer, 1998 y Lesage Gárriga, 2023: 32-34).

12

Φυλακτέον δὲ καὶ τὸ πολλὰ καὶ πολλάκις αὐτὸν προβάλλειν· ἔστι γὰρ καὶ τοῦτο τρόπον τινὰ παρεπιδεικνυμένου. τὸ δ᾽ ἑτέρου προτείνοντος ἀκροᾶσθαι μετ᾽ εὐκολίας φιλόλογον καὶ κοινωνικόν, ἂν μή τι τῶν ἰδίων ἐνοχλῇ καὶ κατεπείγῃ πάθος ἐπισχέσεως δεόμενον ἢ νόσημα παρηγορίας. τάχα μὲν γὰρ οὐδ᾽ "ἀμαθίην κρύπτειν ἄμεινον," ὥς φησιν Ἡράκλειτος,[201] ἀλλ᾽ εἰς μέσον τιθέναι καὶ θεραπεύειν. ἂν δ᾽ ὀργή τις ἢ προσβολὴ δεισιδαιμονίας ἢ διαφορὰ πρὸς οἰκείους σύντονος ἢ περιμανὴς ἐξ ἔρωτος ἐπιθυμία [43E]

κινοῦσα χορδὰς τὰς ἀκινήτους φρενῶν[202]

ἐπιταράξῃ τὴν διάνοιαν, οὐ φευκτέον εἰς ἑτέρους λόγους ἀποδιδράσκοντας τὸν ἔλεγχον, ἀλλὰ περὶ αὐτῶν τούτων ἀκουστέον ἐν ταῖς διατριβαῖς, καὶ μετὰ τὰς διατριβὰς ἰδίᾳ προσιόντας αὐτοὺς καὶ προσανακρίνοντας. ἀλλὰ μὴ τοὐναντίον, ὥσπερ οἱ πολλοὶ χαίρουσι τοῖς φιλοσόφοις περὶ ἄλλων διαλεγομένοις καὶ θαυμάζουσιν· ἂν δὲ τοὺς ἄλλους ἐάσας ὁ φιλόσοφος αὐτοῖς ἐκείνοις ἰδίᾳ παρρησιάζηται περὶ τῶν διαφερόντων καὶ ὑπομιμνήσκῃ, [43F] δυσχεραίνουσι καὶ περίεργον νομίζουσιν. ἐπιεικῶς γάρ, ὥσπερ τῶν τραγῳδῶν ἐν τοῖς θεάτροις, καὶ τῶν φιλοσόφων ἐν ταῖς σχολαῖς οἴονται δεῖν ἀκούειν, ἐν δὲ τοῖς ἔξω πράγμασιν οὐδὲν αὐτοὺς ἑαυτῶν διαφέρειν ἡγοῦνται, πρὸς μὲν τοὺς σοφιστὰς εἰκότως τοῦτο

---

[201] Diels, *Fragmente der Vorsokratiker*, I, 99.
[202] Fr. 361 en Nauck, *Trag. Graec. Frag., adesp.*

12

Hay que vigilar asimismo la práctica de plantear uno muchos temas y demasiado a menudo; pues también esto es, en cierta forma, la conducta de quien quiere alardear. Pero cuando otro se extiende en ellas, el amante de las letras y el hombre sociable lo escuchan con buen carácter, a no ser que alguno de sus asuntos propios le preocupe y urja: una emoción que necesita moderación o una enfermedad que necesita alivio. Pues, quizá, no es «mejor ocultar la ignorancia», como dice Heráclito,[132] sino colocarla en medio de todos y curarla. Y si un golpe de ira o un ataque de superstición o un violento desacuerdo con los familiares o un loco deseo de amor, [43E]

que mueve las cuerdas inmóviles del entendimiento,[133]

perturban la mente, no hay que huir hacia otros discursos para escapar de una refutación, sino que sobre estos temas precisamente debemos escuchar en las conferencias, y después de las conferencias acercándonos en privado a los oradores y haciéndoles más preguntas. Pero tampoco lleguemos a lo contrario, como la mayoría, que disfruta con los filósofos y los admira cuando debaten sobre otros temas, pero si el filósofo dejara de lado a los demás y habla con ellos en particular sin reservas sobre asuntos que les conciernen y se los trae a colación, [43F] se molestan y lo consideran entrometido. Pues, por lo general, igual que las tragedias en los teatros, creen que hay que escuchar a los filósofos en las escuelas, pero con los asuntos extracurriculares consideran que los filósofos en nada se diferencian de ellos mismos; sintiendo esto, razonablemente, con los sofistas (quienes tras levantarse del asiento y dejar sus libros y sus apuntes introductorios, en las cuestiones auténticas de la vida se muestran insignificantes y por debajo de la mayoría), pero con los filóso-

---

[132] Esta anécdota aparece también en *Mor.* 439D y 644F.
[133] Plutarco recurre a la cita en *Mor.* 456C, 501A, 502D y 657D.

πεπονθότες (ἀναστάντες γὰρ ἀπὸ τοῦ θρόνου καὶ ἀποθέμενοι τὰ βιβλία καὶ τὰς εἰσαγωγὰς ἐν τοῖς ἀληθινοῖς τοῦ βίου μέρεσι μικροὶ καὶ ὑπὸ χεῖρα φαίνονται τοῖς πολλοῖς), πρὸς δὲ τοὺς ὄντως φιλοσόφους οὐ καλῶς, ἀγνοοῦντες ὅτι καὶ σπουδὴ καὶ παιδιὰ καὶ νεῦμα καὶ μειδίαμα καὶ σκυθρωπασμὸς αὐτῶν, μάλιστα [44Α] δ' ὁ πρὸς ἕκαστον ἰδίᾳ περαινόμενος λόγος ἔχει τινὰ καρπὸν ὠφέλιμον τοῖς ὑπομένειν καὶ προσέχειν ἐθισθεῖσι.

13
Δεῖται δὲ καὶ τὸ περὶ τοὺς ἐπαίνους καθῆκον εὐλαβείας τινὸς καὶ μετριότητος διὰ τὸ μήτε τὴν ἔλλειψιν αὐτοῦ μήτε τὴν ὑπερβολὴν ἐλευθέριον εἶναι. βαρὺς μὲν γὰρ ἀκροατὴς καὶ φορτικὸς ὁ πρὸς πᾶν ἄτεγκτος καὶ ἀτενὴς τὸ λεγόμενον, οἰήματος ὑπούλου καὶ περιαυτολογίας ἐνδιαθέτου μεστός, ὡς ἔχων τι τῶν λεγομένων βέλτιον εἰπεῖν, μήτ' ὀφρῦν κατασχηματίζων μήτε φωνὴν εὐγνώμονος μάρτυρα φιληκόïας προϊέμενος, [44Β] ἀλλὰ σιγῇ καὶ βαρύτητι καταπλάστῳ καὶ σχηματισμῷ θηρώμενος δόξαν εὐσταθοῦς καὶ βάθος ἔχοντος ἀνδρός, ὥσπερ χρημάτων τῶν ἐπαίνων ὅσον ἄλλῳ μεταδίδωσιν αὐτοῦ δοκῶν ἀφαιρεῖσθαι. πολλοὶ γάρ εἰσιν οἱ κακῶς καὶ παρὰ μέλος τὴν Πυθαγόρου φωνὴν ὑπολαμβάνοντες. ἐκεῖνος μὲν γὰρ ἐκ φιλοσοφίας ἔφησεν αὐτῷ περιγεγονέναι τὸ μηδὲν θαυμάζειν· οὗτοι δὲ τὸ μηδὲν ἐπαινεῖν μηδὲ τιμᾶν, ἐν τῷ καταφρονεῖν τιθέμενοι καὶ τὸ σεμνὸν ὑπεροψίᾳ διώκοντες. ὁ γὰρ φιλόσοφος λόγος τὸ μὲν ἐξ ἀπορίας καὶ ἀγνοίας θαῦμα καὶ θάμβος ἐξαιρεῖ γνώσει καὶ ἱστορίᾳ τῆς περὶ ἕκαστον αἰτίας, [44C] τὸ δ' εὔκολον καὶ μέτριον καὶ φιλάνθρωπον οὐκ ἀπόλλυσι. τοῖς γὰρ ἀληθινῶς καὶ βεβαίως ἀγαθοῖς τιμή τε καλλίστη τὸ τιμῆσαί τινα τῶν ἀξίων, καὶ κόσμος εὐπρεπέστατος τὸ ἐπικοσμῆσαι, περιουσίᾳ δόξης καὶ ἀφθονίᾳ γιγνόμενον. οἱ δὲ γλίσχροι περὶ τοὺς ἑτέρων ἐπαίνους ἔτι πένεσθαι καὶ πεινῆν ἐοίκασι τῶν ἰδίων.

fos de verdad no está bien, sin darse cuenta de que su seriedad, bromas, gestos, sonrisa, ceño fruncido y, sobre todo, [44A] la palabra en privado con cada uno, produce un fruto beneficioso para los que están acostumbrados a quedarse y prestar atención.

13

También conviene cierta discreción y moderación en lo que concierne al elogio apropiado, ya que ni la deficiencia ni la exageración son propias de un hombre libre. Y es que es pesado y cansino el oyente que es rígido e inflexible a todo lo que se dice, de opinión engañosa y lleno de una presunción innata, como si pudiera decir algo mejor que lo que se está diciendo, sin mover una ceja ni emitir una sola palabra que sea amable prueba de que se alegra de escuchar, [44B] sino que, en silencio y con una solemnidad y pose afectadas, se procura una fama de hombre firme y profundo, pensando que los elogios, como el dinero, cuanto se da a otro se quita a sí mismo. Pues son muchos los que interpretan mal e incorrectamente el dicho de Pitágoras.[134] Aquel dijo que había conseguido esta ventaja de la filosofía, el no sorprenderse por nada; pero estos creen que han conseguido la ventaja de no alabar ni respetar nada, porque atribuyen «el no sorprenderse de nada» a «despreciar» y buscan su dignidad a través del menosprecio. En verdad, el discurso filosófico sustituye la admiración y el asombro producidos por la dificultad y la ignorancia por un conocimiento y una indagación de la causa de cada cosa, pero no destruye nuestra buena disposición, [44C] moderación e interés por lo humano. Pues para hombres verdadera y firmemente buenos, la honra más grande es honrar a quien lo merece y el honor más glorioso es otorgar honores que surgen de la superioridad de su reputación y de su falta de envidia. Por su parte, los tacaños en sus elogios a los demás bien dan la impresión de estar necesitados y hambrientos de los suyos propios.

---

[134] Hor. *Epist.* 1.6.1. Sobre Pitágoras, véase nota 6, arriba.

Ὁ δ' ἐναντίος αὖ πάλιν τούτων, μηδὲν ἐπικρίνων ἀλλὰ κατὰ ῥῆμα καὶ συλλαβὴν ἐφιστάμενος καὶ κεκραγώς, ἐλαφρός τις ὢν καὶ ὀρνεώδης, [44D] πολλάκις μὲν οὐδ' αὐτοῖς ἀρέσκει τοῖς ἀγωνιζομένοις, ἀεὶ δὲ λυπεῖ τοὺς ἀκροωμένους, ἀνασοβῶν καὶ συνεξανιστὰς παρὰ γνώμην, οἷον ἑλκομένους βίᾳ δι' αἰδῶ καὶ συνεπηχοῦντας. οὐδὲν δ' φεληθεὶς διὰ τὸ ταραχῶδη καὶ πολυπτόητον αὐτῷ περὶ τοὺς ἐπαίνους γεγονέναι τὴν ἀκρόασιν ἀπέρχεται τῶν τριῶν ἓν φερόμενος· εἴρων γὰρ ἢ κόλαξ ἢ περὶ λόγους ἀπειρόκαλος ἔδοξεν εἶναι.

[44E] Δίκην μὲν οὖν δικάζοντα δεῖ μήτε πρὸς ἔχθραν τινὰ μήτε πρὸς χάριν ἀκούειν ἀλλ' ἀπὸ γνώμης πρὸς τὸ δίκαιον· ἐν δὲ ταῖς φιλολόγοις ἀκροάσεσιν οὔτε νόμος οὐδεὶς οὔθ' ὅρκος ἡμᾶς ἀπείργει μὴ μετ' εὐνοίας ἀποδέχεσθαι τὸν διαλεγόμενον. ἀλλὰ καὶ τὸν Ἑρμῆν ταῖς Χάρισιν οἱ παλαιοὶ συγκαθίδρυσαν, ὡς μάλιστα τοῦ λόγου τὸ κεχαρισμένον καὶ προσφιλὲς ἀπαιτοῦντος. οὐδὲ γὰρ οἷόν τε παντελῶς οὕτως ἐκβόλιμον εἶναι τὸν λέγοντα καὶ διημαρτημένον, ὥστε μήτε νοῦν τινα παρασχεῖν ἄξιον ἐπαίνου μήτ' ἀπομνημόνευσιν ἑτέρων μήτ' αὐτὴν τὴν ὑπόθεσιν τοῦ λόγου καὶ προαίρεσιν, ἀλλὰ μηδὲ λέξιν ἢ διάθεσιν τῶν λεγομένων, [44F]

ὡς ἀν' ἐχινόποδας καὶ ἀνὰ τρηχεῖαν ὄνωνιν
φύονται μαλακῶν ἄνθεα λευκοΐων.

ὅπου γὰρ ἐμέτου τινὲς ἐγκώμια καὶ πυρετοῦ καὶ νὴ Δία χύτρας ἐπιδεικνύμενοι πιθανότητος οὐκ ἀμοιροῦσιν, ἦ που λόγος ὑπ' ἀνδρὸς ἀμωσγέπως δοκοῦντος ἢ καλουμένου φιλοσόφου

Quien se opone a estos, a su vez, que no juzga nada, sino que se detiene en cada palabra y sílaba y causa clamor, que es superficial y caprichoso, [44D] a menudo ni siquiera agrada a los propios contendientes, pero siempre incordia a los que escuchan, atemorizándolos y movilizándolos contra su propia opinión, que se ven como arrastrados a la fuerza, por vergüenza, a acompañarlo en el aplauso. No obteniendo ningún beneficio de la conferencia por causar confusión y agitación con sus elogios, abandona la charla llevándose la fama de ser una de estas tres cosas: parece ser o un mentiroso o un adulador o un ignorante en cuanto a discursos.

[44E] Es necesario, por ejemplo, que quien administra justicia no preste oídos ni a enemistades ni a favores, sino a lo que es justo en su opinión; pero en las conferencias de los eruditos ninguna ley ni ningún juramento impide que acojamos con buena disposición al orador. No obstante, también los antiguos colocaron a Hermes junto con las Gracias, como si el discurso requiriera, por encima de todo, lo agradable y lo amistoso.[135] Y es que no es posible que el orador sea hasta tal punto penoso y esté tan equivocado que no ofrezca algún pensamiento digno de elogio: una reminiscencia a otros, o el asunto mismo de su discurso, o, por lo menos, el estilo y la estructura de sus palabras, [44F]

tal como entre las equinópodas y la áspera ononis
nacen flores de suaves campanillas.[136]

Pues, si algunos, lanzando encomios del vómito, de la fiebre y, por Zeus, incluso de una olla, demuestran cierta persuasión, ¿cómo un discurso recitado por un hombre que, de alguna ma-

---

[135] Hermes es inventor de las lenguas y dios de la elocuencia, de ahí que se le asocie en el pasaje a las Gracias, tres divinidades del encanto, la belleza y la creatividad.
[136] Hexámetros dactílicos de autor desconocido; reaparecen en *Mor.* 485A y 621B. Las plantas nombradas son *genista acanthoclada* y *ononis angustissima*, originarias de Grecia y Turquía, respectivamente.

περαινόμενος οὐκ ἂν ὅλως ἀναπνοήν τινα καὶ καιρὸν ἀκροαταῖς εὐμενέσι καὶ φιλανθρώποις παράσχοι πρὸς ἔπαινον· οἱ γοῦν ἐν ὥρᾳ πάντες, ὥς φησιν ὁ Πλάτων, ἀμηγέπη δάκνουσι τὸν ἐρωτικόν, καὶ λευκοὺς μὲν θεῶν παῖδας ἀνακαλῶν μέλανας δ᾽ ἀνδρικούς, [45A] καὶ τὸν γρυπὸν βασιλικὸν καὶ τὸν σιμὸν ἐπίχαριν τὸν δ᾽ ὠχρὸν μελίχρουν ὑποκοριζόμενος ἀσπάζεται καὶ ἀγαπᾷ· δεινὸς γάρ ἐστιν ὁ ἔρως ὥσπερ κιττὸς αὐτὸν ἐκ πάσης ἀναδῆσαι προφάσεως. πολὺ δὴ μᾶλλον ὁ φιλήκοος καὶ φιλόλογος ἀεί τινος αἰτίας εὑρετικὸς ἔσται, δι᾽ ἣν οὐκ ἀπὸ τρόπου τῶν λεγόντων ἕκαστον ἐπαινῶν φανεῖται. καὶ γὰρ ὁ Πλάτων τὸν Λυσίου λόγον οὔτε κατὰ τὴν εὕρεσιν ἐπαινῶν καὶ τῆς ἀταξίας αἰτιώμενος ὅμως αὐτοῦ τὴν ἀπαγγελίαν ἐπαινεῖ, καὶ ὅτι "τῶν ὀνομάτων σαφῶς καὶ στρογγύλως ἕκαστον ἀποτετόρνευται".[203] μέμψαιτο δ᾽ ἄν τις Ἀρχιλόχου μὲν τὴν ὑπόθεσιν, Παρμενίδου δὲ τὴν στιχοποιίαν, [45B] Φωκυλίδου δὲ τὴν εὐτέλειαν, Εὐριπίδου δὲ τὴν λαλιάν, Σοφοκλέους δὲ τὴν ἀνωμαλίαν, ὥσπερ ἀμέλει καὶ τῶν ῥητόρων ἐστὶν ὁ μὲν οὐκ ἔχων ἦθος, ὁ δὲ πρὸς πάθος ἀργός, ὁ δ᾽ ἐνδεὴς χαρίτων· ἕκαστός γε μὴν ἐπαινεῖται κατὰ τὸ ἴδιον τῆς δυνάμεως, ᾧ κινεῖν καὶ ἄγειν πέφυκεν. ὥστε καὶ τοῖς ἀκούουσιν εὐπορίαν εἶναι καὶ ἀφθονίαν τοῦ φιλοφρονεῖσθαι τοὺς λέγοντας. ἐνίοις γὰρ ἐξαρκεῖ, κἂν μὴ διὰ φωνῆς ἐπιμαρτυρῶμεν, ὄμματος πρᾳότητα καὶ γαλήνην προσώπου [45C] καὶ διάθεσιν εὐμενῆ καὶ ἄλυπον ἐμπαρασχεῖν.

---

203   *Phdr.* 234e.

nera, es considerado o llamado «filósofo», podría no ofrecer a los oyentes con buena disposición y amabilidad cierto descanso y oportunidad para el elogio? En cualquier caso, todos en su juventud, como dice Platón,[137] de una manera u otra estimulan al hombre inclinado al amor, apodando a los blancos «hijos de los dioses», a los negros «varoniles», al de nariz aguileña [45A] «de la realeza» y al de nariz chata «encantador», al pálido «dulce como la miel», y los recibe con cariño y los quiere. Porque el amor, como la yedra, es poderoso como para hacerse dependiente de sí mismo con cualquier motivo. Mucho más, entonces, quien es aficionado a escuchar y a aprender deberá ser capaz de encontrar siempre una causa por la que pueda mostrar, no sin acierto, elogios a cada uno de los oradores. Pues también Platón, pese a que no elogia el discurso de Lisias por su inventiva y que condena su estructura desordenada, sin embargo, elogia su estilo y cómo «ha perfeccionado con claridad y precisión cada una de las palabras». Uno podría recriminar la temática de Arquíloco, la versificación de Parménides, [45B] la trivialidad de Focílides, la verbosidad de Eurípides y la irregularidad de Sófocles,[138] como por cierto también existe entre los oradores el que no tiene autoridad, otro incapaz de producir emoción y otro falto de gracia; aún con ello, cada uno es elogiado según su capacidad propia, con la que de manera natural puede conmovernos y guiarnos. De modo que también existe para los oyentes la amplia y abundante oportunidad de tratar con amabilidad a los oradores. Para algunos ciertamente es suficiente, aunque no aludamos a ello con la voz, mostrar una mirada dulce y un rostro tranquilo, [45C] y una actitud predispuesta y libre de irritación.

---

[137] *R.* 474d.
[138] Arquíloco fue un poeta lírico y soldado del s. VII a. C., famoso por su devoción a Dioniso y sus poemas con ataques virulentos a enemigos; Parménides fue un filósofo del s. VI a. C. que escribió su obra en versos épicos; Focílides fue un poeta gnómico del s. VI a. C. cuyos poemas se componían de máximas sapienciales. Los dos últimos, Eurípides y Sófocles, son dos miembros de la tríada canónica de tragediógrafos atenienses de época clásica.

Ἐκεῖνα μὲν γὰρ ἤδη καὶ πρὸς τοὺς ὅλως ἀποτυγχάνοντας ὥσπερ ἐγκύκλια καὶ κοινὰ πάσης ἀκροάσεώς ἐστι, καθέδρα τέ τις ἄθρυπτος καὶ ἀκλινὴς ἐν ὀρθῷ σχήματι καὶ πρόσβλεψις αὐτῷ τῷ λέγοντι καὶ τάξις ἐνεργοῦ προσοχῆς, καὶ προσώπου κατάστασις καθαρὰ καὶ ἀνέμφαντος οὐχ ὕβρεως οὐδὲ δυσκολίας μόνον ἀλλὰ καὶ φροντίδων ἄλλων καὶ ἀσχολιῶν· ὡς ἐν ἔργῳ γε παντὶ τὸ μὲν καλὸν ἐκ πολλῶν οἷον ἀριθμῶν εἰς ἕνα καιρὸν ἡκόντων ὑπὸ συμμετρίας τινὸς καὶ ἁρμονίας ἐπιτελεῖται, τὸ δ' αἰσχρὸν ἐξ ἑνὸς τοῦ τυχόντος ἐλλείποντος ἢ προσόντος ἀτόπως εὐθὺς ἑτοίμην ἔχει τὴν γένεσιν, ὥσπερ ἐπ' αὐτῆς τῆς ἀκροάσεως οὐ μόνον βαρύτης ἐπισκυνίου καὶ ἀηδία προσώπου καὶ [45D] βλέμμα ῥεμβῶδες καὶ περίκλασις σώματος καὶ μηρῶν ἐπάλλαξις ἀπρεπὴς ἀλλὰ καὶ νεῦμα καὶ ψιθυρισμὸς πρὸς ἕτερον καὶ μειδίαμα χάσμαι τε ὑπνώδεις καὶ κατήφειαι καὶ πᾶν εἴ τι τούτοις ἔοικεν ὑπεύθυνόν ἐστι καὶ δεῖται πολλῆς εὐλαβείας.

14

Οἱ δὲ τοῦ μὲν λέγοντος οἴονταί τι ἔργον εἶναι, τοῦ δ' ἀκούοντος οὐδέν, ἀλλ' ἐκεῖνον μὲν ἀξιοῦσιν ἥκειν πεφροντικότα καὶ παρεσκευασμένον, αὐτοὶ δ' ἄσκεπτοι καὶ ἀφρόντιδες τῶν καθηκόντων ἐμβαλόντες καθέζονται καθάπερ ἀτεχνῶς ἐπὶ δεῖπνον ἥκοντες, εὖ παθεῖν πονουμένων ἑτέρων. [45E] καίτοι καὶ συνδείπνου τι χαρίεντος ἔργον ἐστί, πολὺ δὲ μᾶλλον ἀκροατοῦ. κοινωνὸς γάρ ἐστι τοῦ λόγου καὶ συνεργὸς τοῦ λέγοντος, καὶ οὐ τὰ μὲν ἐκείνου πλημμελήματα πικρῶς ἐξετάζειν ὀφείλει κατὰ ῥῆμα καὶ πρᾶγμα προσάγων τὴν εὔθυναν, αὐτὸς δ' ἀνευθύνως ἀσχημονεῖν καὶ πολλὰ σολοικίζειν περὶ τὴν ἀκρόασιν, ἀλλ' ὥσπερ ἐν τῷ σφαιρίζειν τῷ βάλλοντι δεῖ συγκινούμενον εὐρύθμως φέρεσθαι τὸν δεχόμενον, οὕτως ἐπὶ τῶν λόγων ἔστι τις εὐρυθμία καὶ περὶ τὸν λέγοντα καὶ περὶ τὸν ἀκροώμενον, [45F] ἂν ἑκάτερος τὸ προσῆκον αὐτῷ φυλάττῃ.

Por último, las siguientes cuestiones, incluso con quienes fracasan por completo, son, como quien dice, recurrentes y comunes a toda conferencia: el sentarse derecho y firme con una postura correcta, la mirada fija en el orador y una disposición de atención activa, y una expresión en el rostro pura y neutra: no solo de soberbia y de insatisfacción, sino también de otras preocupaciones y compromisos. Como en todo trabajo, la belleza se alcanza a partir de numerosos factores que, por así decirlo, concurren en una unidad oportuna gracias a cierta proporción y armonía, mientras que lo feo tiene su origen seguro cuando un único factor por casualidad falta o al punto se añade fuera de su lugar; pues igual en la conferencia misma: no sólo la seriedad del gesto, la aversión en el rostro, la mirada errante, [45D] la contorsión del cuerpo y el cruce impropio de las piernas, sino también las señales y susurros a otra persona, una sonrisa, bostezos somnolientos, el abatimiento y toda acción parecida a estas es reprensible y necesita ser evitada en gran medida.

14

Otros creen que el orador tiene un trabajo y el oyente ninguno, pero exigen que aquel llegue con su discurso pensado y preparado, mientras ellos sin consideración alguna y despreocupados de sus deberes se sientan, como si llegaran a un banquete sin más, a pasarlo bien mientras trabajan otros. Aun así, también tiene trabajo el invitado agradable, pero mucho mayor el oyente. [45E] Pues es compañero del discurso y colaborador del orador, y no debe examinar con acritud los errores de aquel a cada palabra y asunto, introduciendo correcciones, mientras él se comporta sin consideración y con mucha impropiedad en la audición. Pero, tal como en el juego de la pelota es necesario que el que la recibe, adaptando sus movimientos, se mueva en compenetración con el que la lanza, del mismo modo en los discursos hay cierta compenetración entre el orador y el oyente, [45F] si cada uno valora lo que le corresponde.

15

Δεῖ δὲ μηδὲ ταῖς φωναῖς τῶν ἐπαίνων ὡς ἔτυχε χρῆσθαι. καὶ γὰρ Ἐπίκουρος ἐπὶ τοῖς τῶν φίλων ἐπιστολίοις κροτοθορύβους γίγνεσθαι παρ' αὐτῶν λέγων ἀηδής ἐστιν. οἱ δὲ τὰς ξένας φωνὰς τοῖς ἀκροατηρίοις νῦν ἐπεισάγοντες οὗτοι, καὶ "θείως" καὶ "θεοφορήτως" καὶ "ἀπροσίτως" ἐπιλέγοντες, ὡς οὐκέτι τοῦ "καλῶς" καὶ τοῦ "σοφῶς" καὶ τοῦ "ἀληθῶς" ἐξαρκοῦντος, οἷς οἱ περὶ Πλάτωνα καὶ [46A] Σωκράτη καὶ Ὑπερείδην ἐχρῶντο σημείοις τῶν ἐπαίνων, ὑπερασχημονοῦσι καὶ διαβάλλουσι τοὺς λέγοντας ὡς ὑπερηφάνων τινῶν καὶ περιττῶν δεομένους ἐπαίνων. σφόδρα δ' ἀηδεῖς εἰσι καὶ οἱ μεθ' ὅρκου τοῖς λέγουσιν ὥσπερ ἐν δικαστηρίῳ τὰς μαρτυρίας ἀποδιδόντες. οὐχ ἧττον δὲ τούτων οἱ περὶ τὰς ποιότητας ἀστοχοῦντες, ὅταν φιλοσόφῳ μὲν ἐπιφωνῶσι "δριμέως," γέροντι δ' "εὐφυῶς" ἢ "ἀνθηρῶς," τὰς τῶν παιζόντων καὶ πανηγυριζόντων ἐν ταῖς σχολαστικαῖς μελέταις φωνὰς ἐπὶ τοὺς φιλοσόφους μετακομίζοντες καὶ λόγῳ σωφρονοῦντι προσφέροντες ἔπαινον ἑταιρικόν, ὥσπερ ἀθλητῇ κρίνων ἢ ῥόδων στέφανον, οὐ δάφνης οὐδὲ κοτίνου περιτιθέντες. Εὐριπίδης [46B] μὲν οὖν ὁ ποιητής, ὡς ὑπολέγοντος αὐτοῦ τοῖς χορευταῖς ᾠδήν τινα πεποιημένην ἐφ' ἁρμονίας εἷς ἐγέλασεν, "εἰ μή τις ἧς ἀναίσθητος" εἶπε "καὶ ἀμαθής, οὐκ ἂν ἐγέλασας ἐμοῦ μιξολυδιστὶ ᾄδοντος."

270

15

Además, es esencial no usar las palabras de los elogios de cualquier manera. Pues también Epicuro resulta de mal gusto cuando dice, sobre las cartas de sus amigos, que con ellas le nace un estrepitoso aplauso.[139] Y esos que hoy en día introducen palabras extranjeras en los auditorios y que repiten expresiones como «divino» e «inspirado por los dioses» e «incomparable», como si no fuera ya suficiente con decir «qué bello», «qué astuto» y «qué cierto», que usaban como muestras de elogio los de la época de Platón, [46A] Sócrates e Hiperides,[140] se comportan de forma impropia y desacreditan a los oradores, en la idea de que están necesitados de tales elogios arrogantes y superfluos. Extremadamente desagradables son también los que prestan juramento cuando dan testimonios favorables a los oradores, como en un juzgado. No menos que ellos son los que fallan en cuanto a las cualidades de las personas, cuando gritan al filósofo: «¡qué agudo!», al anciano: «¡qué ingenioso!» o «¡qué florido!», trasladando a los filósofos los términos de los que se divierten y de los que alardean públicamente en los ejercicios académicos, atribuyendo a un discurso temperado un elogio frívolo, como si colocaran a un atleta una corona de lirios o de rosas, y no de laurel o de olivo. Por cierto, que el poeta Eurípides, [46B] cuando recitó a los coreutas un canto suyo compuesto con melodía y uno se rio, le dijo: «Si no fueras un estúpido y un ignorante no te hubieras reído de mí cuando canto al estilo mixolidio».[141] Y es que un hombre, yo creo, que es filósofo y político, debería contener la insolencia de un oyente impertinente diciéndole: «Me pareces un insensato y maleducado; pues, si no, mientras yo enseño, doy consejos o dialogo sobre los dioses, el Estado

---

[139]   D.L. 10.5.
[140]   Ambos oradores áticos contemporáneos de Platón.
[141]   F. C. Babbitt traduce «in most solemn measure», haciendo referencia al estilo del verso en cuestión. Véase Plutarco, *De mus.* 1136CD, donde explica que se trata de un estilo patético, creado por Safo de Lesbos y muy apropiado para la tragedia.

ἀνὴρ δ' ἂν οἶμαι φιλόσοφος καὶ πολιτικὸς ἀκροατοῦ διακεχυμένου τρυφὴν ἐκκόψειεν εἰπών "σύ μοι δοκεῖς ἀνόητος εἶναι καὶ ἀνάγωγος· οὐ γὰρ ἂν ἐμοῦ διδάσκοντος ἢ νουθετοῦντος ἢ διαλεγομένου περὶ θεῶν ἢ πολιτείας ἢ ἀρχῆς ἑτερέτιζες καὶ προσωρχοῦ τοῖς λόγοις." [46C] ὅρα γὰρ ἀληθῶς οἷόν ἐστι φιλοσόφου λέγοντος ἀπορεῖν τοὺς ἔξωθεν ὑπὸ τῶν ἔνδον βοώντων καὶ ἀλαλαζόντων πότερον αὐλοῦντος ἢ κιθαρίζοντος ἢ ὀρχουμένου τινὸς ὁ ἔπαινός ἐστι.

16

Καὶ μὴν τῶν γε νουθεσιῶν καὶ τῶν ἐπιπλήξεων οὔτ' ἀναλγήτως οὔτ' ἀνάνδρως ἀκουστέον. οἱ γὰρ εὐκόλως καὶ ὀλιγώρως τὸ κακῶς ἀκούειν ὑπὸ τῶν φιλοσόφων φέροντες, ὥστε γελᾶν ἐλεγχόμενοι καὶ τοὺς ἐλέγχοντας ἐπαινεῖν, ὥσπερ οἱ παράσιτοι τοὺς τρέφοντας, ὅταν ὑπ' αὐτῶν λοιδορῶνται, παντάπασιν ἰταμοὶ καὶ θρασεῖς ὄντες, οὐ καλὴν οὐδ' ἀληθῆ διδόασιν ἀπόδειξιν ἀνδρείας τὴν ἀναισχυντίαν. [46D] σκῶμμα μὲν γὰρ ἀνύβριστον ἐν παιδιᾷ τινι μετ' εὐτραπελίας ἀφειμένον ἐνεγκεῖν ἀλύπως καὶ ἱλαρῶς οὐκ ἀγεννὲς οὐδ' ἀπαίδευτον ἀλλ' ἐλευθέριον πάνυ καὶ Λακωνικόν ἐστιν· ἐπαφῆς δὲ καὶ νουθεσίας πρὸς ἐπανόρθωσιν ἤθους ὥσπερ φαρμάκῳ δάκνοντι λόγῳ χρωμένης ἐλέγχοντι μὴ συνεσταλμένον ἀκούειν μηδ' ἱδρῶτος καὶ ἱλίγγου μεστόν, αἰσχύνῃ φλεγόμενον τὴν ψυχήν, ἀλλ' ἄτρεπτον καὶ σεσηρότα καὶ κατειρωνευόμενον, ἀνελευθέρου τινὸς δεινῶς καὶ ἀπαθοῦς πρὸς τὸ αἰδεῖσθαι νέου διὰ συνήθειαν ἁμαρτημάτων καὶ συνέχειαν, ὥσπερ ἐν σκληρᾷ σαρκὶ καὶ τυλώδει τῇ ψυχῇ μώλωπα μὴ λαμβάνοντος.

Τούτων δὲ τοιούτων ὄντων [46E] οἱ τὴν ἐναντίαν διάθεσιν ἔχοντες νέοι κἂν ἅπαξ ποτὲ ἀκούσωσι κακῶς, φεύγοντες ἀνεπιστρεπτὶ καὶ δραπετεύοντες ἐκ φιλοσοφίας, καλὴν ἀρχὴν πρὸς τὸ σωθῆναι τὸ αἰδεῖσθαι παρὰ τῆς φύσεως ἔχοντες, ἀπολλύουσι διὰ τρυφὴν καὶ μαλακίαν, οὐκ ἐγκαρτεροῦντες τοῖς ἐλέγχοις οὐδὲ τὰς ἐπανορθώσεις δεχόμενοι γεννικῶς, ἀλλ' ἐπὶ τὰς προσηνεῖς καὶ ἁπαλὰς ἀποστρέφοντες ὁμιλίας τὰ ὦτα

o su gobierno, no charlarías ni bailarías sobre mis palabras».
[46C] Francamente, fíjate cómo es posible que cuando un filósofo habla, los que están fuera no sepan, por el vocerío y clamor de
los de dentro, si los cumplidos son por un flautista, un citarista,
o un bailarín.

16

Además, las advertencias y reprimendas deben ser oídas no
con insensibilidad o cobardía. Pues, los que soportan con facilidad e indiferencia oír hablar mal de ellos por los filósofos,
hasta el punto de reírse al ser criticados y de elogiar a quienes
los critican (como los parásitos a quienes los alimentan cuando
reciben un abuso de ellos), al ser completamente obstinados y
arrogantes, con su desvergüenza aportan una prueba ni buena
ni legítima de su valor. [46D] En verdad, dejar pasar una broma
inofensiva y ocurrente en un juego sin ofensa y de buen humor
no es innoble ni maleducado, sino que es propio de un hombre
franco y lacónico. Por otro lado, oír un toque de atención y una
reprimenda para la enmienda del carácter, que hace uso de una
palabra punzante como un fármaco, escucharla sin sentir algo de
humildad, sin llenarse de sudor y de agitación, sin inflamarse su
alma con el ultraje, sino inmóvil, sonriente y con disimulo, es
propio de un joven terriblemente servil e impasible a la vergüenza, a causa de su familiaridad y continuado roce con las ofensas,
que no puede recibir en su alma, como en una carne dura y ca-
llosa, ninguna magulladura.

Así son aquellos, [46E] a diferencia de los jóvenes que tienen una disposición contraria, quienes si oyen, aunque sea una
sola vez, hablar mal de sí mismos, huyendo sin prestar atención
y alejándose de la filosofía, aun teniendo la vergüenza, otorgada
por la naturaleza como un buen principio para su salvación, la
destruyen debido a su delicadeza e indulgencia, sin permanecer
firmes ante las reprimendas ni recibir con nobleza las correcciones, sino que vuelven sus oídos hacia las conversaciones agra-

κολάκων τινῶν ἢ σοφιστῶν ἀνωφελεῖς καὶ ἀνονήτους ἡδείας δὲ φωνὰς καταδόντων. ὥσπερ οὖν ὁ μετὰ τὴν τομὴν φεύγων τὸν ἰατρὸν καὶ τὸν ἐπίδεσμον μὴ προσιέμενος τὸ μὲν ἀλγεινὸν ἀνεδέξατο, τὸ δ' ὠφέλιμον οὐχ ὑπέμεινε τῆς θεραπείας, [46F] οὕτως ὁ τῷ χαράξαντι καὶ τρώσαντι λόγῳ τὴν ἀβελτερίαν ἀπουλῶσαι καὶ καταστῆσαι μὴ παρασχὼν ἀπῆλθε δηχθεὶς καὶ ἀλγήσας ἐκ φιλοσοφίας, ὠφεληθεὶς δὲ μηδέν. οὐ γὰρ μόνον, ὡς Εὐριπίδης φησί, τὸ Τηλέφου τραῦμα

πριστοῖσι λόγχης θέλγεται ῥινήμασιν,[204]

[47A] ἀλλὰ καὶ τὸν ἐκ φιλοσοφίας ἐμφυόμενον εὐφυέσι νέοις δηγμὸν αὐτὸς ὁ τρώσας λόγος ἰᾶται. διὸ δεῖ πάσχειν μέν τι καὶ δάκνεσθαι, μὴ συντρίβεσθαι δὲ μηδ' ἀθυμεῖν τὸν ἐλεγχόμενον, ἀλλ' ὥσπερ ἐν τελετῇ κατηργμένης αὐτοῦ φιλοσοφίας τοὺς πρώτους καθαρμοὺς καὶ θορύβους ἀνασχόμενον ἐλπίζειν τι γλυκὺ καὶ λαμπρὸν ἐκ τῆς παρούσης ἀδημονίας καὶ ταραχῆς. καὶ γὰρ ἂν ἀδίκως ἡ ἐπιτίμησις γίγνεσθαι δοκῇ, καλὸν ἀνασχέσθαι καὶ διακαρτερῆσαι λέγοντος· παυσαμένῳ δ' αὐτὸν ἐντυχεῖν ἀπολογούμενον καὶ δεόμενον τὴν παρρησίαν ἐκείνην καὶ τὸν τόνον, [47B] ᾧ νῦν κέχρηται πρὸς αὐτόν, εἴς τι τῶν ἀληθῶς ἁμαρτανομένων φυλάττειν.

17

Ἔτι τοίνυν ὥσπερ ἐν γράμμασι καὶ περὶ λύραν καὶ παλαίστραν αἱ πρῶται μαθήσεις πολὺν ἔχουσι θόρυβον καὶ πόνον καὶ ἀσάφειαν, εἶτα προϊόντι κατὰ μικρὸν ὥσπερ πρὸς ἀνθρώπους συνήθεια πολλὴ καὶ γνῶσις ἐγγενομένη πάντα φίλα καὶ χειροήθη καὶ ῥάδια λέγειν τε καὶ πράττειν παρέσχεν, οὕτω

---

204 Fr. 724 en Nauck, *Tragicorum Graecorum Fragmenta, Euripides*.

dables y amables de aduladores y sofistas, que los encantan con palabras dañinas e infructuosas pero agradables. Como quien huye del médico tras una operación y no acepta vendajes, se sometió al dolor pero no esperó los beneficios del tratamiento, [46F] así también quien, por una palabra mordaz e hiriente, no permite cicatrizar y calmar su estupidez, se aleja de la filosofía con resquemor y dolor, pero sin ningún beneficio. Pues no sólo la herida de Télefo, según nos dice Eurípides:

era mitigada con las partes limadas serradas de la lanza,[142]

[47A] sino que también el sufrimiento de la filosofía que se instala en los jóvenes de buena disposición por naturaleza, lo cura la misma palabra que ha causado la herida. Por eso, es necesario que quien se ve reprendido sufra un poco y sienta la punzada, pero no se desanime ni quede devastado, sino que, como en un rito mistérico que lo inicia en la filosofía, ofreciéndose a las primeras purificaciones y conmociones, espere algo dulce y brillante de la angustia y la confusión presentes. En efecto, aun cuando parezca que la censura viene de manera injusta, es bueno aguantar y tener paciencia con el que habla; y, una vez que ha terminado, dirigirse hacia él, defendiéndose y solicitando que esa franqueza y tono, [47B] que ahora ha empleado contra uno, la guarde para alguno de los errores cometidos de verdad.

17

Es más, igual que las primeras lecciones en las letras, en la lira y en la palestra tienen mucha confusión, trabajo e incertidumbre, pero después, según se progresa poco a poco, como en las relaciones humanas, la gran familiaridad y conocimiento que surgen hacen todas las cosas placenteras, manejables y fáciles de decir y hacer, pues esto mismo sucede con la filosofía, que desde luego tiene algo de dificultad y extraño en sus primeros términos

---

[142] Verso usado de nuevo en *De cap. ex inim.* 89C.

δὴ καὶ φιλοσοφίας ἐχούσης τι καὶ γλίσχρον ἀμέλει καὶ ἀσύνηθες ἐν τοῖς πρώτοις ὀνόμασι καὶ πράγμασιν οὐ δεῖ φοβηθέντα τὰς ἀρχὰς ψοφοδεῶς [47C] καὶ ἀτόλμως ἐγκαταλιπεῖν, ἀλλὰ πειρώμενον ἑκάστου καὶ προσλιπαροῦντα καὶ γλιχόμενον τοῦ πρόσω τὴν πᾶν τὸ καλὸν ἡδὺ ποιοῦσαν ἀναμένειν συνήθειαν. ἥξει γὰρ οὐ διὰ μακροῦ πολὺ φῶς ἐπιφέρουσα τῇ μαθήσει καὶ δεινοὺς ἔρωτας ἐνδιδοῦσα πρὸς τὴν ἀρετήν, ὧν ἄνευ πάνυ τλήμονος ἀνδρός ἐστιν ἢ δειλοῦ τὸν ἄλλον ὑπομένειν βίον, ἐκπεσόντα δι' ἀνανδρίαν φιλοσοφίας.

Ἴσως μὲν οὖν ἔχει τι καὶ τὰ πράγματα τοῖς ἀπείροις καὶ νέοις ἐν ἀρχῇ δυσκατανόητον· οὐ μὴν ἀλλὰ τῇ γε πλείστῃ περιπίπτουσιν ἀσαφείᾳ καὶ ἀγνοίᾳ δι' αὐτούς, ἀπ' ἐναντίων φύσεων [47D] ταὐτὸν ἁμαρτάνοντες. οἱ μὲν γὰρ αἰσχύνῃ τινὶ καὶ φειδοῖ τοῦ λέγοντος ὀκνοῦντες ἀνερέσθαι καὶ βεβαιώσασθαι τὸν λόγον, ὡς ἔχοντες ἐν νῷ συνεπινεύουσιν, οἱ δ' ὑπὸ φιλοτιμίας ἀώρου καὶ κενῆς πρὸς ἑτέρους ἁμίλλης ὀξύτητα καὶ δύναμιν εὐμαθείας ἐπιδεικνύμενοι, πρὶν ἢ λαβεῖν ἔχειν ὁμολογοῦντες, οὐ λαμβάνουσιν. εἶτα συμβαίνει τοῖς μὲν αἰδήμοσι καὶ σιωπηλοῖς ἐκείνοις, ὅταν ἀπέλθωσι, λυπεῖν αὐτοὺς καὶ ἀπορεῖσθαι, καὶ τέλος αὖθις ὑπ' ἀνάγκης ἐλαυνομένους σὺν αἰσχύνῃ μείζονι τοῖς εἰποῦσιν ἐνοχλεῖν ἀναπυνθανομένους καὶ μεταθέοντας, τοῖς δὲ φιλοτίμοις καὶ θρασέσιν ἀεὶ περιστέλλειν καὶ ἀποκρύπτειν συνοικοῦσαν τὴν ἀμαθίαν.

18

[47E] Πᾶσαν οὖν ἀπωσάμενοι τὴν τοσαύτην βλακείαν καὶ ἀλαζονείαν καὶ πρὸς τὸ μαθεῖν ἰόντες καὶ περὶ τὸ λαβεῖν τῇ διανοίᾳ τὸ χρησίμως λεγόμενον ὄντες, ὑπομένωμεν τοὺς τῶν εὐφυῶν δοκούντων γέλωτας, ὥσπερ ὁ Κλεάνθης καὶ ὁ

y materias; no conviene abandonar con temor y cobardía, por asustarse en los [47C] comienzos, sino examinando cada punto, perseverando y luchando por el progreso, esperar esa familiaridad que hace de todo lo bello un placer. Pues llegará sin mucho tardar, aportando luz abundante para el aprendizaje y causando poderosos deseos hacia la virtud, sin los cuales es propio de un hombre miserable o cobarde pasar el resto de su vida, habiéndose alejado de la filosofía por cobardía.

Igualmente, por cierto, los problemas de la filosofía son difíciles de entender, al principio, para los estudiantes sin experiencia y jóvenes. No obstante, caen en una incertidumbre e ignorancia mayores por su propia culpa, pues cometen el mismo error [47D] incluso que jóvenes con naturalezas contrapuestas. Los unos por vergüenza y consideración hacia el orador, dudando si hacer preguntas y así consolidar el discurso, asienten como si lo entendieran; los otros, por su parte, por una ambición inoportuna y una rivalidad hacia los demás infundada, por demostrar una agudeza y una capacidad de buen aprendizaje, prometiendo que lo captan antes de entenderlo, no entienden nada. Entonces, ocurre con los que son vergonzosos y silenciosos que, cuando se marchan, se agobian con ellos mismos y se comparan, y, por último, motivados por la necesidad, con gran vergüenza abordan a los oradores, preguntándoles y persiguiéndolos; con los ambiciosos y arrogantes, en cambio, ocurre que siempre cubren y ocultan la ignorancia con la que viven.

18

[47E] Por ello, tras haber rechazado tamaña negligencia y arrogancia y avanzando hacia el aprendizaje y la comprensión y tomando intencionadamente lo que se ha dicho con provecho, soportemos las risas de los que parecen tener una predisposición natural, como hicieron Cleantes y Jenócrates,[143] que si bien pare-

---

[143]   Sobre estos personajes, véanse las notas 97, de *De aud. poet.*, y 113, en este mismo tratado.

Ξενοκράτης βραδύτεροι δοκοῦντες εἶναι τῶν συσχολαστῶν οὐκ ἀπεδίδρασκον ἐκ τοῦ μανθάνειν οὐδ᾿ ἀπέκαμνον, ἀλλὰ φθάνοντες εἰς ἑαυτοὺς ἔπαιζον, ἀγγείοις τε βραχυστόμοις καὶ πινακίσι χαλκαῖς ἀπεικάζοντες, ὡς μόλις μὲν παραδεχόμενοι τοὺς λόγους, ἀσφαλῶς δὲ καὶ βεβαίως τηροῦντες. οὐ γὰρ μόνον, ὥς φησι Φωκυλίδης,

πόλλ᾿ ἀπατηθῆναι διζήμενον ἔμμεναι ἐσθλόν,[205]

[47F] ἀλλὰ καὶ γελασθῆναι δεῖ πολλὰ καὶ ἀδοξῆσαι, καὶ σκώμματα καὶ βωμολοχίας ἀναδεξάμενον ὤσασθαι παντὶ τῷ θυμῷ καὶ καταθλῆσαι τὴν ἀμαθίαν.

Οὐ μὴν οὐδὲ τῆς πρὸς τοὐναντίον ἁμαρτίας ἀμελητέον, ἣν ἁμαρτάνουσιν οἱ μὲν ὑπὸ νωθείας, [48A] ἀηδεῖς καὶ κοπώδεις ὄντες· οὐ γὰρ ἐθέλουσι γενόμενοι καθ᾿ αὑτοὺς πράγματα ἔχειν, ἀλλὰ παρέχουσι τῷ λέγοντι, πολλάκις ἐκπυνθανόμενοι περὶ τῶν αὐτῶν, ὥσπερ ἀπτῆνες νεοσσοὶ κεχηνότες ἀεὶ πρὸς ἀλλότριον στόμα καὶ πᾶν ἕτοιμον ἤδη καὶ διαπεπονημένον ὑπ᾿ ἄλλων ἐκλαμβάνειν ἐθέλοντες. ἕτεροι δὲ προσοχῆς καὶ δριμύτητος ἐν οὐ δέοντι θηρώμενοι δόξαν ἀποκναίουσι λαλιᾷ καὶ περιεργίᾳ τοὺς λέγοντας, ἀεί τι προσδιαποροῦντες τῶν οὐκ ἀναγκαίων καὶ ζητοῦντες ἀποδείξεις τῶν οὐ δεομένων·

οὕτως ὁδὸς βραχεῖα γίγνεται μακρά,[206]

ὥς φησι Σοφοκλῆς, οὐκ αὐτοῖς μόνον ἀλλὰ [48B] καὶ τοῖς ἄλλοις. ἀντιλαμβανόμενοι γὰρ ἑκάστοτε κεναῖς καὶ περιτταῖς ἐρωτήσεσι τοῦ διδάσκοντος, ὥσπερ ἐν συνοδίᾳ, τὸ ἐνδελεχὲς ἐμποδίζουσι τῆς μαθήσεως, ἐπιστάσεις καὶ διατριβὰς λαμβανούσης. οὗτοι μὲν οὖν κατὰ τὸν Ἱερώνυμον ὥσπερ οἱ δειλοὶ καὶ γλίσχροι σκύλακες τὰ δέρματα δάκνοντες οἴκοι καὶ

---

205   Bergk, *Poet. Lyr. Gr.* II, 448, Focílides 14.
206   *Ant.* 237.

cían ser más lentos que sus compañeros, ni evitaban el aprender ni desfallecían, sino que eran los primeros en burlarse de sí mismos, comparándose con jarras de boca estrecha y con tablillas de bronce, que aun dejando entrar los discursos con dificultad, los guardan con firmeza y seguridad. Pues no solo, como dice Focílides:

Muchas veces es engañado el que desea ser noble,

[47F] sino que además debe ser objeto de burla y menosprecio muchas veces, y tras recibir bromas y bufonadas, debe rechazarlas por completo en su ánimo y superar su ignorancia.

Pero, por cierto, tampoco hay que descuidar el error que conduce a lo contrario, que algunos cometen por pereza, [48A] volviéndose tediosos y desagradables; pues no quieren, cuando están consigo mismos, tener problemas, sino que los transfieren al orador, preguntando muchas veces las mismas cosas, como pajarillos sin plumas que siempre tienen la boca abierta hacia una boca ajena y quieren cogerlo todo ya preparado y trabajado por los demás. Otros, por su parte, persiguiendo, fuera de lugar, una fama de atentos y entusiastas, agotan a los oradores con su palabrería y sus preguntas innecesarias, siempre preguntando más de la cuenta sobre cuestiones no esenciales y tratando de conseguir pruebas de cuestiones innecesarias:

De esta manera un camino corto se hace largo,

tal como dice Sófocles, no sólo para ellos mismos, sino [48B] también para los demás. Porque, reteniendo al instructor a cada momento con sus preguntas vanas y redundantes, como en un desfile, entorpecen la continuidad del aprendizaje, que sufre paradas y retrasos. Estos, por cierto, según Jerónino,[144] son iguales que los cachorros cobardes y pesados, que en casa muerden las

---

[144]   Probablemente Jerónimo de Rodas, filósofo peripatético del s. III a. C.

τὰ τίλματα τίλλοντες τῶν θηρίων αὐτῶν οὐχ ἅπτονται· τοὺς δ'
ἀργοὺς ἐκείνους παρακαλῶμεν, ὅταν τὰ κεφάλαια τῇ νοήσει
περιλάβωσιν, αὐτοὺς δι' αὐτῶν τὰ λοιπὰ συντιθέναι, καὶ τῇ
μνήμῃ χειραγωγεῖν τὴν εὕρεσιν, καὶ τὸν ἀλλότριον λόγον
[48C] οἷον ἀρχὴν καὶ σπέρμα λαβόντας ἐκτρέφειν καὶ αὔξειν.
οὐ γὰρ ὡς ἀγγεῖον ὁ νοῦς ἀποπληρώσεως ἀλλ' ὑπεκκαύματος
μόνον ὥσπερ ὕλη δεῖται, ὁρμὴν ἐμποιοῦντος εὑρετικὴν καὶ
ὄρεξιν ἐπὶ τὴν ἀλήθειαν. ὥσπερ οὖν εἴ τις ἐκ γειτόνων πυρὸς
δεόμενος, εἶτα πολὺ καὶ λαμπρὸν εὑρὼν αὐτοῦ καταμένοι διὰ
τέλους θαλπόμενος, οὕτως εἴ τις ἥκων λόγου μεταλαβεῖν πρὸς
ἄλλον οὐκ οἴεται δεῖν φῶς οἰκεῖον ἐξάπτειν καὶ νοῦν ἴδιον,
ἀλλὰ χαίρων τῇ ἀκροάσει κάθηται θελγόμενος, οἷον ἔρευθος
ἕλκει καὶ γάνωμα τὴν δόξαν ἀπὸ τῶν λόγων, [48D] τὸν δ' ἐντὸς
εὑρῶτα τῆς ψυχῆς καὶ ζόφον οὐκ ἐκτεθέρμαγκεν οὐδ' ἐξέωκε
διὰ φιλοσοφίας.

Εἰ δεῖ τινος οὖν πρὸς ἀκρόασιν ἑτέρου παραγγέλματος,
δεῖ καὶ τοῦ νῦν εἰρημένου μνημονεύοντας ἀσκεῖν ἅμα τῇ
μαθήσει τὴν εὕρεσιν, ἵνα μὴ σοφιστικὴν ἕξιν μηδ' ἱστορικὴν
ἀλλ' ἐνδιάθετον καὶ φιλόσοφον λαμβάνωμεν, ἀρχὴν τοῦ καλῶς
βιῶναι τὸ καλῶς ἀκοῦσαι νομίζοντες.

pieles y tiran todo lo que se puede tirar, pero no tocan a los propios animales salvajes. A aquellas personas perezosas incentivémoslas a que, cuando hayan interiorizado con su intelecto lo principal, ellas por sí mismas construyan lo demás y guíen con la memoria sus hallazgos y, [48C] tomando el discurso de otro como origen y semilla, lo nutran y fortalezcan. Pues la inteligencia no necesita de relleno, como un recipiente, sino de combustible solo, como la madera, que produce un impulso de indagación y anhelo por la verdad. En efecto, como si alguien que necesitara fuego de la casa de sus vecinos, tras encontrar uno grande y brillante, se estableciera allí calentándose hasta el final, de igual forma, si alguien que se acercara a otro para compartir el beneficio de un discurso, no cree que sea necesario prender su luz interior y su propio intelecto, sino que, disfrutando con la audición, se queda sentado como encantado, obtiene de los discursos la opinión, como aquel el sonrojo y el brillo del fuego, [48D] pero no ha destruido ni expulsado el moho y la pesadumbre interior de su alma gracias al calor de la filosofía.

Si de verdad hay que añadir algún otro consejo sobre cómo escuchar una conferencia, es que hay que practicar, recordando lo que se ha dicho ahora, la inventiva junto con el aprendizaje, para que obtengamos un hábito de estudio que no sea sofístico ni solo factual, sino integrado en profundidad y filosófico, considerando que escuchar bien es la base de vivir bien.

BIBLIOGRAFÍA

Ediciones y Traducciones de Moralia

Amyot, J. (1572) *Les Œuvres Morales, meslees de Plutarque translatees du Grec en François par Messire Iacques Amyot*, París: Michel de Vascosan.

Babbitt, F. C. (ed.) (1927) *Plutarch's Moralia* 15 vols., Cambridge-Massachusetts: Loeb Classical Library.

Bernardakis, G. N. (1888-1896) *Plutarchi Chaeronensis Moralia recognovit Gregorius N. Bernardakis* 7 vols., Leipzig: Teubner.

Dübner, J. F. (1841) *Plutarchi Scripta Moralia. Ex codicibus quos possidet regia biblioteca omnibus ab Konto cum reiskiana editione collatis emendavit Fredericus Dübner* 2 vols., París: Firmin Didot.

Ducas, D. (ed.) (1509) *Plutarchi Opuscula LXXXXII, index Moralium omnium & eorum quae in ipsis tractantur*, Venecia: Aldus Manuzius.

Frobenius, J. - Episcopius, N. (eds.) (1542) *Plutarchi Chaeronei Moralia Opuscula, multis mendarum milibus expurgata*, Basilea: Frobenium & Episcopium.

Gallo, I. - Laurenti, R. (eds.) (1988-2014) *Corpus Plutarchi Moralium*, Nápoles: M. D'Auria.

Hutten, J. G. (1791-1804) *Plutarchi Chaeronensis quae supersunt omnia. Cum adnotationibus variorum adjectaque lectionis diversitate. Opera Joannis Georgii Hutten* 14 vols, Tübingen: Impensis Joannis Georgii Cottae.

Kaltwasser, J. F. S. (1783-1800) *Plutarchs moralische Abhandlungen* 9 vols., Frankfurt: Johann Christian Hermann.

Lelli, E. - Pisani, G. (eds.) (2017) *Plutarco, Tutti i Moralia*, Milán: Bompiani.

Paton, W. R. - Wegehaupt, J. (eds.) (1925-) *Plutarchus. Moralia*, Leipzig: Teubner.

Reiske, J. J. (1774-1782) *Plutarchi Chaeronensis quae supersunt omnia opera graece et latini principibus ex editionibus castigavit, virorumque doctorum suisque annotationibus instruxit Ioa. Iac. Reiske* 12 vols., Leipzig: Impensis Gotth. Theoph. Georgi.

Stephanus, H. (1572) *Plutarchi Chaeronensis quae extant opera, cum Latina interpretatione. Ex vetustis codicibus plurima nunc primum emendata sunt, ut ex Henr. Stephanii* vol. 2, Ginebra: apud Henr. Stephanum.

V.V.A.A. (1986-2004) *Obras Morales y Costumbres* 13 vols., Madrid: Gredos.

V.V.A.A. (1982-2001) *Plutarco*, Milán: Piccola Biblioteca Adelphi.

V.V.A.A. (1987-) *Plutarque. Oeuvres Morales*, París: Belles Lettres.

Wecheli's Heirs (eds.) (1599) *Plutarchi Chaeronensis Omnium quae exstant operum tomus secundus, continens Moralia, Gulielmo Xylandro interprete* vol. 2, Franckfurt: Andreæ Wecheli heredes.

Wyttenbach, D. (1795-1830) *Plutarchi Chaeronensis Moralia, id est opera, exceptis vitis, reliqua graeca emendavit, notationem emendationum et latina Xylandri interpretationem castigatam subiunxit, animadversiones explicandis rebus ac verbis, item indices copiosos adiecit Dan. Wyttenbach* 8 vols., Oxford: Typogr. Clarendoniano.

Xylander, G. (1574) *Plutarchi Chaeronensis philosophorum et historicorum principis varia scripta, quae Moralia vulgo dicuntur, vere autem Bibliotheca et Penus omnis doctrinae appellari possunt*, Basilea: apud Eusebium Episcopium.

— (1570) *Plutarchi Ethicorum sive Moralium, quae usurpantur, sunt autem omnis elegantis doctrinae Penus: id est, varii libri: morales, historici, physici, mathematici, denique, ad politiorem literaturam pertinentes et humanitatem. Guilielmo Xylandro augustano interprete* 3 vols., Basilea: Thomas Guarinus, 1619[2].

Bibliografía recomendada

Aunque son numerosos y excelentes los trabajos sobre *Moralia* publicados desde hace ya siglos, en este apartado viene recogida una selección entre los más recientes, de las últimas décadas del s. XX y primeras del s. XXI[1].

Beck, M. (ed.) (2014) *A Companion to Plutarch*, Chichester: Wiley-Blackwell.

Bergua Cavero, J. (1995) *Estudios sobre la tradición de Plutarco en España (siglos XIII-XVII)*, Zaragoza: Editorial de la Universidad de Zaragoza.

Bowie, E. (2014) «Poetry and Education», en M. Beck (ed.) *A Companion to Plutarch*, Chichester: Wiley-Blackwell, 178-190.

Cannata Fera, M. (2000) «La retorica negli scritti pedagogici di Plutarco», en L. Van der Stockt (ed.) *Rhetorical Theory and Praxis in Plutarch*, Leuven and Namur: Peeters, 87-100.

Duff, T. E. (2008) «Models of education in Plutarch», *The Journal of Hellenic Studies* 128, 1-26.

Gómez Cardó, P. (1999) «Plutarco y la Poesía: del Estado a la Escuela», en A. Pérez Jiménez - J. García López - R. M. Aguilar (eds.) *Plutarco, Platón y Aristóteles*, Madrid: Ediciones Clásicas, 365-381.

Irigoin, J. (1987) «Introducción», en *Plutarque. Oeuvres Morales* vol. I, París: Belles Lettres.

Jones, C. P. (1966) «Towards a Chronology of Plutarch's Works», *Journal of Roman Studies* 56, 61-74.

Lather, A. (2017) «Taking Pleasure Seriously: Plutarch on the Benefits of Poetry and Philosophy», *The Classical World* 110, 323-349.

---

[1]   Una bibliografía actualizada y completa de los estudios centrados en la figura de Plutarco y su obra puede ser consultada en www.proyectoplutarco.com.

Lesage Gárriga, L. (2023) *Plutarch's Moon. A new approach to* De facie quae in orbe lunae apparet, Leiden: Brill.

Méndez Santiago, B. (2019) «Juventud y adolescencia en las *Vidas paralelas* de Plutarco: algunas notas historiográficas», *Studia Historica* 37, 95-130.

Morales Ortiz, A. (2000) *Plutarco en España: traducciones de Moralia en el siglo XVI*, Murcia: Editorial de la Universidad de Murcia.

Paradisi, P. (2010) «Principi di pedagogia illuminata: Cicerone, Seneca, Quintiliano, Plutarco», en *Atti e Memorie / Accademia Nazionale di Scienze, Lettere e Arti di Modena. Memorie Scientifiche, Giuridiche, Letterarie*, 13,1, 239-262.

Pérez Jiménez, A. - Casadesús Bordoy, F. (eds.) (2001) *Estudios sobre Plutarco: Misticismo y Religiones Mistéricas en la obra de Plutarco. Actas del VII Simposio Español sobre Plutarco (Palma de Mallorca, 2-4 de noviembre de 2000)*, Madrid-Málaga: Ediciones Clásicas.

Pérez Jiménez, A. (2023) «Introducción», en *Plutarco. Vidas Paralelas, vol. I*, Madrid: Gredos.

Puech, B. (1992) «Prosopographie des amis de Plutarque», *Aufstieg und Niedergang der römischen Welt* 2.33.6, 4831-4893.

Roig Lanzillotta, L. - Muñoz Gallarte, I. (eds.) (2012) *Plutarch in the Religious and Philosophical Discourse of Late Antiquity*, Leiden: Brill.

Roskam, G. (2021) *Plutarch. New surveys in the classics*, 47, Cambridge: Cambridge University Press.

Soares, C. - Ribeiro Ferreira, J. - Fialho, M. do Céu (2008) *Ética e Paideia em Plutarco*, Coimbra: University of Coimbra Press.

Stadter, P. A. (2014) «Plutarch and Rome», en M. Beck (ed.) *A Companion to Plutarch*, Chichester: Wiley-Blackwell, 13-31.

Tirelli, A. (1995) «L'intellettuale e il potere: pedagogia e politica in Plutarco», en I. Gallo - B. Scardigli (eds.) *Teoria e prassi politica nelle opere di Plutarco*, Nápoles: M. D'Auria, 439-55.

Toye, D. L. (2000) «Plutarch on poetry, prose, and politeia», *The Ancient World* 31, 173-181.

Van Hoof, L. (2010) *Plutarch's Practical Ethics. The Social Dynamics of Philosophy*, Oxford: Oxford University Press.

Verdenius, W. J. (1970) «Homer, the educator of the Greeks», *Koninklijke Nederlandse Akademie van Wetenschappen Afdeling Letterkunde* 33, 207-221.

Waterfield, R. - Kidd, I. (1992) *Plutarch. Essays*, New York: Penguin Classics.

Xenophontos, S. (2015) «Plutarch», en W. Martin Bloomer (ed.) *A companion to ancient education,* Chichester; Malden (Mass.): Wiley-Blackwell, 335-346.

Xenophontos, S. (2016) *Ethical Education in Plutarch: Moralising Agents and Contexts*, Berlin: De Gruyter.

Ziegler, K. (1951) *Realencyclopadie,* t. XXII col. 636-962.

Sobre la educación de los hijos

Edición usada para el texto griego

Babbitt, F. C. (1927) *Plutarch.Moralia, vol. I*, Cambridge, MA: Harvard University Press.

Ediciones y Traducciones

Babbitt, F. C. (1927) *Plutarch. Moralia, vol. I*, Cambridge, MA: Harvard University Press.

Houpert-Merly, D. (1995) *Plutarque. Traités sur l'éducation*, París: L'Harmattan.

Morales Otal, C. - García López, J. (1985) *Plutarco. Obras Morales y de Costumbres vol. I*, Madrid: Gredos.

Paton, W. R. - Wegehaupt, J. (1925) *Plutarchus. Moralia recensuerunt et emendaverunt W.R. Paton et J. Wegehaupt, praefationem M. Pohlenz vol. I*, Leipzig: Teubner.

Sirinelli, J. (1987) *Plutarque. Oeuvres Morales Tome I 1ere Partie*, París: Belles Lettres.

Bibliografía actualizada sobre el tratado

Bloomer, W. M. (2006) «The technology of child production: eugenics and eulogics in the De liberis educandis», *Arethusa* 39, 71-99.

Bourke, G. (2015) «Classical sophism and philosophy in Pseudo-Plutarch on "The training of children"», *Harvard Studies in Classical Philology* 108, 377-402.

Bourke, G. (2014) «How to Create the Ideal Son: The Unhidden Curriculum in Pseudo-Plutarch On the Training of Children», *Educational Philosophy and Theory* 46, 1174-1186.

García López, J. (1983) «Educación y crítica literaria en la helenidad tardía. El De liberis educandis atribuido a Plutarco», en *Unidad y pluralidad en el mundo antiguo. Actas del VI Congreso español de estudios clásicos (Sevilla, 6-11 de abril de 1981), II: Comunicaciones*, Madrid: Gredos, 83-90.

Gastaldi, S. (2021) «Le responsabilità educative dei padri nel De liberis educandis dello Pseudo-Plutarco», *Civitas Educationis. Education, Politics and Culture* 10, 71-86.

Pinheiro, J. (2007) «Análise do conteúdo pedagógico do tratado De liberis educandis», en J. A. Fernández Delgado - F. Pordomingo Pardo - A. Stramaglia (coords.) *Escuela y literatura en Grecia antigua: actas del Simposio Internacional Universidad de Salamanca, 17-19 de Noviembre de 2004*, Cassino: Università degli Studi di Cassino, 349-362.

Sanzi, E. (2014) «Paideia e Filosofia Nos Moralia de Plutarco: o De Liberis Educandis e o De Iside et Osiride, Isto É, Quando o Pedagogo Prepara o Estudante Para Ser Filosofo», *Acta Scientiarum Education*, 36, 267-278.

Tanga, F. (2007) «Alcune note al De liberis educandis», en M. M. Sanz Morales - R. González Delgado - M. Librán

Moreno (eds.) *La (Inter)textualidad en Plutarco: Actas del XII Simposio Internacional de la Sociedad Española de Plutarquistas*, Cáceres: Imprenta Universidad Extremadura, 61-72.

Voinič, M. (2012) «Plutarch's De Liberis Educandis: Educating The Virtuous Citizen», *Literatūra* 54, 79-94.

Volpe Cacciatore, P. (2022) «La paideia plutarchea nelle epistole di Guarino Guarini», *Humanitas* 80, 93-102.

Uden, J. (2018) «Chilhood Education and the Boundaries of Interaction: [Plutarch], Quintilian, Juvenal», en A. König,- C. Whitton (eds.) *Roman Literature under Nerva, Trajan and Hadrian: Literary Interactions, AD 96-138*, Cambridge: Cambridge University Press, 385-401.

Bibliografía recomendada

Berra, A. (2006) «Pythagoras' riddles. The use of the Pythagorean akousmata», en C. Galewicz (ed.) *Texts of power, the power of the text. Readings in textual authority across history and cultures*, Cracovie: Homini, 259-272.

Collobert, C. - Destrée, P. - González, F. (2012) (eds.) *Plato and Myth. Studies on the Use and Status of Platonic Myths*, Leiden: Brill.

Harrison, T. (2002) (ed.) *Greeks and Barbarians*, Edimburgo: Editorial de la Universidad de Edimburgo.

Hubbard, T. K. (2013) *A Companion to Greek and Roman Sexualities*, Nueva Jersey: Wiley-Blackwell.

Isaac, B. (2004) *The Invention of Racism in Classical Antiquity*, Princeton: Editorial de la Universidad de Princeton.

Konstan, D. (2012) «The Two Faces of Parrhêsia: Free Speech and Self-Expression in Ancient Greece», *Antichthon* 46, 1-13.

Martínez Otón, J. (2021) *Prostitutas de la Antigua Grecia. La verdad de las fuentes textuales*, Reus: Rhemata.

Wyttenbach, D. (1795-1830) *Plutarchi Chaeronensis Moralia, id est opera, exceptis vitis, reliqua graeca*

emendavit, notationem emendationum et latina Xylandri interpretationem castigatam subiunxit, animadversiones explicandis rebus ac verbis, item indices copiosos adiecit Dan. Wyttenbach 8 vols., Oxford: Typogr. Clarendoniano.

Cómo debe el joven escuchar poesía

Edición usada para el texto griego

Babbitt, F. C. (1927) *Plutarch. Moralia vol. I*, Cambridge, MA: Harvard University Press.

Ediciones y Traducciones

Babbitt, F. C. (1927) *Plutarch. Moralia vol. I*, Cambridge, MA: Harvard University Press.

Houpert-Merly, D. (1995) *Plutarque. Traités sur l'éducation*, París: L'Harmattan.

Hunter, R. - Russell, D. A. (2011) *Plutarch. How to study poetry (De audiendis poetis)*, Cambridge: Cambridge University Press.

Morales Otal, C. - García López, J. (1985) *Plutarco. Obras Morales y de Costumbres vol. I*, Madrid: Gredos.

Paton, W. R. - Wegehaupt, J. (1925) *Plutarchus. Moralia recensuerunt et emendaverunt W.R. Paton et J. Wegehaupt, praefationem M. Pohlenz vol. I*, Leipzig: Teubner.

Philippon, A. (1987) *Plutarque. Oeuvres Morales Tome I 1ere Partie*, París: Belles Lettres.

Bibliografía actualizada sobre el tratado

Díaz Lavado, J. M. (1994) «Tipología y función de las citas homéricas en el De audiendis poetis de Plutarco», en M. García Valdés (coord.) *Estudios sobre Plutarco. Ideas*

religiosas: actas del III Simposio Internacional sobre Plutarco. Oviedo, 30 de abril a 2 de mayo de 1992, Madrid: Ediciones Clásicas, 681-696.

Kraus, M. (2005) «Valor pedagògic de la poesia i crítica platònica de la retòrica en el De audiendis poetis de Plutarc», en M. Jufresa (ed.) *Plutarc a la seva època: paideia i societat: actas del VIII simposio español sobre Plutarco (Barcelona, 6-8 de noviembre de 2003)*, Barcelona: Departament de Filologia Grega Universitat de Barcelona, 333-341.

Saïd, S. (2005) «Poésie et éducation chez Plutarque ou comment convertir la poésie en introduction à la philosophie», en M. Jufresa (ed.) *Plutarc a la seva època: paideia i societat: actas del VIII simposio español sobre Plutarco (Barcelona, 6-8 de noviembre de 2003)*, Barcelona: Departament de Filologia Grega Universitat de Barcelona, 147-176.

Texeira, E. (1991) «Poésie et éducation dans le De audiendis poetis de Plutarque», *Echos du monde classique* 35, 313-25.

Thorbum, J. E. (1992) *Plutarch's De audiendis poetis and the Tradition of Literary Criticism*, Diss. Univ. of Colorado at Boulder.

Valgiglio, E. (1991) «La struttura del De audiendis poetis di Plutarco», en I. Gallo - G. D'Ippolito (eds.) *Strutture formali dei Moralia di Plutarco*, Nápoles: M. D'Auria, 375-80.

Zadorojnyi, A. V. (2002) «Safe drugs for the good boys: Platonism and pedagogy in Plutarch's De audiendis poetis», en P. A. Stadter - L. Van der Stockt (eds.) *Sage and emperor: Plutarch, Greek intellectuals, and Roman power in the time of Trajan (98-117 A.D.)*, Leuven: Leuven University Press, 297-314.

Bibliografía recomendada

Bréchet, C. (2007) «Vers une philosophie de la citation poétique: écrit, oral et mémoire chez Plutarque», *Hermathena* 182, 101-134.

Herrero de Jáuregui, M. (2023) *Catábasis: El viaje infernal en la Antigüedad*, Madrid: Alianza.

Konstan, D. (2012) «The Two Faces of Parrhêsia: Free Speech and Self-Expression in Ancient Greece», *Antichthon* 46, 1-13.

Lesage Gárriga, L. (2023) *Plutarch's Moon. A new approach to De facie quae in orbe lunae apparet*, Leiden: Brill.

Matheson, S. B. (1994) «The Goddess Tyche», *Yale University Art Gallery Bulletin*, 18-33.

Monzó Gallo, C. (2020) *La República. Platón. Libro I*, Reus: Rhemata.

Monzó Gallo, C. (2021) *La República. Platón. Libros II-IV*, Reus: Rhemata.

"Sobre cómo se debe escuchar"

Edición usada para el texto griego

Babbitt, F. C. (1927) *Plutarch. Moralia vol. I*, Cambridge, MA: Harvard University Press.

Ediciones y Traducciones

Babbitt, F. C. (1927) *Plutarch. Moralia vol. I*, Cambridge, MA: Harvard University Press.

Hillyard, B. P. (1981) *Plutarch. De Audiendo: A Text and Commentary*, Nueva York: Ayer Company Publishers.

Houpert-Merly, D. (1995) *Plutarque. Traités sur l'éducation*, París: L'Harmattan.

Klaerr, R. - Philippon, A. - Sirinelli, J. (1989) *Plutarque. Oeuvres Morales Tome I 2eme Partie*, París: Belles Lettres.

Marechaux, P. (1995) *Plutarque. Comment écouter*, París: Payot-Rivages.

Morales Otal, C. - García López, J. (1985) *Plutarco. Obras Morales y de Costumbres vol. I*, Madrid: Gredos.

Paton, W. R. - Wegehaupt, J. (1925) *Plutarchus. Moralia recensuerunt et emendaverunt W. R. Paton et J. Wegehaupt, praefationem M. Pohlenz vol. I*, Leipzig: Teubner.

Waterfield, R. - Kidd, I. (1992) *Plutarch. Essays*, Nueva York: Penguin Classics.

Bibliografía actualizada sobre el tratado

Berardi, E. (2017) «Modelli del passato in due conferenze di Plutarco: De gloria Atheniensium e De audiendo», en A. Georgiadou - K. Oikonomopoulou (eds.) *Space, Time and Language in Plutarch*, Berlín: Walter de Gruyter, 183-190.

Jazdzewska, K. (2013) «Reading Plato's "big letters": the opening of Plutarch's De audiendo and Plato's Republic», en G. Pace - P. Volpe Cacciatore (eds.) *Gli scritti di Plutarco: tradizione, traduzione, ricezione, commento (IX Convegno Internazionale della IPS, Ravello, 29 settembre-1 ottobre 2011)*, Nápoles: M. D'auria, 245-250.

Lauwers, J. (2008-2009) «Hear, hear!: the pedagogical projects in Plutarch's De audiendo and Maximus of Tyre's first Dialexis», *Ploutarchos* 6, 15-24.

López Salvá, M. (2005) «El arte de la escucha en Plutarco», en M. Jufresa (ed.) *Plutarc a la seva època: paideia i societat: actas del VIII simposio español sobre Plutarco (Barcelona, 6-8 de noviembre de 2003)*, Barcelona: Departament de Filologia Grega Universitat de Barcelona, 353-361.

Sapere, A. V. (2016) «Plutarco, De audiendis poetis: La poesía como propedéutica a la filosofía», *Eudeba* 1, 155-179.

Bibliografía recomendada

Castelnérac, B. (2008) «Plutarch's Life of Lycurgus and the Philosophical Use of Discourse», en A. G. Nikolaidis (ed.) *The Unity of Plutarch's Work: «Moralia» Themes in the*

Lives, Features of the «Lives» in Moralia, Berlin: De Gruyter, 429-444.

Lesage Gárriga, L. (2023) *Plutarch's Moon. A new approach to De facie quae in orbe lunae apparet*, Leiden: Brill.

Opsomer, J. (1998) *In Search of the Truth. Academic Tendencies in Middle Platonism*, Bruselas: Paleis der Academiën, 127-212.

Index Nominum

Adrasto 30C, 35D

Afrodita 19E, 19F, 21D

Agamenón (Atrida, hijo de Atreo) 16E, 19B, 19C, 26C, 26D, 28F, 29A, 29B, 29C, 29E, 32E, 33D, 33E

Alcmeón 35D

Alejandro 11A

Alexis 21D

Amasis 38B

Anfiarao 32D

Antea (mujer de Preto) 32B

Antígono 11B

Antíloco 32A

Antímaco (hijos de) 30C

Antístenes 33C

Apeles 6F

Apolo (Febo) 16E, 17A, 25E

Aquiles (Pelida, hijo de Peleo) 4B, 16E, 17A, 19C, 26C, 26E, 27A, 28F, 29A, 29C, 30A, 30B, 30C, 31A, 31B, 33A, 34D, 35B

Ares 19D, 19E, 23B, 23C

Aristarco 26F

Aristipo 4F, 5A

Aristófanes 10C (Las Nubes), 30D

Aristofonte (Filoctetes) 18C

Aristón 14E (Licón), 42B

Aristóteles 26B, 32F

Arquidamo 1D

Arquíloco 23A, 33A, 45A

Arquitas 8B, 10D

Arsínoe 11A

Ártemis 22A

Atenea 19D, 25E, 26D, 30E

Ayax (Telamonio) 23D, 24B, 29E, 30A, 35B

Baquílides 36C

Batraco 18C

Belerofonte 32B

Bías 35F, 38B

Bión 7C, 22A

Briseida 26E, 33A

Calcante 29C

Calipso 27B

Casandra 25E

Catón 14D, 28A, 29D

Cebes 11E

Cíclope 11B

Cinesias 22A

Ciro 31C

Cleandro 15A, 15B

Cleantes 31D, 33C, 47E

Clitemnestra 25E, 32C

Criseida 26E

Crisipo 31E, 34B

Damonides 18D

Deméter 36F

Demetrio 5F

Demócrito 9F

Demóstenes 6D

Diofanto 1C

Diógenes 2A, 5B, 21E, 21F, 41D

Diomedes (Tidida) 29A, 29B, 29E, 30E

Dión 8B

Dionisio 41D

Dolón 29E

Empédocles 16C, 17D

Eo 17A

Epaminondas 8B, 21F, 39B

Epicuro 36B, 45F

Epimeteo 23E, 23F

Esopo 14E, 16C

Espeusipo 10D

Espíntaro 39B

Esquilo 17A, 29F, 32D, 36B

Esquines 11E, 39C

Esténelo 29A, 29B

Estilponte 5F

Ete 32E

Eteocles 18F

Eurídice 14B

Eurípides 6A, 10A, 11E, 19E, 20F,
    22E, 23B, 25A, 25C, 30D, 34B,
    36C, 45B, 46A, 46F

Eutropión 11B

Fedra 27F

Fénix 4B, 26E, 26F

Filadelfo 11A

Filemón 35D

Filipo 40E

Filótimo 43B

Filóxeno 14D

Focílides 3F, 45B, 47E

Gilipo 10B

Glauco 32A

Gorgias 6A, 15D

Gracias 44E

Gran Rey 6A

Hades 16E, 17A, 17C, 18E, 21F, 23D

Héctor (hijo de Príamo) 17A, 19C,
    19D, 29E, 30A, 30B, 30C, 30E,
    31A, 31B, 34E, 35B

Hécuba 28A

Hefesto 23A, 23B, 35C

Helena 28A

Hera 19D, 19F, 20A

Heracles (exclamación) 4F

Heraclides (Ábaris) 14E

Heráclito 41A, 43D

Hermes 44E

Heródoto 37D

Hesíodo 9E, 23E, 24E, 34B

Hiperides 46A

Hipólito 28A

Homero 11B, 16E, 16F, 17C, 19A,
    19E, 23C, 24F, 25A, 25C, 34E,
    35A, 35C

Idomeneo 35B

Iro 22E

Isócrates 46A

Ixión 18F, 19B

Jenócrates 38B, 47E

Jenófanes 17E

Jenofonte 11E, 40C

Jerónimo 48B

Licaón 30C

Licurgo (hijo de Driante) 15D

Licurgo (legislador de Lacedemonia)
    3A

Lisias 40E, 42D, 45A

Marco Sedacio 14D

Medea 18A

Melantio 20C, 41D

Meleagro 27A

Menandro 19A, 21C, 25A, 34C

Menecíada (Patroclo) 35B

Menecio 19C

Midias 6D

Mnemosine 9D

Moira 22D

Musas 9D, 14B, 15E

Nausícaa 27A

Néstor 29C

Nicandro (Theriaca) 16C

Nicandro (conocido de Plutarco) 37C

Odiseo (Laertíada) 18B, 20A, 27A, 27B, 27E, 29B, 30A, 30F, 31C, 34D, 35A, 42F

Orestes 18A

Pándaro 19D, 32B

Pantea 31C

Paris 18F, 34E

Parménides 16C, 45A

Parmenón 18C

Parrasio 18B

Patecio 21F

Penélope 7C, 27B

Pericles 6C, 8B

Perséfone 23A

Píndaro 17C, 21A

Pitágoras 2B, 12D, 35F, 44B

Platón 2B, 3F, 8B, 8C, 10D, 11E, 15E, 17E, 26B, 29D, 35F, 36A (Gorgias, República) 36C, 40D, 40E, 44F, 45A, 45F

Poliagro 27C

Poseidón 16D, 22D, 31F

Príamo 25E, 31A

Prometeo 23E

Queréfanes 18B

Quilón 35F

Silanión (Yocasta) 18C

Simónides 15C

Sísifo 18C

Soclaro 15A

Sócrates 2B, 4D, 6A, 10C, 11E, 16B, 17E, 21D

Sófocles 16A, 17C, 21A, 21B, 21E, 22E, 23B, 23E, 27F, 33D, 45B, 48A

Sol 19E

Sótades 11A

Télefo 46F

Telémaco 31C

Temístocles 1C

Teócrito 11A, 11B, 11C

Teodoro 18C

Teofrasto 38A

Teognis 16C (Gnomologías), 22A

Teón 18A

Tersites 18A, 18C, 28F, 29A, 30A, 35C, 35C

Teseo 28A

Tespis 36B

Tetis 17A, 32F

Timómaco 18A

Timoteo 22A, 32D

Tyche 22D

Zenón 33D

Zeus (exclamación) 3D, 4D, 6B, 8E,

10C, 17E, 20E, 23B, 24A, 27D,
30A, 32F, 33E, 34E, 34F, 36D,
44E
Zeus (Olímpico, Cronida, Zen) 16F,
17A, 17B, 19F, 20B, 23C, 23D,
23E, 24B, 24C, 24E, 25E, 25F,
29A, 31A, 31B, 31D, 31E, 31F,
32A, 35A, 35B, 36A, 36B